D1730000

Ragonesi, Menti, Tschui, Humm ▌ Minergie-P

Das Passivhaus nach Schweizer Art

Schriftenreihe Technik ▌ Faktor Verlag

Die Deutsche Bibliothek – CIP-Einheitsaufnahme
Minergie-P. Das Passivhaus nach Schweizer Art. Grundlagen,
Konzept, Planung, Ausführung, Zertifizierung und Beispiele.
Marco Ragonesi, Urs-Peter Menti, Adrian Tschui, Othmar
Humm – Zürich: Faktor Verlag, 2008
ISBN-13: 978-3-905711-02-8
1. Auflage 2008

Impressum
Einleitung: Dietmar Eberle, Roland Stulz, Armin Binz
Kapitel 1: Urs-Peter Menti
Kapitel 2: Marco Ragonesi
Abschnitt 2.5: Othmar Humm
Kapitel 3: Othmar Humm, Mitarbeit Benno Zurfluh
Abschnitt 3.2: Heinrich Huber
Kapitel 4: Adrian Tschui
Kapitel 5: Othmar Humm, Paul Knüsel, Marion Schild, Christine
Sidler
Mitarbeit Kapitel 1: Patricia Bürgi
Layout: Christine Sidler
Druck: Fuldaer Verlagsanstalt
Bezug: Faktor Verlag, 8050 Zürich, info@faktor.ch, www.faktor.ch
Auslieferung Deutschland: Ökobuch Verlag, D-79219 Staufen,
www.oekobuch.de

Inhalt

4. Berechnungsverfahren und Zertifizierung

5. Beispiele

Zeitgemässe, moderne Architektur und Minergie
Der Weg führt über die soziale Akzeptanz

Ich habe Architektur immer auch als einen aktiven Beitrag zur Lösung unserer gesellschaftlichen Problemstellungen verstanden. Für mich ist Architektur zuerst einmal eine Frage des Ressourcenmanagements, bei dem es darum geht, die vorhandenen Ressourcen optimal einzusetzen und zu nutzen. Das Errichten und Betreiben von Gebäuden ist mit einem hohen Primärenergiebedarf verbunden. Die heute auf allen Ebenen eingeforderte Nachhaltigkeit bedingt ein Denken über längere Zeiträume. So ist zum Beispiel das Leben in der westlichen Welt insbesondere von zwei Aspekten geprägt – einem hohen Anspruch an Komfort bei gleichzeitig hohem Ressourcenverbrauch. Dieses Modell, das für unterentwickelte Länder eine Vorbildfunktion besitzt, ist schlichtweg nicht globalisierungsfähig, weil wir sonst in Gefahr laufen, dass unser ökologisches System kollabiert.

Die globale Herausforderung der nächsten Jahre besteht meines Erachtens darin, die Reduktion des Energieverbrauchs mit einer Steigerung des Komforts in Verbindung zu bringen. Ein wichtiger Schritt in diese Richtung sind die verschiedenen Energiestandards, die sich mittlerweile in ganz Europa zu etablieren beginnen. In der Schweiz steht das unter dem Namen Minergie fungierende Label für eine Architektur, deren Energiebedarf um 40 % bis 50 % reduziert ist.

Wenn es nun im Gesamten darum geht, mit den uns zur Verfügung stehenden Ressourcen effektiver und besser zu haushalten,

Autor
Dietmar Eberle, dipl. Architekt, Architekturbüro Baumschlager & Eberle, A-6911 Lochau, Professor für Architektur und Entwurf, ETH Zürich, 8093 Zürich

«Die globale Herausforderung der nächsten Jahre besteht darin, die Reduktion des Energieverbrauchs mit einer Steigerung des Komforts in Verbindung zu bringen.»

dann ist der wohl wichtigste Anspruch, der heute an ein Gebäude besteht, dessen Langlebigkeit und damit Nachhaltigkeit. Dabei bleibt festzuhalten, dass es ein Fehler ist, Diskussionen über die Langlebigkeit immer in Zusammenhang mit der technischen Ausführung zu bringen, wiewohl es doch eigentlich die architektonische Qualität ist und in der Folge die soziale Akzeptanz eines Gebäudes, die entscheidet, ob ein solches überdauert oder beizeiten wieder abgerissen wird.

«Wenn ein Bau – und sei er noch so auf die besten energietechnischen Argumente abgestützt – in der Öffentlichkeit keine Akzeptanz findet, kann auch von Nachhaltigkeit nicht die Rede sein.»

Mit anderen Worten, wenn ein Bau – und sei er noch so auf die besten energietechnischen Argumente abgestützt – in der Öffentlichkeit keine Akzeptanz findet, kann auch von Nachhaltigkeit nicht die Rede sein. In dieses Kapitel fällt im Übrigen auch der weit verbreitete Glaube, dass die Anwendung bzw. Berücksichtigung aktueller Energietechniken zwangsläufig zu einem entsprechenden, komplett anderen «ökomäßigen» architektonischen Ausdruck führen müsse. Meines Erachtens ist das ein Missverständnis und mit ein Grund, weshalb Niedrigenergiehäuser noch keinen größeren Verbreitungsgrad gefunden haben.

Worauf ich aber eigentlich hinaus will, ist folgendes: Der Weg, der das Minergie-Haus zum weit verbreiteten Standard macht, führt nicht über Energiesparverordnungen oder allgemeine Appelle an das Energiesparen, sondern über die angesprochene soziale Akzeptanz. Das wichtigste ist, dass es Menschen gibt, die diesen Baustandard wollen. Und dabei verhält es sich wie mit anderen technischen Entwicklungen – nämlich so, dass diese viel eher durch den Wunsch nach höherem Komfort vorangetrieben werden als aus dem Bewusstsein heraus nach einem reduzierten Energieverbrauch. Niemand spart freiwillig – ich denke, der Minergie-Standard hat nur eine Verbreitungschance, wenn er mit dem Komfortbegriff gekoppelt wird.

Der Diskurs muss deshalb vielmehr über Begrifflichkeiten wie Behaglichkeit oder Aufenthaltsqualität geführt werden, denn das ist es doch, um das es beim Bauen letztlich geht. Was interessiert es die Leute, ob das Gebäude ein paar Watt mehr oder weniger verbraucht. Die Zeiten uneingeschränkter Technikgläubigkeit sind vorbei, Fortschritt ist nicht mehr über die technische Ebene transportierbar. Stattdessen wird Fortschritt heute gleichgesetzt mit einer Verbesserung der Lebensqualität. Letztere ist, da der Wandel von der Industrie- zur Dienstleistungs- und Freizeitgesellschaft

Die Siedlung Ruggächern der ABZ in Zürich-Affoltern vereint städtebauliche, gestalterische und bautechnische Qualitäten. Architektur: Baumschlager & Eberle, Lochau. (Nick Brändli)

mit einer Emotionalisierung vieler Lebensbereiche einhergeht, zu einem Schlüsselbegriff mutiert, der Marktakzeptanz schafft.

Neben der Umwertung des Minergie-Standards in Richtung einer Reputation von erhöhtem Komfort bedarf es dagegen auf der Makroebene einer viel rationaleren Diskussion, was Themen wie die Lebenserwartung und Lebenszyklen betrifft. So schlägt ein Niedrigenergiehaus gegenüber einem Gebäude in Normalbauweise heute noch mit leicht erhöhten Investitionskosten zu Buche. Gerade aber in wirtschaftlich schwierigen Zeiten wird der ökonomische Druck immer stärker und fördert eine immer kurzfristigere Betrachtung des Bauens. Da Qualität sich oft erst in langen Zeiträumen bezahlt macht, wird auf sie oft genug bewusst verzichtet. Hier gilt es, die ökonomische Verhältnismäßigkeit in den Vordergrund zu rücken, also die Relation zwischen Investition und Ertrag. Ich glaube an die Zukunft des Minergie-Standards, weil ich mit dem Einsatz von beinahe gleich vielen Geldmitteln wesentlich bessere Raumqualitäten erhalte. Ich sehe allerdings auch eine gewisse Gefahr darin, dass wir uns in Einzelaspekten verlieren und dabei das Gesamte aus den Augen verlieren. Mir ist es deshalb wichtiger, dass in Zukunft eine Steigerung der Anzahl energieoptimierter Häuser erfolgt, anstatt dass einem im Einzelnen zu erreichenden Bestfall nachgejagt wird.

Der Architekturentwurf

«Minergie-P-Häuser sind immer eine Teamleistung.»

Eine zentrale Stellung bei der Optimierung der ökonomischen und ökologischen Qualität nimmt der Architekturentwurf ein. Bereits heute ist es uns möglich, den normalen Energieverbrauch eines Gebäudes um bis zu 70 % zu senken – und das ohne den Einsatz von aufwändigen Technologien. Fünf Prinzipien scheinen mir dafür wesentlich:

▌ Die Entwicklung einer möglichst kompakten, an das örtliche Klima angepassten Form unter Ermittlung der Gebäudehüllzahl

▌ Die Konstruktion einer hinsichtlich U- und g-Wert optimierten, d. h. hoch gedämmten und luftdichten Gebäudehülle mit geeignetem Fensteranteil

▌ Die Ausnützung bzw. Verwendung vorhandener Umgebungsenergien mittels Sonnenkollektoren, Erdkollektoren, Wärmepumpen und dergleichen

▌ Die Energierückgewinnung bzw. Abdeckung des Restwärmebedarfs z. B. in Form von Lüftungsanlagen

▌ Die Wahl der mit dem notwendigen Wissen ausgestatteten Spezialplaner. Minergie-P-Häuser sind immer eine Teamleistung – mit einem Bedarf an hochwertigem Wissen aus den unterschiedlichsten Bereichen.

Wenn wir heute über Energieoptimierung reden, müssen wir das Gebäude als ein Gesamtsystem begreifen, dessen Komponenten nicht beliebig kombinierbar bzw. austauschbar sind. Dabei stellen Gebäudehülle und Technik die wichtigsten Teilsysteme dar. Gerade was deren Interaktion betrifft, herrscht allerdings ein relativ niedriger Wissensstand. Bisher war man es eher gewohnt, die planerischen Defizite eines Gebäudes mit einem erhöhten Technikeinsatz zu kompensieren. Stattdessen gilt es nun, die Methodik der Herangehensweise an den Entwurf zu ändern. So wird es von Anfang an um die Einhaltung gewisser mathematisch quantifizierbarer Zielwerte gehen, die, präzise aufeinander abgestimmt, das Entwurfsergebnis bereits im Vorfeld in einem gewissen Masse determinieren. Dies wiederum setzt voraus, dass der Miteinbezug aller am Bau beteiligten Spezialisten in einem noch viel früheren Planungsstadium erfolgt, als dies bisher der Fall ist. Ich denke, dass die Reorganisation des Planungsprozesses wohl die größte Schwierigkeit darstellt auf dem Weg zum Standard von Minergie-Häusern. ▌

Interview: Minergie-P in der 2000-Watt-Gesellschaft

Drei Fragen an Roland Stulz, den Geschäftsführer von Novatlantis, zur Rolle von Minergie-P in der 2000-Watt-Gesellschaft.

Der Architekt Roland Stulz kümmert sich als Geschäftsführer von Novatlantis um Nachhaltigkeit im ETH-Bereich.

Welche Rolle spielt der Faktor «Bauen» in der 2000-Watt-Gesellschaft?
Minergie-P lässt sich im Gebäudebereich weitgehend mit 2000 Watt gleichsetzen, der Energieverbrauch im Haus entspricht den Anforderungen von Minergie-P. Wie die kontinuierliche Leistung von 2000 Watt pro Person (oder eben die 17 500 Kilowattstunden pro Jahr) erreicht werden, ist sekundär. Steht das schönste Minergie-P-Haus, mit 200 Standby-Geräten und drei Autos im Grünen, dann reicht das jedoch nicht aus. Die 2000-Watt-Gesellschaft beinhaltet neben dem Bauen noch die Mobilität, also zum Beispiel die Erreichbarkeit durch öffentliche Transportmittel, Auswirkungen auf die Gesellschaft und die Finanzierbarkeit der Massnahmen. Es geht nicht nur um technische Baulösungen und es gilt für alle Bauaufgaben, nicht nur den Wohnungsbau.

Wie muss ich mir das konkret vorstellen?
Beim 2000-Watt-Spital Triemli heisst es zum Beispiel, dass nicht nur bauliche Lösungen wichtig sind. Auch die Geräte und deren Betrieb, sowie das Ressourcen-Management müssen berücksichtigt werden. Wir demonstrieren das in der Pilotregion Basel. Es ist ein politischer Entscheid, den Basel gefällt hat. Jetzt folgt Zürich und Genf ist auch bald dabei. Natürlich wollen wir die Idee, die Vision auch ausserhalb der Schweiz lancieren.

Angenommen es sind nur noch Minergie-P-Neubauten erlaubt: Reicht das für die 2000-Watt-Gesellschaft?
Nein. Allein schon bei den bestehenden Bauten ist die Sanierungslast ein zu grosser Brocken. Sowohl kosten- als auch nutzenmässig sind Minergie-P-Sanierungen schwierig umsetzbar. Für kostengünstige Lösungen braucht es noch Forschung und Entwicklung. Ich denke da an die Dämmung denkmalgeschützter Bauten oder Bauten, bei denen die Dämmung nicht von aussen möglich ist. Bei den Fenstern gibt es gute Ansätze wie elektrochrome oder fotochrome Gläser mit integriertem Sonnenschutz.

Interview: Der aktuelle Stand von Minergie-P

Sieben Fragen an Armin Binz, den Leiter der Agentur Bau, zum Baustandard Minergie-P und dessen Umfeld.

Ist es gefährlich, sich während der Projektierung stufenweise an Minergie-P heranzuarbeiten?
Gefährlich nicht, aber teurer. Wenn Minergie-P nicht von Beginn weg im Visier ist, holt man sich die nötigen Kompetenzen tendenziell zu spät. Der Standard scheitert häufig daran, dass die Kosten zu stark anwachsen, weil die kostentreibenden Elemente nicht von Beginn weg im Fokus der Planer sind. Der Zusatz P sollte nicht mehr als 10 % Gebäude-Mehrkosten gegenüber dem Minergie-Standard verursachen.

Welches sind ganz konkret die Kosten treibenden Fehlentscheidungen im Bauprozess?
Das ist nicht ganz einfach zu beantworten. Im Planungsprozess werden dutzende, hunderte Entscheide gefällt. Die meisten sind kostenwirksam. Das am meisten konstituierende Element eines Minergie-P-Gebäudes ist die extrem wärmegedämmte Gebäudehülle, die damit ganz klar komplizierter und teurer wird.

Somit ist der tiefe Formfaktor ein übergeordnetes Qualitätskriterium?
Je mehr Knicke und Ecken diese Hülle hat, desto teurer wird das Haus. Eine komplizierte Grundform der Hülle macht das Gebäude teuer, trotz aller Cleverness bei der Konstruktion. Da muss am Ende zum Beispiel ein Dachterrassengeländer befestigt werden. Wegen den 30 cm Wärmedämmung steht es einen halben Meter vor der Tragwand. Das hat eine auskragende Tragvorrichtung und unerwartete Kosten zur Folge, Kosten deren Ursprung in zusätzlichen «Knicken» und Ecken liegt. Je einfacher die Gebäudeform, desto billiger das Haus. Das gilt natürlich für jeden Baustandard. Komplizierte Formen sind Kosten treibend, ist die Hülle aber das entscheidende Element, potenzieren sich die Kosten. Der Zwang, Wärmebrücken unbedingt zu vermeiden, ist sehr gross und kann sehr Kosten treibend sein. Verglaste Partien der Gebäudehülle sind an sich teure Elemente. Bei einem Minergie-P-Gebäude ist die Verglasung hochsensitiv, da passiert energetisch enorm viel. Was den Wärmeverlust angeht, sind die besten Gläser den Wand- oder

Der Architekt Prof. Armin Binz ist Leiter des Instituts für Energie am Bau der Fachhochschule Nordwestschweiz und der Minergie Agentur Bau.

Dachelementen energetisch aber immer unterlegen. Deshalb muss auch der passivsolare Gewinn optimiert werden. Damit wird die Verglasung zu einem sehr dynamischen Element, das aus den besten Produkten bestehen muss. In der Regel sind dies dreischeibige Wärmeschutzverglasungen, die bekanntlich nicht billig sind.

Das gleiche gilt für die Rahmen?
Ja. Von der Passivhaus-Bewegung kommt der Gedanke, dass spezielle Passivhausfenster sinnvoll sind. Fenster, bei denen die Verglasungen und die Rahmen einen U-Wert unter 0,8 $W/m^2 K$ haben. Als diese Idee zum ersten Mal aufgetaucht ist, dachte ich nicht, dass es jemals Rahmen unter 0,8 $W/m^2 K$ geben wird. Heute sind auf dem Markt über vierzig entsprechende Profile erhältlich, das ist verblüffend.

Dennoch sind Passivhausfenster in der Schweiz selten.
Hier ist es sehr schwierig, Fenster mit Passivhausrahmen einzusetzen. Wir verfolgen eher die Strategie der Integration. Die Fenster werden so in die Wand eingefügt, dass der Rahmen an Bedeutung verliert. Das ist natürlich nur bedingt umsetzbar. Bei Fenstern gibt es häufig auch eine Mittelpartie, die sich nicht einbinden lässt. Dort wäre Passivhausqualität für Rahmen wünschenswert. Die lassen sich in der Schweiz aber fast nicht verkaufen. Zum einen sind sie markant teurer, zum Anderen sind sie ästhetisch schwierig – zu schwer. Bei den Fenstern spiegelt sich die helvetische Kleinteiligkeit. Wo in Deutschland grosse, einflüglige Fenster verbaut werden, sind in der Schweiz wie selbstverständlich zwei Flügel üblich.

Der Glasanteil der Gebäudehülle verursacht, neben den Wärmebrücken, den grössten Anteil an Transmissionswärmeverlusten. Gleichzeitig sind die passiv solaren Wärmegewinne wichtig für die Energiebilanz. Gibt es einen goldenen Verteilschlüssel?
Das ist eine schwierige Frage. Es gibt es eine Tendenz zu immer grösseren Anteilen von Glas in der Gebäudehülle. Was bei den Dienstleistungsbauten angefangen hat, greift jetzt auch im Wohnungsbau um sich. Es gibt Glasanteile, mit denen ein Minergie-P-Haus nicht möglich ist. Minergie-P für vollverglaste Bauten ist nach meiner Einschätzung nicht realisierbar. Je grösser der Glasanteil, desto wichtiger ist, dass der U-Wert sehr tief gehalten wird. Man muss die besten Gläser wählen. Zum Glück ist die Entwicklung in diesem Bereich noch nicht abgeschlossen, ständig kommen verbesserte Verglasungen auf den Markt.

Wie hoch ist die Limite?

Das lässt sich nicht absolut beziffern. Man kann nicht sagen, dass ab 50 % oder 60 % Glasanteil der Fassade Minergie-P nicht mehr realisierbar ist. Der Anteil hängt von der Gesamtgrösse des Objekts, von der Kompaktheit ab. Die Relation «Glasanteil der Fassade» zu «Energiebezugsfläche» ist massgebend, der Formfaktor. Je grösser der Glasanteil, desto stärker ist das Gebäude vom Benutzerverhalten abhängig. Wenn ich ein perfekt gedämmtes Gebäude mit kleinem Glasteil baue, dann ist das relativ bedienungsfreundlich – «narrensicher». Bei einem grossen Glasanteil kann viel schief laufen. Da können im Winter zum Beispiel die Beschattungen zu oft unten sein. Der «kleine» Bedienfehler verringert den solaren Wärmegewinn und bringt die Energiebilanz ins Ungleichgewicht. In einzelnen Fällen hat sich das als Problem erwiesen. Die Gebäude mussten trotz korrekter Auslegung stärker als erwartet beheizt werden.

> «Gute Architekten fürchten sich nicht vor einschränkenden oder mitbestimmenden Faktoren.»

Korrektes Benutzerverhalten erfordert ein Engagement, das von durchschnittlichen Mieterinnen und Mietern nicht zu erwarten ist.

Engagierte Bauherrschaften denken mit, leben mit und erzeugen so eine Superperformance. Das kann von Mieterinnen und Mietern nicht erwartet werden. Auch nicht von einem Massenpublikum, da muss alles selbsttätig laufen. Ob das in Zukunft mehr in Richtung Einfachheit und «Narrensicherheit» oder mehr in Richtung «Smart Home» gehen wird – oder ob sich diese beiden Ansätze verbinden lassen – ist gegenwärtig schwer abzuschätzen.

Kann sich aus der Anforderung eine neue Formensprache entwickeln?

Es braucht keine neue Formensprache. Gute Architekten fürchten sich nicht vor einschränkenden oder mitbestimmenden Faktoren. Jeder Ort gibt seine Restriktionen vor. Das beginnt bei der Baugesetzgebung, der Umgebung, der Topografie, den Nachbarbauten. Alles Einflüsse, die architektonisch berücksichtigt und verarbeitet werden müssen. Minergie-P ist ein Aspekt, er kann zu einer architektonischen Steigerung führen. Wir können heute auf realisierte Projekte verweisen, die grosse Plastizität aufweisen. Das Eichgut in Winterthur hat zum Beispiel eine sehr spannende, eigenwillige Fassade.

Das Eichgut verfügt über einen tiefen Formfaktor und spart bei den Decken ein, was in der Horizontale, den Fassaden an Spielraum nötig ist.

An den Aussenwänden schmerzen dicke Bauteile am meisten. Während bei der Deckengestaltung ein Plus von 40 cm nicht weiter stört. Verblüffend ist, wie rasch die Industrie den Trend zu höheren Dämmleistungen aufgegriffen hat. Dank dem sind heute hochgedämmte und trotzdem schlanke Aussenwände realisierbar. In den 30-er und 40-er Jahren wurden die einfachen Dämmstoffe, später die modernen Faserdämmstoffe und Hartschäume eingeführt. Die Verbesserung war so immens, dass über lange Zeit keine Weiterentwicklung betrieben wurde. Die Dämmleistung war 12-mal besser als diejenige von Backsteinen, eine unglaubliche Verbesserung. An allem wurde weitergearbeitet: an der Druckfestigkeit, dem Schallschutz, an der Resistenz gegen fast Alles. Die Dämmleistung war dermassen gut, dass erst mit den dicken Dämmschichten Handlungsbedarf entstand, erst in den 90-er Jahren. Heute gibt es auch auf der konventionellen Schiene sehr leistungsfähige Dämmstoffe wie Phenolharz-Hartschaum oder infrarotgetrübtes Polystyrol. Neue Entwicklungen gehen in Richtung kompakter Hochleistungsdämmelemente wie Solarfassaden oder Vakuumisolationen. Eine Tendenz geht zu mehr Transparenz. Dass eine moderne Dreischeiben-Wärmeschutzverglasung auf 4 cm einen U-Wert von 0,5 W/m² K realisiert, ist absolut unglaublich.

«Verblüffend ist, wie rasch die Industrie den Trend zu höheren Dämmleistungen aufgegriffen hat.»

Die Entwicklung geht noch weiter. Der Aargauer Erfinder Bächli ist seit langem dabei, ein Hochleistungs-Vakuumglas zu produzieren. Es wäre traumhaft, wenn er – oder andere – es schaffen würden, transparente Dämmstoffe mit einem U-Wert von 0,2 W/m² K zu bezahlbaren Preisen zu produzieren. Eine Verglasung dieser Art, Bächli nennt sie «Lichtheizung», wäre auch auf der Nordseite von Häusern positiv in der Tagesbilanz. Viele andere Ansätze spielen damit, Transparenz und Opazität zu verbinden. ▌

(Fragen: Othmar Humm und Marion Schild, Foto: Gian Vaitl)

Kapitel 1
Das Gesamtsystem Haus

1.1 Ein Weg zum Ziel

Unsere heutige Zeit wird stark beeinflusst von Diskussionen um Klimaerwärmung, das Kyoto-Protokoll oder die Endlichkeit von Ölreserven. Gesteigerte Energieeffizenz und der Einsatz erneuerbarer Energien sind notwendige Konsequenzen dieser Tatsachen und Inhalt konkreter Problemlösungsstrategien. Noch konkreter wird es, wenn man nach Minergie-P baut: Dieser Gebäudestandard ist Symbol für einen schonungsvollen Umgang mit den Energieressourcen und für eine hohe Effizienz beim Energieeinsatz. Damit müssen aber wegen des Energiesparens keine Abstriche an Komfort oder Funktionalität in Kauf genommen werden – im Gegenteil.

Novatlantis gibt das Effizienzsteigerungspotenzial im Gebäudebereich gegenüber heute mit 80 % an. Dies heisst nichts anderes, als dass wir in Zukunft mit 20 % des aktuellen Energieaufwandes genauso gut leben könnten wie heute. Minergie-P-Gebäude realisieren dieses Potenzial dank einer guten Gebäudehülle, effizienter Haustechnik und erneuerbaren Energien. Sie sind somit in der Lage, im Gebäudebereich die Ziele der 2000-Watt-Gesellschaft schon jetzt zu erfüllen. Dies ist wichtig, da ein heute gebautes Gebäude wohl 50 bis 80 Jahre bestehen wird. Werden Neubauten nicht nach diesen Anforderungen erstellt, werden sie auch in 40 Jahren kaum oder nur mit grossem Aufwand diesem Stand entsprechen können. Zugegeben: Gegenwärtig ist die Wirtschaftlichkeit beim Bauen nach Minergie-P noch erklärungsbedürftig, da

Urs-Peter Menti

bei Bauentscheiden zu oft die reinen Investitionskosten im Vordergrund stehen und kaum eine Betrachtung über den Lebenszyklus
stattfindet. Durch den Anstieg der Energiepreise wird diese Art der
Wirtschaftlichkeitsbetrachtung auch im Bauen zunehmend an Bedeutung gewinnen.

Im Jahr 2002 wurde, basierend auf Minergie und in Anlehnung
an die von Wolfgang Feist in Deutschland vorangetriebene Passiv-
hausidee, der anspruchsvolle Minergie-P-Standard eingeführt. Im
Jahre 2003 konnte das erste Haus nach diesem neuen Standard zertifiziert werden (Abbildung 1.1). Ziel war es, den Pionieren in der
Schweizer Bauszene die Möglichkeit zu bieten, Gebäude im Passiv-
hausstandard zu bauen und diese über ein auf den Schweizer Normen basierendes Zertifizierungsverfahren mit einem geschützten
Label auszuzeichnen. Hinter Minergie-P steht der Verein Minergie,
ein sowohl von der öffentlichen Hand (Bund, Kantone) als auch
von der Bauwirtschaft und Privaten getragener Verein.

Nach zögerlichem Start und Aktivitäten vor allem im Bereich der
Einfamilienhäuser entwickelte sich Minergie-P ab 2006 stark: Vermehrt wurden grössere Objekte zertifiziert (Mehrfamilienhäuser,
Bürobauten) – sowohl die Anzahl als auch die Fläche der zertifizierten Objekte nahmen stark zu. Fünf Jahre nach Einführung
konnte das 100. Minergie-P-Gebäude zertifiziert werden. Daneben
sind aber auch zahlreiche Objekte realisiert worden, welche die Anforderungen von Minergie-P fast erreichen oder diese zwar erreichen, aber bei denen keine Zertifizierung durchgeführt wurde.

Abbildung 1.1: Das erste
zertifizierte Minergie-P-
Gebäude
(AG-001-P, Dintikon)

In den ersten fünf Jahren von Minergie-P hat sich gezeigt:
▮ Der Standard ist anspruchsvoll und fördert die Innovation.
▮ Die Anforderungen können mit bewährten Komponenten erreicht werden, setzen aber einen optimalen Planungsprozess voraus.
▮ Die Nachfrage im Markt ist zunehmend da – bei Planenden und bei Investoren.
Minergie-P wird in Zukunft eine grosse Verbreitung erfahren, denn sowohl die politischen als auch die gesellschaftlichen und die wirtschaftlichen Randbedingungen sind äusserst günstig.

Umfeld

Das Programm Novatlantis des ETH-Bereichs ist Träger des energiepolitischen Modells der 2000-Watt-Gesellschaft. Die durchschnittlich von jedem Erdenbewohner bezogene Leistung entspricht heute 2000 Watt (=17 520 kWh pro Jahr). Die Unterschiede zwischen einem Nordamerikaner (12 000 Watt), einem Schweizer (5000 Watt) und einem Afrikaner (500 Watt) sind aber immens. Die Vision der weltweiten 2000-Watt-Gesellschaft ermöglicht einen Ausgleich zwischen Industrie- und Entwicklungsländern, fordert eine Reduktion des Energieverbrauchs jedes Schweizers um den Faktor 2,5 und ist somit Basis für einen guten Lebensstandard der gesamten Erdbevölkerung. Werden maximal 500 Watt dieser 2000 Watt fossil erzeugt, ist die 2000-Watt-Gesellschaft nachhaltig. Die Vision der 2000-Watt-Gesellschaft umfasst

www.novatlantis.ch

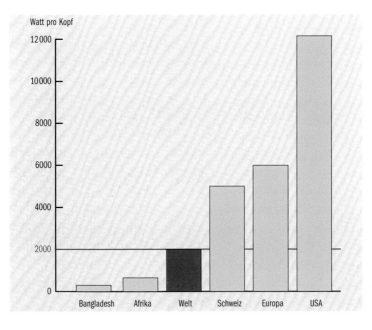

Abbildung 1.2: Durchschnittlich heute pro Kopf bezogene Leistung (Novatlantis)

die Gesamtenergiebilanz, also neben den Gebäuden z. B. auch die industrielle Produktion und den Transport.

[1] Dokumentation D 0216: SIA Effizienzpfad Energie; Schweizerischer Ingenieur- und Architektenverein SIA; Zürich 2006

Mit dem SIA-Effizienzpfad Energie [1] beschreibt der Schweizerische Ingenieur- und Architektenverein einen Weg zur Erreichung der Ziele der 2000-Watt-Gesellschaft. Der Effizienzpfad gibt dem Baubereich für die nächsten 20 bis 30 Jahre Referenzgrössen vor, ist Grundlage für konkrete (politische) Massnahmen und bringt mit dem Einbezug der grauen Energie und der gebäudeinduzierten Mobilität eine neue Dimension in die Energiediskussion.

Der Effizienzpfad definiert einen Zielwert A (entspricht heute schon dem Ziel der 2000-Watt-Gesellschaft) und einen Zielwert B (Bauten auf diesem Niveau lassen sich in einer Erneuerungsphase so nachrüsten, dass sie dem Zielwert A entsprechen). Wie die Werte in Tabelle 1.1 zeigen, beanspruchen die Gebäude (Wohnen, Büro, Schulen) beim Zielwert A mit 950 Watt knapp die Hälfte der zur Verfügung stehenden 2000 Watt pro Person.

Die Berechnungsgrundlagen und Systemgrenzen beim SIA-Effizienzpfad Energie stimmen nicht in allen Details mit denen von Minergie-P überein (z. B. unterschiedliche Gewichtungen der Energieträger). Trotzdem kann festgehalten werden, dass Minergie-P für den Bereich des Gebäudes (ohne graue Energie und induzierte

Tabelle 1.1: Zielwerte für Nutzungen in Primärenergie und in kWh/m² a bzw. Watt/Person (gültig für Neubauten und Umbauten)

	Zielwert A		Zielwert B	
	kWh/m² a	Watt/Person	kWh/m² a	Watt/Person
Wohnen	122	840	153	1050
Büro	133	75	167	95
Schulen	97	35	122	40
Total	**352**	**950**	**442**	**1185**

Tabelle 1.2: Zielwert A für die Nutzung Wohnen; Neubau und Umbau in kWh/m² a

	Primärenergie (Effizienzpfad)		Gewichtete Energie-kennzahl (Minergie-P)
	Verbrauch Neubau in kWh/m² a	Verbrauch Umbau in kWh/m² a	Bedarf Neubau und Umbau in kWh/m² a
Baumaterial	28	17	
Raumklima	19	30	
Warmwasser	11	11	30 kWh/m² a
Licht und Apparate	36	36	
Mobilität	28	28	
Total	Zielwert A Wohnen 122 kWh/m² a (= 840 Watt/Person bei 60m²/Person)		

Mobilität) im Zielbereich des Effizienzpfades liegt und somit eine konkrete Antwort auf die Forderungen der 2000-Watt-Gesellschaft im Baubereich ist (siehe Tabelle 1.2).

Neben diesen Modellen und Strategien hat Minergie-P eine hohe Affinität zum Passivhaus, welches vor allem in Deutschland und Österreich, immer mehr aber auch in anderen Ländern stark verbreitet ist. Minergie-P basiert auf den Grundsätzen des Passivhauses, die Berechnungen sind aber mit den Schweizer Normen kompatibel. Zudem bietet Minergie-P die Möglichkeit, das Gebäude mit einem geschützten Label auszuzeichnen, ein Aspekt der beim Passivhaus nicht im Vordergrund steht. Die technischen Unterschiede zwischen einem Passivhaus und einem Minergie-P-Haus sind jedoch gering. So ist es grundsätzlich auch möglich, ein zertifiziertes Passivhaus mit wenig Aufwand nach Minergie-P zu zertifizieren (Auskünfte erteilt die Zertifizierungsstelle Minergie-P).

Und die Zukunft?

Wie geht es weiter mit Minergie-P? Die von einzelnen politischen Parteien geforderte umgehende Einführung von Minergie-P als gesetzlicher Standard ist Wunschdenken, nicht zuletzt, weil es heute noch an genügend ausgebildeten Fachleuten für die Umsetzung

Abbildung 1.3: Energiebedarf des Gebäudebestandes und das entsprechende Optimierungspotenzial beispielhaft für den Kanton Zürich (Quelle: AWEL)

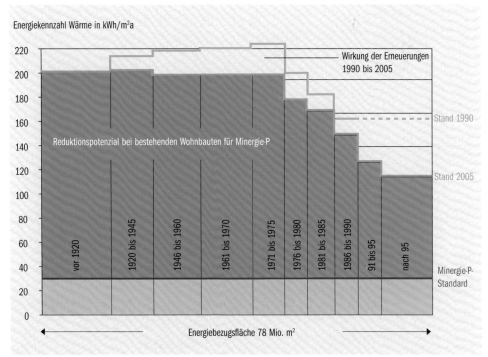

fehlt. Die zu erwartende Verschärfung der gesetzlichen Vorgaben betreffend energieeffizientes Bauen wird die Nachfrage nach Minergie-P aber zusätzlich ankurbeln. Der Markt verlangt zunehmend auch die Zertifizierung von Nutzungen ausserhalb der Bereiche Wohnen und Büro. Aus energiepolitischer Sicht müssen die Gebäude-Modernisierungen enorm gefördert werden, da hier gegenüber dem Neubau das deutlich grössere Potenzial vorhanden ist.

Minergie-P reagiert auf diese Entwicklungen mit der Einführung von spezifisch auf den Modernisierungsfall ausgerichteten Anforderungen und mit der Möglichkeit, ab 2008 weitere Gebäudekategorien wie z. B. Schul- oder Sportbauten, aber auch Restaurants oder Spitäler zertifizieren zu können.

Wirkungen von Energiestandards

Bringen Energiestandards wirklich das, was sie versprechen? Können sie die Erreichung der hohen Ziele gewährleisten? Eine Studie im Auftrag des Bundesamts für Energie [2] liefert Antworten: Es werden Primärenergiebedarf aber auch CO_2-Emissionen sowie die Umweltbelastung für Erstellung, Betrieb, Modernisierung und Rückbau einzelner Gebäude untersucht – und anschliessend auf den Gebäudepark Schweiz hochgerechnet. Die untersuchten Stan-

Abbildung 1.4: Endenergiebedarf eines neuen Einfamilienhauses für vier Standards und fünf Systeme zur Wärmeerzeugung in MJ pro m² und Jahr. (Die Energieträger sind nicht gewichtet.) Die Holzheizungen beim Standard Modul 2 (MuKEn) verbrauchen aufgrund der Vorgaben (SIA-Grenzwert bei erneuerbaren Energiequellen, 80 % des SIA-Grenzwertes bei nicht erneuerbaren Energiequellen) mehr Endenergie als die Varianten mit fossilen Heizungen. Quelle [2]

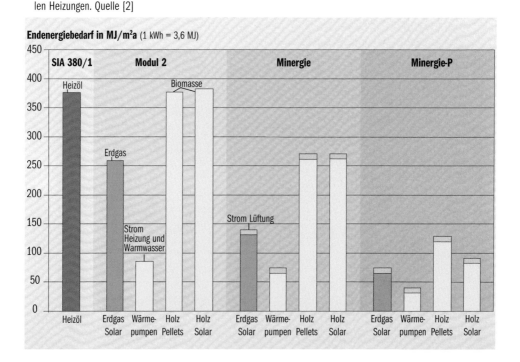

dards sind: Norm SIA 380/1, Modul 2 der MuKEn, Minergie und Minergie-P (vergleiche Anmerkung am Schluss des Absatzes). Die Studie bestätigt die Erwartung: Die Reduktion des Endenergiebedarfs verläuft nicht proportional zum Standard, denn verbesserte Bauweisen bedingen einen erhöhten Aufwand an grauer Energie (z. B. für Wärmedämmung oder Anlagen zur Lufterneuerung inkl. Wärmerückgewinnung). Entgegen oft anders lautenden Behauptungen wird aber bestätigt, dass strengere Standards, über die Lebensdauer betrachtet, Energie sparen – trotz höherem Aufwand an grauer Energie. Je nach eingesetztem Haustechniksystem ist Minergie-P (trotz den oben aufgelisteten Einschränkungen) immer noch um Faktor 2 bis 3 besser als Minergie und um Faktor 4 oder mehr besser als ein nach den gesetzlichen Anforderungen gebautes Gebäude (Vergleich auf Stufe Endenergie). Im Modernisierungsfall ist der Anteil der grauen Energie verglichen mit dem Neubau klein. Das heisst, hier ist die Wirkung von strengen Standards besonders gross.

Anmerkung: Das Modul 2 der Mustervorschriften der Kantone im Energiebereich (MuKEn) verlangt, dass Neubauten so gebaut und ausgerüstet werden müssen, dass höchstens 80 % des zulässigen Wärmebedarfs für Heizung und Warmwasser mit nicht erneuerbaren Energien gedeckt werden.

Beim Vergleich des Treibhauspotenzials sind die Unterschiede der einzelnen Standards weniger signifikant: Der Rohbau hat hier einen grossen Anteil an den Gesamtemissionen – und dieser Anteil ist in absoluten Zahlen bei allen Standards in etwa ähnlich. Es ist deshalb richtig, in Zukunft neben der weiteren Bedarfsreduktion im Betrieb möglichst auch die graue Energie zu reduzieren und den Einsatz ökologischer Materialien zu fördern. Eine Antwort dazu ist Minergie-P-Eco.

[2] Umweltwirkungen von Energiestandards, Perspektiven für den Gebäudepark Schweiz. Schlussbericht, Dezember 2006. Im Auftrag des Bundesamts für Energie, Forschungsprogramm Energiewirtschaftliche Grundlagen

1.2 Anforderungen und Lösungsstrategien

Der Nachweis über die Erfüllung der einzelnen Anforderungen erfolgt für den Zertifizierungsantrag rechnerisch (Primäranforderung, Energiekennzahl, Wärmeleistungsbedarf), mittels Deklaration (Einsatz energieeffizienter Geräte) bzw. messtechnisch am realen Objekt (Luftdichtigkeit). Tabelle 1.3 definiert die ab Januar 2008 gültigen Anforderungen. Die jeweils aktuellen Anforderungen können unter www.minergie.ch abgerufen werden.

Heizwärmebedarf nach der aktuell gültigen Norm SIA 380/1

Der Heizwärmebedarf nach SIA 380/1, auch als Primäranforderung bezeichnet, ist meist die grösste Hürde bei der Konzipierung eines Minergie-P-Gebäudes. Unabhängig von der gewählten Haustechnik-Lösung werden hier die Anforderungen an die Gebäudehülle (Verluste und Gewinne) definiert.

Gewichtete Energiekennzahl

Die gewichtete Energiekennzahl beinhaltet den Energiebedarf für Heizen, Warmwasser, Lüftung und Hilfsbetriebe sowie allenfalls Kühlung. Die verwendeten Energieträger werden mit Gewichtungsfaktoren bewertet und die Effizienz der Haustechnik fliesst über die Nutzungsgrade ein.

Zur Beachtung: Die Anforderung an den Heizwärmebedarf von modernisierten Bauten nach Minergie-P bezieht sich auf den Grenzwert der Norm SIA 380/1 für Sanierungen.

Gebäudekategorie nach SIA		I	II	III	IV	V
Anforderungen		Wohnen MFH	Wohnen EFH	Verwaltung	Schulen	Verkauf
Kontrollierte Aussenluftzufuhr		x	x	x	x	x
Heizwärmebedarf von Neubauten ① und Modernisierungen ②	% von $Q_{h,li}$	30	40	40	40	30
	kWh/m²a	15	15	15	15	15
Gewichtete Energiekennzahl	kWh/m²a	30	30	25	25	25
Luftdichtigkeit von Neubauten ($n_{50,st}$-Wert)	h⁻¹	0,6	0,6	0,6	0,6	0,6
Luftdichtigkeit von modernisierten Bauten ($n_{50,st}$-Wert)	h⁻¹	1,5	1,5	1,5	1,5	1,5
Spezifischer Wärmeleistungsbedarf (bei Luftheizung)	W/m²	10	10	10	10	10
Grenzwert Beleuchtung gemäss Norm SIA 380/4		–	–	x	x	x
Grenzwert Lüftung/Klima gemäss Norm SIA 380/4 ③		–	–	x	x	x
Thermischer Komfort im Sommer		x	x	x	x	x
Haushaltgeräte mit Effizienzklasse A bzw. A+		x	x	x	x	x
Weitere spezifische Zusatzanforderungen (analog zu Minergie)		–	–	–	–	④

① Es gilt jeweils der grössere der beiden absoluten Werte (für die Primäranforderung an die Gebäudehülle).
② Für modernisierte Bauten bezieht sich die Minergie-P-Anforderung auf den Grenzwert für den Heizwärmebedarf der Norm SIA 380/1 für Umbauten. (Der Grenzwert für Umbauten entspricht 140 % des Grenzwertes für Neubauten.)
③ Beim Einsatz von Lüftungen und Klimaanlagen, welche im Zusammenhang mit Prozessen stehen (Küchenabluft, Entfeuchtung Bibliothek, etc.), sollen die Zielwerte nach Norm SIA 380/4 eingehalten werden.

Luftdichtigkeit der Gebäudehülle $n_{50,st}$

Minergie-P-Gebäude müssen aus energetischen Gründen aber auch zur Gewährleistung eines hohen Komforts eine hohe Luftdichtigkeit der Gebäudehülle aufweisen (gemessen über jede einzelne Nutzungseinheit, bei Wohngebäuden also über jede einzelne Wohnung). Dieser Nachweis ist mit einem sogenannten Blowerdoor-Test zu erbringen.

Haushaltgeräte mit Effizienzklasse A bzw. A+

Es sind beste Voraussetzungen für einen tiefen Haushaltstromverbrauch zu schaffen. Dies bedingt einerseits energieeffiziente Leuchten und Lampen, andererseits den ausschliesslichen Einsatz von Haushaltgeräten (Kochherd, Backofen, Waschmaschine, Tumbler etc.) der Effizienzklasse A. Bei Kühlgeräten (Kühlschrank, Tief-

VI	VII	VIII	IX	X	XI	XII
Restaurants	Versammlungslokale	Spitäler	Industrie	Lager	Sportbauten	Hallenbäder
X	X	X			X	
40	40	40			40	
15	15	15			15	
40	40	45			20	
0,6	0,6	0,6			0,6	
1,5	1,5	1,5	nach Minergie-P nicht zertifizierbar	nach Minergie-P nicht zertifizierbar	1,5	nach Minergie-P nicht zertifizierbar
10	10	10			10	
X	X	X			X	
X	X	X			X	
X	X	X			X	
X	X	X			X	
⑤	–	④			⑤	

④ Abwärmenutzung von gewerblicher Kälte muss nachgewiesen werden.
⑤ Mindestens 20 % des Warmwasserbedarfs sind über erneuerbare Energien zu decken.
$Q_{h,li}$ Grenzwert für den Heizwärmebedarf nach der SIA-Norm 380/1

Tabelle 1.3: Anforderungen für Minergie-P-Bauten. Die aktuellen Anforderungen sind auf www.minergie.ch aufgelistet.

kühlgerät) ist der Einsatz von Geräten der Effizienzklasse A+ vorge-
schrieben. Auf der von Herstellern unabhängigen Webseite www.
topten.ch sind gute Geräte aufgelistet.

Spezifischer Wärmeleistungsbedarf

Bei Gebäuden mit einer Luftheizung ist ein spezifischer Wärmeleistungsbedarf von maximal 10 W/m² zulässig. Wird mit einer Luftheizung geheizt, dann entspricht dies der maximal über die Luft
zugeführten Leistung, ohne dass der Luftwechsel über dem hygienisch notwendigen Wert liegt (gilt für die Nutzung Wohnen). Eine
Erhöhung des Luftwechsels über diesen Wert ist energetisch unsin-
nig und kann zu Komfortproblemen führen. Bei Gebäuden ohne
Luftheizung entfällt diese Anforderung.

Zusatzanforderungen

Neben diesen fünf Hauptanforderungen bestehen noch nutzungs-
spezifische Zusatzanforderungen, wie z. B. für die Beleuchtung.
(Siehe www.minergie.ch respektive www.toplicht.ch. Auf dieser Website sind nach Minergie zertifizierte Leuchten aufgelistet.)
Diese reglementarischen Anforderungen an den Minergie-P-Stan-

Abbildung 1.5: Unter-
schiede Minergie und
Minergie-P am Beispiel
eines Einfamilienhauses

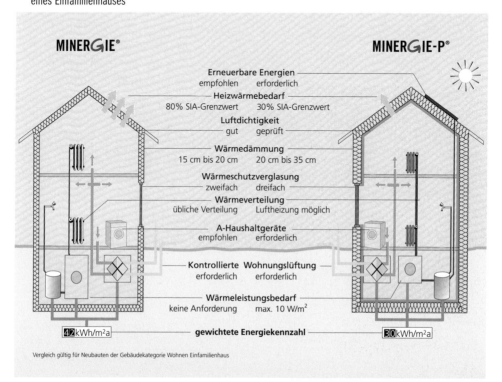

dard ergeben Konsequenzen für die Umsetzung, gerade auch im Vergleich zu den Minergie-Gebäuden (siehe Abbildung 1.5). Neben dem erforderlichen Einsatz von erneuerbaren Energien ist dies vor allem die besser gedämmte Gebäudehülle und damit sehr gute Fenster mit 3-fach-Verglasungen.

Wichtiger Hinweis: Die Energiekennzahlen und der Heizwärmebedarf sind Ergebnisse von Berechnungen, welche auf einem Rechenmodell aufbauen. Dieses Rechenmodell bildet die Realität so genau wie möglich ab, eine 100%-ige, allgemeingültige Übereinstimmung kann aber nie erreicht werden. Vor allem das Verhalten der Nutzer kann zu grösseren Abweichungen zwischen Rechenwert und effektivem Verbrauch führen. Aber auch die Gewichtung der Energieträger bewirkt zwangsläufig eine Differenz zwischen den gerechneten und gemessenen Zahlen. Dazu kommt: Je tiefer der Energiebedarf ist, desto grösser können die relativen Abweichungen zwischen Rechnung und Messung sein. Somit ist bei Vergleichen zwischen Rechenwert und gemessenem Verbrauch immer Vorsicht angebracht.

Eigenschaften eines Minergie-P-Hauses

Ein Minergie-P-Haus erfüllt alle Voraussetzungen um einen tiefen Energieverbrauch zu erzielen. Es ist aber Kernpunkt der Philosophie von Minergie, dass dies gegenüber konventionellen Gebäuden nicht mit einem reduzierten, sondern mit einem gleichwertigen,

Abbildung 1.6: Minergie-P-Gebäude in Schwellbrunn (AR-001-P)

ja gar erhöhten Komfort realisiert werden kann. Die vorgeschriebene Komfortlüftung sorgt für eine gute Raumluftqualität und die inneren Oberflächen der Aussenwände sind aufgrund der gut gedämmten Gebäudehülle auch im Winter nie kalt (die Oberflächentemperaturen liegen immer nahe bei der Raumlufttemperatur). Gleichzeitig wird das Risiko von Bauschäden verringert, z. B. durch die bewusste Verminderung von Wärmebrücken. Dies sind Eigenschaften, welche einerseits dem Eigentümer und anderseits dem Nutzer direkt zu gute kommen.

Die Typologie des Gebäudes hat einen grossen Einfluss auf die Realisierbarkeit von Minergie-P. Es gilt: Je einfacher die Form, desto tiefer der Energiebedarf. Aber ein Minergie-P-Gebäude muss deshalb nicht uniform aussehen. Wie genügend Beispiele zeigen, ist eine vielfältige, auch moderne Architektur möglich. Die Architektin oder der Architekt sind es gewohnt, Lösungen unter Berücksichtigung vieler Randbedingungen zu realisieren. Mit Minergie-P kommt lediglich eine weitere Randbedingung dazu und das Planungsteam ist gefordert, nicht nur Form und Eleganz zu beachten, sondern zusätzlich auch energetischen Überlegungen den entsprechenden Stellenwert zuzuordnen.

Neben der kompakten Form fallen Minergie-P-Gebäude durch grosse Fensterflächen nach Süden (Erzielung hoher Solargewinne) und hohe Wandstärken (Verminderung der Transmissionswärmeverluste) auf. Dies sind Massnahmen, um die Primäranforderung – also einen tiefen Heizwärmebedarf – erfüllen zu können. Bei einem so tiefen Heizwärmebedarf werden der Warmwasserbedarf und auch der Elektrizitätsbedarf für Ventilatoren, Pumpen und Geräte immer bedeutender. Beim Warmwasser lässt sich der Bedarf kaum reduzieren: er ist weitestgehend benutzerabhängig. Man kann aber durch den Einsatz von erneuerbarer Energie (z. B. thermische Solarkollektoren) den Bedarf an gewichteter Endenergie minimieren. Der Elektrizitätsbedarf wird durch die Verwendung von Geräten der Energieeffizienzklasse A bzw. A+ bei der «weissen Ware» (Küchen- und Kühlgeräte) minimiert. Werden auch bei der Beleuchtung und z. B. bei den Bürogeräten energieeffiziente Lösungen realisiert, kann verhindert werden, dass der Stromverbrauch die Effizienz-Bemühungen beim Wärmeverbrauch gleich wieder zunichte macht. Wichtig im Planungsprozess ist, dass das Gesamtsystem im Mittelpunkt steht und die Relevanz der einzelnen Komponenten dem Planungsteam stets bewusst ist.

Erneuerung?

Standort, Gebäudeausrichtung, Typologie und die Grösse der Fenster vor allem nach Süden haben einen grossen Einfluss auf die Erfüllbarkeit der Anforderungen von Minergie-P. Im Erneuerungsfall kann man diese Faktoren nicht oder kaum beeinflussen. Somit stellt sich die Frage: Kann man überhaupt nach Minergie-P erneuern? Sind die bei Erneuerungen oftmals nötigen Kompromisse nicht ein zu grosses Hindernis für Minergie-P?

Bis Ende 2007 waren die Anforderungen für Neubau und Modernisierung identisch. In dieser Zeit wurde keine einzige Minergie-P-Modernisierung zertifiziert. Es gibt jedoch einige konkrete Umsetzungen, welche einzig beim Blower-door-Test an der zu geringen Luftdichtigkeit der gemessenen Zonen scheiterten, die übrigen Anforderungen aber erfüllten.

Ab 2008 gelten für Modernisierungen leicht gelockerte Anforderungen: Die Primäranforderung an die Gebäudehülle wird etwas entschärft. Damit wird der Tatsache Rechnung getragen, dass bestehende Wärmebrücken oftmals nicht im Nachhinein verbessert werden können. Ebenfalls gelockert wird die Anforderung an die Luftdichtigkeit der Gebäudehülle, aus der Überlegung, dass von erneuerten Objekten nicht die gleiche Luftdichtigkeit erwartet wird und erwartet werden kann wie bei Neubauten. Die Anforderungen sind aber über alles gesehen immer noch sehr streng, zumal – um auch im Modernisierungsfall zur 2000-Watt-Gesellschaft kompatibel zu sein – bei der Energiekennzahl keine Änderung gegenüber dem Neubau gemacht wird (Details: www.minergie.ch). Mit diesen Anpassungen wird der energiepolitischen Bedeutung der Modernisierung Rechnung getragen, ohne den Standard unnötig aufzuweichen und zu verwässern. Bei jeder umfassenden Erneuerung ist aber – nicht zuletzt aufgrund der dabei immer wieder nötigen Kompromisse – die Frage berechtigt, ob ein Ersatzneubau nicht «günstiger» wäre, auch wenn dadurch die graue Energie wieder an Bedeutung gewinnt.

Wo sind die grossen Herausforderungen, wenn bei einer Erneuerung der Minergie-P-Standard angestrebt wird? Neben den eingangs erwähnten, meist nicht mehr veränderbaren Punkten wie z. B. dem Formfaktor, sind es vor allem die Luftdichtigkeit (speziell bei Holzbauten) und die Wärmebrücken (im Sockelbereich, gegen unbeheizten Keller, bei auskragenden Betonplatten etc.). Die Anforderungen an den Wärmeleistungsbedarf, den Heizwärmebedarf und die Energiekennzahl lassen sich meist erfüllen. Am einfachsten ist dies erfahrungsgemäss bei massiven, kompakten Mehrfamilien-

Armin Binz

«In der Schweiz haben wir heute beim Gebäudebestand eine Abbruchrate von 1,5 Promillen. Das ergäbe eine Lebensdauer von 650 Jahren, was natürlich irreal ist. Aber selbst wenn sich die Abbruchrate auf 3 Promille verdoppelte – was eine gigantische Veränderung wäre – bliebe die Erneuerung das dominierende Vorgehen. Allein aus solchen Überlegungen lässt sich ein ansehnliches Potenzial für Minergie-P-Erneuerungen ableiten. Bei einer Erneuerung sollte die Bauherrschaft deshalb ernsthaft darüber nachdenken, ob sie mit solchen Schwachstellen die nächsten 50 Jahre leben oder gleich eine vernünftige Lösung finden will. Eine Minergie-P-Erneuerung wirft letztlich die Frage auf, ob das Haus überhaupt genügend Potenzial für eine zukunftsfähige Erneuerung hat oder ob eventuell auch über einen Ersatzbau nachgedacht werden sollte.»

häusern. Über eine Holzfeuerung oder eine Wärmepumpe lassen sich erneuerbare Energieträger nutzen.

Lösungswege für Minergie-P

Welche Faktoren führen dazu, ob ein Gebäude ein Minergie-P-Gebäude werden kann oder nicht? Mit welchen Entscheiden werden diese Faktoren beeinflusst?

Wichtiger Punkt ist der Gebäudestandort: Eine starke Beschattung durch den Horizont oder Nachbargebäude führen zu erschwerten Randbedingungen, auch wenn dieser Punkt oft nicht so entscheidend ist, wie man vielleicht meint: So wurde im von hohen Bergen umgebenen Zermatt bereits ein Minergie-P-Gebäude realisiert (VS-001-P). Standorte in den Bergen haben zwar den Nachteil, dass die tieferen Aussenlufttemperaturen zu einem erhöhten Heizbedarf führen – Modellrechnungen zeigen aber, dass dieser durch die erhöhten Strahlungsgewinne infolge geringerem Nebelaufkommens im Winter oft kompensiert wird.

Wenn die ruhige Seite respektive die privilegierte Aussicht im Norden eines Gebäudes liegt, stellt sich unweigerlich die Frage, ob die vorteilhafte Südorientierung der grossen Fenster überhaupt möglich ist. Typisch dafür ist das Haus am Südufer eines Sees: Die Aussicht orientiert sich nach Norden, der Energiegewinn kommt von Süden. Hier sind rechtzeitig Lösungen zu prüfen, die dieser Tatsache Rechnung tragen: Vielleicht drängt sich in einer solchen Situa-

Mark Zimmermann

«Gehen wir einmal davon aus, dass die 2000-Watt-Gesellschaft eine brauchbare Vision für eine fernere Zukunft ist. Um bei den Bauten in diese Richtung voranzukommen, müssen wir primär bei den Erneuerungen ansetzen. Neubauten haben wir mit den bestehenden Standards und mit gesetzlichen Vorschriften recht gut im Griff. Hingegen wartet das grosse Potenzial bestehender Bauten noch weit gehend darauf, ausgeschöpft zu werden. Und hierfür genügt eine bescheidene Renovation eben nicht.

Jede Erneuerung nach nachhaltigen Kriterien stellt die Bauherrschaft automatisch vor die Frage, ob das Gebäude genügend Potenzial hat oder besser abgebrochen wird. Nun gibt es aber städtebauliche Situationen, in denen Abbruch nicht in Frage kommt. Besonders hier sehe ich ein ansehnliches Potenzial für Minergie-P-Erneuerungen.»

tion eher eine Strategie der energetischen Verlustminimierung auf, während an anderen Standorten die Strategie der Gewinnmaximierung Erfolg versprechender ist.

Einen grundsätzlich entscheidenden Einfluss auf den Energiebedarf hat die Gebäudeform bzw. der Formfaktor, welcher durch die Gebäudehüllzahl nach SIA 380/1 quantifiziert wird (Verhältnis von thermisch exponierter Gebäudeoberfläche zu Energiebezugsfläche; A_{th}/A_E). Während ein Einfamilienhaus typischerweise einen Formfaktor von 2 und höher hat, kann dieser bei kompakten, grossen Mehrfamilienhäusern unter 1 liegen. Das heisst: Je grösser und kompakter ein Gebäude ist, desto tiefer ist sein Heizwärmebedarf – bei identischer thermischer Qualität der Gebäudehülle. (Abbildung 1.9)

Einen direkten Zusammenhang mit dem Formfaktor hat der Dämmperimeter. Grundsätzlich soll möglichst das ganze Haus in den Dämmperimeter einbezogen werden, um so einen möglichst tiefen Formfaktor zu erzielen. Zudem: Je einfacher der Dämmperimeter gezogen werden kann, desto weniger entstehen Schnittstellen und Anschlüsse, sprich Wärmebrücken. Am besten wird auch die Haustechnikzentrale innerhalb des Dämmperimeters platziert, um so die Verluste der Wärmeerzeugung und Wärmeverteilung zur Raumheizung nutzen zu können.

Neben dem Formfaktor kommt vor allem der Wärmedämmung eine grosse Bedeutung zu. Aus finanziellen Gründen (aber auch aus

Abbildung 1.7 und 1.8:
Gebäude mit unter-
schiedlichem Formfaktor:
Norddeutsche Landes-
bank Hannover (links),
Büro- und Gewerbehaus
Bion St. Gallen (SG-001-P;
unten)

Abbildung 1.9 (ganz unten):
Heizwärmebedarf in Ab-
hängigkeit der Gebäude-
hüllzahl

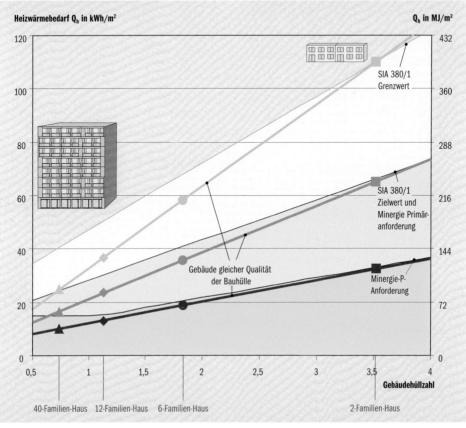

Heizwärmebedarf Q_h in kWh/m²

Q_h in MJ/m²

SIA 380/1
Grenzwert

SIA 380/1
Zielwert und
Minergie Primär-
anforderung

Gebäude gleicher Qualität
der Bauhülle

Minergie-P-
Anforderung

Gebäudehüllzahl

40-Familien-Haus   12-Familien-Haus   6-Familien-Haus   2-Familien-Haus

gestalterischen) werden die horizontalen Flächen meist stärker gedämmt als die vertikalen. Dies, weil Anschlüsse an Fenster und Türen, an Dachrändern und am Sockel bei geringerer Dämmung der Wände sowohl günstiger als auch einfacher zu gestalten sind. Eine gut gedämmte Gebäudehülle ist und bleibt das A und O eines energieeffizienten Gebäudes!

Abbildung 1.10: Fenster für Minergie-P-Bauten (1a-hunkeler)

Nächster wichtiger Punkt sind die Fenster: Sie sollen einerseits die Transmissionsverluste tief halten und anderseits die solaren Gewinne maximieren. Diese beiden Anforderungen zeigen, dass die Energiebilanz des Gebäudes vor allem beim Fenster optimiert werden kann. Das optimale Fenster hat einen tiefen U-Wert, einen hohen g-Wert, wenig Rahmenanteil – und einen variablen Sonnenschutz. Je mehr thermisch aktivierbare Speichermasse zudem vorhanden ist, desto besser können die solaren Gewinne gepuffert und zu einem späteren Zeitpunkt genutzt werden.

Sind Gebäudeform (Formfaktor), Wärmedämmung und Fenster festgelegt, gilt es den Wärmebrücken die nötige Aufmerksamkeit zu schenken, denn sie sind oft das Zünglein an der Waage, wenn es um die Erreichung der vorgegebenen Grenzwerte geht. Aufgrund der guten Hülle können die Wärmebrücken ohne spezielle Beachtung schnell einmal 30 % oder mehr der Wärmeverluste ausmachen. Mit einer alle Details berücksichtigenden Planung können – oder besser: sollten – die Wärmebrücken aber auf 10 % (oder weniger) der Wärmeverluste reduziert werden. Wie im Kapitel Bauhülle gezeigt wird, ist es in vielen Fällen nicht möglich, vorhandene Wärmebrücken durch eine noch bessere Dämmung der Hülle zu kompensieren.

Im Zusammenhang mit der Gebäudehülle darf die Luftdichtigkeit nicht vergessen werden. Die Basis für eine hohe Luftdichtigkeit wird bereits in der Planung gelegt. In der Ausführung muss dann bewusst und sauber auf dieses Ziel hingearbeitet werden. Die Ausführenden vor Ort sind betreffend Luftdichtigkeit zu sensibilisieren und eine gute Qualitätskontrolle schützt vor unliebsamen Überraschungen.

Mit den immer grösser werdenden Glasanteilen in der Gebäudehülle (schon länger im Verwaltungsbau – nun auch immer mehr im Wohnbau) gewinnt das Thema des sommerlichen Wärmeschutzes an Bedeutung. Sind hohe solare Gewinne im Winter meist erwünscht, können diese im Sommer zu einer unbehaglichen Überhitzung des Gebäudes führen. Dieses Phänomen ist zwar nicht nur Minergie-P-typisch, muss aber in diesem Zusammenhang speziell beachtet werden. Die Einhaltung der von den entsprechenden Normen SIA 180 und SIA 382/1 vorgegebenen baulichen Massnahmen – insbesondere ein aussen liegender, wirksamer und möglichst automatisch bewegter Sonnenschutz – sind Pflicht. Der sommerliche Wärmeschutz ist bei Minergie-P-Bauten ab Januar 2008 nachzuweisen. Er ist Voraussetzung für ein in allen Aspekten behagliches Gebäude. Minergie-P-Gebäude dürfen gekühlt werden, die dafür nötige Energie muss aber in die gewichtete Energiekennzahl einberechnet werden. Eine Raumkühlung darf aber erst dann ins Auge gefasst werden, wenn sämtliche baulichen Massnahmen realisiert sind und trotzdem noch mit hohen Raumtemperaturen gerechnet werden muss. Gerade im Wohnbereich ist aber ein Kühlbedarf meist Zeichen einer schlechten Planung.

Beim Gebäudetechnikkonzept (Wärmeversorgung, Lüftung) bestehen im Grunde genommen viele Freiheiten – dies zeigen auch die bisher realisierten Gebäude. In einem integralen Planungsansatz ist aber das Gebäudetechnikkonzept auf das Gebäude abzustimmen. Bei den Wärmeabgabesystemen dominieren in den bisher realisierten Minergie-P-Gebäuden die Luftheizung und die Bodenheizung mit je etwa 35 % Anteil. Der Anteil an Luftheizungen ist rückläufig, was auf zum Teil negative Erfahrungen aufgrund unsorgfältiger Planung zurückzuführen ist. Entgegen der weit verbreiteten Auffassung ist die Luftheizung weder bei Minergie-P noch beim Passivhaus obligatorisch, auch wenn sie stark mit der Passivhaus-Philosophie verbunden ist. In der Schweiz ist man aus verschiedenen Gründen gegenüber der Luftheizung allerdings etwas skeptischer als in Deutschland oder Österreich [3].

[3] Minergie-P- und Passivhaus: Luftheizung und andere Wärmeverteilsysteme, Studie der HTA Luzern, Horw 2006; siehe www.minergie.ch

Bei der Wärmeerzeugung spielt die Wahl des Energieträgers eine entscheidende Rolle. Er geht über die Gewichtungsfaktoren direkt in die Berechnung der Energiekennzahl ein und ist somit wichtiger Faktor bei der Erfüllung des Minergie-P-Grenzwertes. So erstaunt es denn nicht, dass bei den bisher realisierten Objekten die Wärmepumpe (über 50 % Anteil) und Holzfeuerungen (rund 30 %) dominieren. Dank dem Gewichtungsfaktor von 0,5 bei Holz bzw. von 2,0 beim Strom (womit bei einer Jahresarbeitszahl der Wärmepumpe von grösser als 2,0 auch wieder ein Gesamtwert von unter 1,0 entsteht), erhält man mit diesen Systemen einen Bonus.

Um neben einem tiefen Verbrauch bei der thermischen Energie auch einen tiefen Elektrizitätsverbrauch zu gewährleisten, wird für die fest installierten Haushaltgeräte die Energieeffizienzklasse A bzw. A+ gefordert. Hier besteht im Markt eine zunehmende Auswahl an Produkten, welche diese Anforderungen erfüllen (www.topten.ch).

Während im Wohnbereich betreffend Beleuchtung nur Empfehlungen, aber keine Anforderungen abgegeben werden, wird in den
anderen Nutzungen die Einhaltung des Minergie-Grenzwerts nach
der Norm SIA 380/4 gefordert. Gerade bei grösseren Objekten
lohnt es sich, für das Beleuchtungskonzept einen spezialisierten
Lichtplaner zu beauftragen, um die Erreichung der Anforderungen
zu gewährleisten. Noch einfacher ist es allerdings, zertifizierte
Minergie-Leuchten auszuwählen. Die Webseite www.toplicht.ch
listet Minergie-Leuchten auf.

Zusammenfassend kann gesagt werden: Es gibt immer noch viele
Freiheitsgrade bei der Realisierung eines Minergie-P-Gebäudes,
auch wenn bestimmte Randbedingungen zu beachten sind.
Grundsätzlich gilt – und wird durch die Erfahrung bestätigt – je
einfacher ein Konzept oder ein System ist, desto besser eignet es
sich für Minergie-P und garantiert einen reibungslosen Betrieb mit
zufriedenen Benutzern.

Zwölf wichtige Punkte zusammengefasst

▌ Günstiges Oberflächen-Volumen-Verhältnis, kompakte Form
▌ Gutbesonnter Standort
▌ Geringe Verschattung durch Nachbargebäude und durch Balkone
▌ Maximale Gewinne aus Solarstrahlung (grosse Fenster nach Sü-
den) und optimierte Nutzung der Gewinne (speicherwirksame
Gebäudemasse)
▌ Guter Sonnenschutz (sommerlicher Wärmeschutz)
▌ Horizontale Flächen: U-Wert um 0,1 $W/m^2 K$
▌ Vertikale Flächen: U-Wert um 0,15 $W/m^2 K$
▌ Fenster-U-Wert unter 1,0 $W/m^2 K$, besser um 0,8 $W/m^2 K$
(3-fach-Verglasung)
▌ Minimierte Wärmebrücken
▌ Luftdichte Gebäudehülle
▌ Lüftungsanlage mit Wärmerückgewinnung
▌ Deckung des Energiebedarfs durch erneuerbare Energien (min-
destens teilweise)

1.3 Planungs- und Bauprozess

Ein erfolgreiches Minergie-P-Projekt bedingt eine von Anfang an konsequente, interdisziplinäre Planung. Wird erst im Verlauf der Planung entschieden, das Objekt nach den Anforderungen von Minergie-P zu bauen, so ist das zwar möglich, aber fast immer mit Mehrkosten verbunden. Ein stufenweises Herantasten ist teuer und das Scheitern des Projektes aus Kostengründen vorprogrammiert. Deshalb ist es lohnenswert, ganz am Anfang ein Bekenntnis aller Beteiligten betreffend der angestrebten Ziele einzuholen und Fachleute wie Bauphysiker oder Haustechnikplaner frühzeitig ins Projekt zu involvieren. Dank eines interdisziplinären und integralen Ansatzes, verbunden mit einer guten Kommunikation zwischen Architekt, Planungsteam und Bauherr gelingt es, das Gebäude als Gesamtsystem zu behandeln und von Anfang an auf das Ziel Minergie-P hin zu optimieren.

Der Planungsaufwand ist bei einem Minergie-P-Gebäude sicher grösser als bei einem konventionellen Gebäude. Um diesen Mehraufwand minim zu halten, kann der Beizug eines erfahrenen Planers nur empfohlen werden. Fehlende Erfahrung kann durch eine gute Aus- oder Weiterbildung, sprich Fachkompetenz, wettgemacht werden. So hoch wie die Ansprüche an die Planung sind, so hoch sind sie an die Ausführung. Gerade der Faktor Luftdichtigkeit wird im Wesentlichen auf der Baustelle «entschieden». Eine regelmässige Kontrolle ist hier wichtig, damit eine hohe Qualität bei den Ausführungen erzielt werden kann.

1.4 Kosten

«Minergie-P kostet mehr.» So sind die Mehrkosten vermutlich auch das häufigste Argument, um nicht nach Minergie-P zu bauen. Aber Minergie-P kostet mehr als was? Kostenvergleiche basieren oft auf unklaren Grundlagen und unpräzisen Systemabgrenzungen. Zudem werden meist nur die Investitionskosten, kaum aber die Lebenszykluskosten miteinander verglichen.

Es ist eine Tatsache, dass betreffend der Kostensituation noch wenig gesicherte Informationen vorliegen. Entsprechende Erhebungen sind aber eine Frage der Zeit – auch wenn diese nicht ganz einfach sind: Mit was soll verglichen werden? Mit einem konventionellen Neubau, der gerade noch die gesetzlichen Anforderungen zu erfüllen vermag? Mit einem Minergie-Gebäude welches heute eigentlich Stand der Technik ist? Zählen die Kosten für die geforderte Komfortlüftung zu den Mehrkosten oder ist das Standard? Marco Ragonesi sagt es plakativ: «Es gibt keine Mehrkosten, weil es nichts anderes als Minergie-P-Häuser mehr geben darf.»

Was kann festgehalten werden?

Bei den Investitionen entstehen Mehrkosten. Ein Teil davon ist auf die bessere Dämmung der Gebäudehülle zurückzuführen. Zudem führen die grossen Wandstärken zu aufwändigeren Anschlussdetails und das Vermeiden von Wärmebrücken kann da und dort zu teureren Detail-Lösungen führen. Da die Verglasung ein sehr entscheidendes Element ist (Verlustminimierung versus Gewinnmaximierung; 3-fach-Verglasung), darf hier nicht gespart werden. Bei der Gebäudetechnik führt vor allem die Komfortlüftung zu Mehrkosten. Weitere Mehrkosten können für eine Solaranlage oder ein Lufterdregister entstehen. Zusätzlich zu den Mehrkosten bei Gebäude und Anlagen wird die Planung etwas aufwändiger.

Bei den Investitionskosten haben Minergie-P-Gebäude aber auch einen Vorteil: Sie müssen in der Regel sehr kompakt gebaut sein.

Musterrechung Mehr- und Minderkosten am Beispiel eines Einfamilienhauses nach Minergie-P	
Investitionskosten (Mehrkosten Minergie-P gegenüber konventionellem Bau)	
Gebäudehülle	+ 12 000 Fr.
Fenster	+ 8000 Fr.
Komfortlüftung	+ 12 000 Fr.
Planung, Zertifizierung	+ 8000 Fr.
Total Mehrkosten	+ 40 000 Fr.
Betriebskosten (Minderkosten Minergie-P gegenüber konventionellem Bau)	
Energiekosten	− 1100 Fr.
Kaminreinigung	− 300 Fr.
Total Minderkosten	− 1400 Fr.
(Zum Vergleich: Betriebskosten Minergie-P: 300 Fr. pro Jahr)	
Kostendifferenz über 20 Jahre (statisch gerechnet, ohne Energiepreisveränderung und zukünftige Umweltabgaben)	
Erstellung (Investition)	+ 40 000 Fr.
Betrieb	− 28 000 Fr.
Total Mehrkosten	**+ 12 000 Fr.**
(Durch Fördergelder und günstigere Hypotheken lassen sich diese Mehrkosten weitgehend kompensieren.)	

Eine kompakte Gebäudeform führt unweigerlich zu tieferen flächen- und volumenspezifischen Kosten. Dies gilt selbstverständlich für jeden Baustandard, aber nicht bei allen Baustandards wird so konsequent kompakt gebaut wie bei Minergie-P.

Gemäss Reglement dürfen die Mehrkosten eines Minergie-P-Gebäudes gegenüber einem «vergleichbaren, konventionellen Gebäude» maximal 15 % betragen. Aufgrund der bisherigen Erfahrungen liegen die Mehrkosten selten bei 15 %, öfters dafür im Bereich von 8 % bis 12 %. Es gibt aber auch diverse Objekte die nachgewiesenermassen lediglich Mehrkosten von 3 % bis 5 % verursachten. Durch Fördergelder und günstigere Hypothekarzinsen von den Banken lässt sich ein wesentlicher Teil dieser Mehrkosten wieder kompensieren. Vereinzelt wird für Minergie-P-Bauten auch ein Ausnützungsbonus gewährt. Hier lohnt sich die Durchführung einer Kosten-Nutzen-Rechnung.

Auch wenn bei einer reinen Investitionsbetrachtung immer noch ein Mehraufwand resultiert, lohnt sich das Bauen nach Minergie-P. Dies beweisen vermehrt grosse Generalunternehmer und professionelle Investoren, welche auf Minergie-P setzen. Zunehmend werden Bauentscheide aufgrund einer Kostenrechnung über die Lebensdauer gefällt (Lebenszykluskosten): Minergie-P heisst nämlich auch bessere Werterhaltung, höhere Vermietbarkeit und tiefere Betriebskosten. Es treten weniger Bauschäden auf, die Energiekosten sind markant tiefer – und vor allem sind sie kaum von der Entwicklung der Energiepreise, im speziellen der Erdöl- oder Gaspreise, inkl. entsprechender Abgaben für CO_2-Emissionen, abhängig. Könnte man auch noch die gesteigerte Behaglichkeit eines Minergie-P-Gebäudes in Franken ausdrücken, so sind die Mehrkosten mehr als kompensiert.

Fazit: Die Investitionen sind höher, der Betrieb wird günstiger, die Behaglichkeit besser und die Werterhaltung längerfristig gesichert. Über alles betrachtet resultiert mindestens eine ausgeglichene, eher aber eine positive Bilanz. Die zunehmende Verbreitung des energieeffizienten Bauens führt zu ausgereiften Standardlösungen und somit zu tieferen Kosten. Die Innovationsschleife «Standard – Innovation – Kostensenkung» beginnt unweigerlich zu drehen.

1.5 Ökologie

Oft hört man, die mit Minergie-P erzielten Energieeinsparungen rechtfertigen den Mehraufwand an Material (graue Energie) nicht. Oder eine Solaranlage erzeuge über ihre Lebensdauer weniger Energie als für ihre Herstellung nötig war. Diese Aussagen entbehren jedoch jeder Grundlage, wie verschiedene Untersuchungen zeigen. Eine Studie des Bundesamtes für Energie von 2006 beurteilt verschiedene Energie-Standards nach ihrer Umweltrelevanz [2]. Werden bei einem Gebäude keine Anforderungen an die Herstellung und Wahl der Baumaterialien gestellt, resultiert für einen Minergie-P-Neubau gegenüber konventionellem Standard eine Reduktion betreffend des Treibhauspotenzials (GWP) von nahezu 70 % bis 80 % (Abbildung 1.11). Die Reduktionen sind deshalb nicht noch grösser, weil der Rohbau eine nicht zu vernachlässigende Umweltrelevanz aufweist. Weil im Modernisierungsfall der Rohbau bereits besteht und nicht in die Bewertung miteinbezogen werden muss, ist hier die relative Reduktion grösser als im Neubau. Die Umweltrelevanz des Rohbaus wird mit abnehmendem Betriebsenergiebedarf erheblicher als sie es sonst schon ist – und macht bei Minergie-P gut und gerne schon 50 % aus. Deshalb muss in Zukunft verstärkt auf ökologische Materialien inkl. Ener-

[2] Umweltwirkungen von Energiestandards, Perspektiven für den Gebäudepark Schweiz. Schlussbericht, Dezember 2006. Im Auftrag des Bundesamts für Energie, Forschungsprogramm Energiewirtschaftliche Grundlagen

Abbildung 1.11: Treibhauspotenzial (GWP) eines neuen Einfamilienhauses für vier Standards und fünf Systeme der Wärmeerzeugung in % der Referenzvariante (Gebäude nach SIA 380/1 und Ölkessel). Der Anteil für den Rohbau ist erheblich.

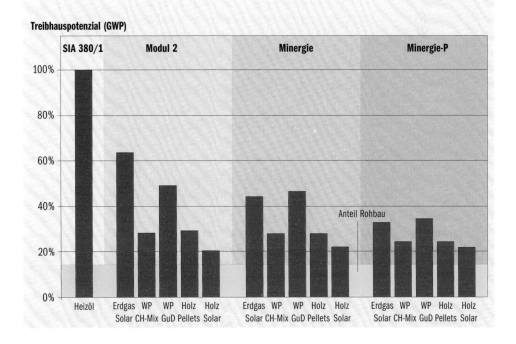

Treibhauspotenzial (GWP)

gieaufwand für deren Herstellung geachtet werden. Nicht zuletzt deshalb wurde vor kurzem die Möglichkeit geschaffen, ein Minergie- oder Minergie-P-Gebäude zusätzlich nach «Eco» zertifizieren zu können. Während Minergie-P die Themen Komfort und Energieeffizienz abdeckt, garantiert ein Minergie-P-Eco-Zertifikat gesundheitliche und bauökologische Qualitäten.

1.6 Die Rolle des Nutzers

Am Anfang jedes Produktes stehen die Pioniere – so war und ist es auch bei Minergie-P. Die ersten Minergie-P-Bauten wurden von Leuten gebaut und bewohnt, welche einen starken Bezug zum Thema energieeffizientes Bauen haben – sei es aus technischer oder gesellschaftlicher Sicht. Diese Personen zeigen meist auch im Alltag ein bewusstes Verhalten das den Ansprüchen von Minergie-P gerecht wird.

Zunehmend werden Minergie-P-Objekte für Nutzungen ausserhalb des Wohnbereichs realisiert. Oder es werden Minergie-P-Gebäude gebaut, die nicht auf eine speziell auf Energie- und Umweltthemen sensibilisierte Klientel ausgerichtet sind. Je stärker Minergie-P zum Massenprodukt wird, desto weniger kann bei den Nutzenden ein bewusstes Verhalten vorausgesetzt werden.

Aber ist dieses bewusste Verhalten überhaupt nötig? Ja und Nein. Ja, weil nur so die tiefen Energieverbrauchswerte erzielt werden können, die der Standard vorgibt. Nein, weil ein Minergie-P-Gebäude auch ohne bewusstes Nutzerverhalten einen markant tieferen Energieverbrauch bei höherem Komfort garantiert. Es ist aber eine Tatsache, dass bei suboptimalem oder gar kontraproduktivem Benutzerverhalten die Hebelwirkung bei einem Minergie-P-Gebäude stärker ist als bei einem konventionellen Gebäude – jedoch auf deutlich tieferem Niveau.

Somit ist es sicher von Vorteil, wenn die Nutzerschaft ein Bewusstsein für die Eigenschaften ihres Gebäudes und ihre Einflussmöglichkeiten hat. Ist die Bauherrschaft gleichzeitig Nutzer, ist dieses Bewusstsein meist vorhanden. Bei Mietobjekten oder fremd genutzten Objekten (z. B. Schulbauten) muss dieses Bewusstsein durch spezifische Information erst geschaffen werden. Das optimale Gebäude funktioniert unabhängig vom Nutzerverhalten.

Was man darf... und was man nicht soll

Auch in einem Minergie-P-Haus darf und kann man die Fenster öffnen. Nur ist es dank der Komfortlüftung für eine gute Raumluftqualität nicht nötig und aus energetischer Sicht nicht sinnvoll. Wird bei der Komfortlüftung die in der Abluft steckende Wärme auf die Zuluft übertragen, entstehen bei der Fensterlüftung wegen dieser fehlenden Wärmerückgewinnung vor allem bei tiefen Aussentemperaturen hohe Energieverluste. Bei einem Minergie-P-Haus sollte auf den Einsatz von Kippfenstern möglichst verzichtet werden. Die Stosslüftung ist durch normales Öffnen möglich, für die kontinuierliche Aussenluftzufuhr sorgt die Komfortlüftung. Ein weiteres Thema ist der sommerliche Wärmeschutz zur Vermeidung von hohen Raumlufttemperaturen im Sommer. Diese hängen zwar nicht direkt mit dem Energiestandard zusammen, sondern vor allem mit der Bauweise (Massivbau, Leichtbau), dem Glasanteil, der Beschattung und dem Benutzerverhalten. Weil Minergie-P-Häuser tendenziell grosse Glasflächen gegen Süden aufweisen, ist neben den technischen Massnahmen für den sommerlichen Wärmeschutz (Beschattungseinrichtungen) auch ein bewusstes Benutzerverhalten von hohem Wert. Eine optimale Bedienung des Sonnenschutzes ist wichtig. Will sich der Nutzer dieser Aufgabe entledigen, empfiehlt sich ein automatisierter Sonnenschutz. Zudem kann der Nutzer durch eine gezielte Nachtauskühlung im Sommer (Öffnen der Fenster) wie in jedem anderen Gebäude die Tagestemperaturen weiter reduzieren.

Nach Norm werden die Heizsysteme aller Wohn- und Bürobauten auf eine Raumlufttemperatur von 20 °C ausgelegt. In Realität weisen die meisten Häuser eine 1 bis 3 Kelvin höhere Raumlufttemperatur auf, was sich dann wieder in einem entsprechend höheren Energieverbrauch zeigt (1 Kelvin höhere Raumlufttemperatur entspricht rund 10 % mehr Energieverbrauch). Da die Oberflächentemperaturen in einem Minergie-P-Haus wegen der guten Dämmung nahe bei der Raumlufttemperatur liegen, kann die Raumlufttemperatur eher etwas tiefer gehalten werden, um die gleiche Behaglichkeit wie in einem konventionellen Haus zu erzielen.

Vor allem bei massiver Bauweise ist es während der kühlen Jahreszeit von grossem Nutzen, wenn die passiv gewonnene Solarenergie in der Bauteilmasse gespeichert wird. Dies ist nur möglich, wenn im Tagesgang ein Überschwingen der Raumlufttemperatur im Bereich von 3 bis 5 Kelvin zugelassen werden kann. Im Idealfall wird dieses temperaturdynamische Verhalten des Gebäudes durch die Steuerung des Sonnenschutzes optimiert.

Aufgrund des tiefen Heizleistungsbedarfs fehlen in einem Minergie-P-Haus warme Flächen, es sei denn, das Haus wird mit einem Kachelofen oder ähnlichem beheizt. Gerade bei der Kombination Fussbodenheizung in einem Steinboden wird die Oberfläche auch an Tagen mit tiefen Aussenlufttemperaturen nie fühlbar warm. Geht man in Socken oder barfuss auf dem Boden, sind kalte Füsse vorprogrammiert. Dieses Phänomen tritt aber bei allen Neubauten auf, die mindestens die gesetzlichen Anforderungen an einen tiefen Heizwärmebedarf erfüllen. Es ist bei Gebäuden mit besonders tiefem Heizleistungsbedarf aber sicher noch deutlicher. Der Heizleistungsbedarf in einem Minergie-P-Gebäude ist tief, entsprechend wird auch die Heizung dimensioniert. Wird nun ein Raum durch ein offen stehendes Fenster oder offene Keller- oder Aussentüren stark ausgekühlt, kann dieser aufgrund der beschränkten Heizleistung nicht in kurzer Zeit wieder auf die gewünschte Raumlufttemperatur aufgeheizt werden. Oder senkt sich während einer längeren Abwesenheit der Nutzer die Raumtemperatur ab, dauert es bei einem Minergie-P-Haus tendenziell länger als bei einem konventionellen Bau bis die üblichen Raumtemperaturen wieder erreicht sind. Dank der guten Bauweise sinken die Temperaturen im Minergie-P-Haus aber auch weniger schnell ab!

Die gestreifte Holzfassade der Siedlung Rebgässli (BL-002-P und BL-003-P) in Allschwil fällt auf. (Matthias Ehbinger)

Kapitel 2
Gebäudehülle

Der Schritt von Minergie-Bauten – die eigentlich bereits die übliche Bauweise sein sollten – zu Minergie-P-Bauten ruft primär nach einer energetischen Optimierung der Gebäudehülle. Wichtigste beeinflussbare Elemente sind:

▌ Transmissionswärmeverluste durch die Bauteile der Gebäudehülle.

▌ Transmissionswärmeverluste bei Bauteilübergängen (Wärmebrücken).

▌ Energiegewinne durch Sonneneinstrahlung.

Alle anderen Faktoren sind entweder kaum beeinflussbar oder von untergeordneter Bedeutung. Damit der Minergie-P-Standard erreicht werden kann, sind bereits in einer sehr frühen Projektphase (Vorprojekt) auf grundsätzliche Überlegungen klare Antworten zu geben.

Marco Ragonesi

2.1 Konzeptionelle Überlegungen

Ein zentraler Punkt des Minergie-P-Konzeptes bezieht sich auf die Abgrenzung des Dämmperimeters, insbesondere die Differenzierung nach ungedämmten respektive unbeheizten und beheizten Räumen. Dazu zählt die Frage: Was ist die Energiebezugsfläche (A_E)? Die Energiebezugsfläche entspricht der Summe aller Geschossflächen, für deren Nutzung ein Beheizen oder Klimatisieren notwendig ist. Je grösser die Fläche der beheizten und als Energiebezugsfläche anrechenbaren Räume innerhalb eines Gebäudes wird, desto grösser die Wahrscheinlichkeit, dass der Minergie-P-Standard erreicht werden kann. In den Hauptgeschossen sind diese Abgrenzungen kaum je ein Problem, sämtliche Räume gehören in der Regel zur Energiebezugsfläche. Anders sieht die Situation in Untergeschossen aus:

▌ Wenn das offene Treppenhaus keine zur Energiebezugsfläche gehörenden UG-Räume erschliesst, resultiert eine grosse Gebäudehüllfläche mit entsprechenden Transmissionswärmelusten, ohne dass die Energiebezugsfläche wesentlich grösser wird (Abbildung 2.1).

▌ Wasch- und Trockenräume werden öfters als eigentliche Arbeitsräume genutzt (Hauswirtschaftsräume) und sind deshalb auch aus Gründen des baulichen Feuchteschutzes in den Wärmedämmperimeter mit einzubeziehen und sollten auch als Energiebezugsfläche berücksichtigt werden können.

▌ Hobby- und Bastelräume werden mehrheitlich beheizt und sind damit als Energiebezugsfläche auch innerhalb des Dämmperimeters anzuordnen.

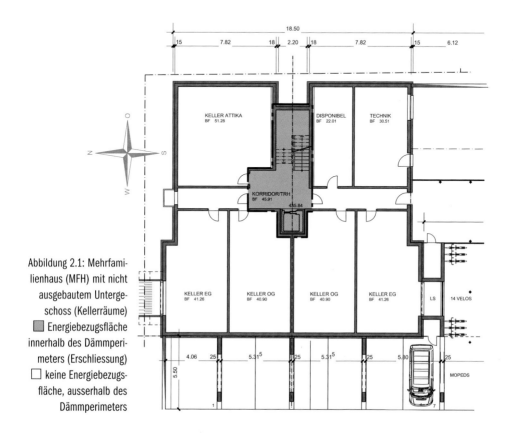

Abbildung 2.1: Mehrfamilienhaus (MFH) mit nicht ausgebautem Untergeschoss (Kellerräume)
▨ Energiebezugsfläche innerhalb des Dämmperimeters (Erschliessung)
☐ keine Energiebezugsfläche, ausserhalb des Dämmperimeters

▮ Kellerräume gehören bei einer ersten Betrachtung sicherlich nicht zur Energiebezugsfläche, weil sie zur Gewährleistung der vorgesehenen Nutzung nicht beheizt werden müssen. An Kellerräume werden aber vermehrt höhere Anforderungen gestellt. Sie werden oft als Lager- und Archivräume genutzt, die trocken sein sollen und auch ein guter Weinkeller wird auf etwa 18 °C konditioniert. Solche Räume könnten deshalb auch als «beheizte Zonen» betrachtet werden. Sie verlangen mindestens einen minimalen baulichen Wärmeschutz; oft ist es sinnvoll, sie innerhalb des eigentlichen Minergie-P-Dämmperimeters anzuordnen.

▮ Es stellt sich somit nochmals die Frage nach der Energiebezugsfläche: dürfen Kellerräume als Energiebezugsfläche berücksichtigt werden?

Stefan Mennel von der Zertifizierungsstelle Minergie-P äussert sich hierzu diplomatisch: Grundsätzlich ist in SIA 416/1 geregelt, welche Flächen zur Energiebezugsfläche gehören; Kellerräume und Waschküchen werden z. B. als Energiebezugsfläche explizit ausgeschlossen; Trockenräume werden in SIA 416/1 nicht erwähnt,

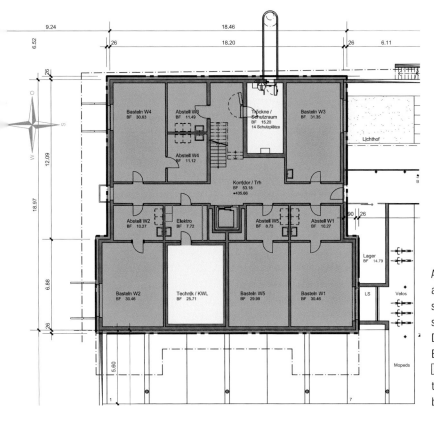

Abbildung 2.2: MFH mit ausgebautem Untergeschoss (Bastel- und Abstellräume) ▮ innerhalb Dämmperimeter, zählt zu Energiebezugsfläche

☐ innerhalb Dämmperimeter, zählt nicht zu Energiebezugsfläche

Lagerräume und Archive gehören jedoch als Hauptnutzflächen zur
Energiebezugsfläche. Wenn also «Kellerräume» in Plänen als Lagerräume oder Archive bezeichnet werden, kann sich die Zertifizierungsstelle Minergie-P kaum dagegen wehren, wenn diese auch als
Energiebezugsfläche mitberücksichtigt werden.

▮ Technikräume (Heizung etc.) bleiben auch ohne spezielle Ener-
giezufuhr warm, wenn sie innerhalb des Dämmperimeters sind; als
Energiebezugsfläche sind sie aber nicht anrechenbar. Es macht aber
auch kaum Sinn, diese durch wärmedämmende Bauteile von der
beheizten Zone zu entkoppeln.

Die Erfahrungen hinsichtlich Planung und Zertifizierung von
Minergie-P-Bauten zeigt klar, dass es oft die Abgrenzungsfragen in
Untergeschossen sind, die darüber entscheiden, ob und mit welchem Aufwand der Minergie-P-Standard erreicht werden kann. Bei
den beiden Untergeschoss-Konzepten für ein Mehrfamilienhaus,
das von der Orientierung her nicht optimal ist, hat erst der Ausbau des Untergeschosses die Möglichkeit geboten, den Minergie-P-
Standard zu erreichen (Abbildungen 2.1 und 2.2).

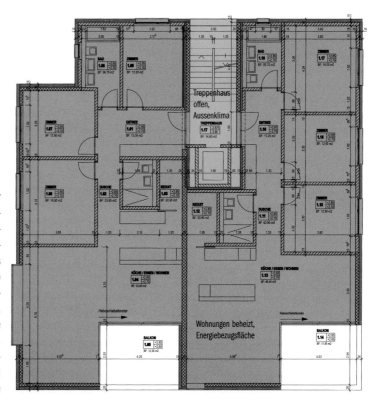

Abbildung 2.3: Beispiel für ein Mehrfamilienhausprojekt, bei dem die baugesetzlichen Randbedingungen verhindern, dass die Erschliessung innerhalb des Wärmedämmperimeters realisiert werden kann. Resultat: 8-mal grössere Verlustfläche.

▮ ausserhalb Dämmperimeter, zählt nicht zu Energiebezugsfläche

Wärmedämmperimeter

Aus der Fragestellung «beheizt» bzw. «nicht beheizt» resultiert
die für den Minergie-P-Nachweis relevante Gebäudehülle
und somit der zu dämmende Perimeter mit in etwa folgenden
Anforderungen:

▌ Der primäre Wärmedämmperimeter umfasst diejenigen Bauteile, welche das beheizte Volumen gegen Aussenklima, nicht beheizte Räume und gegen das Erdreich abgrenzen. Mit ihren
Flächen, U-Werten und b-Faktoren (Reduktionsfaktor für Wärmeverluste gegen unbeheizte Räume und gegen Erdreich) sind sie relevant für die Berechnung des Heizwärmebedarfs gemäss Norm
SIA 380/1. Erfahrungsgemäss muss bei diesen Bauteilen U · b etwa
0,1 W/m² K bis 0,15 W/m² K betragen. Gegen unbeheizte Räume
sind somit U-Werte um 0,2 W/m² K denkbar. Bei Bauteilen gegen das Erdreich richtet sich der erforderliche U-Wert ohne Berücksichtigung der Wärmedämmwirkung des Erdreichs nach den
geometrischen Randbedingungen wie Tiefe des Bauteils innerhalb
des Erdreichs, Fläche und Umfang des Bodens über dem Erdreich
bzw. der Wärmeverlust in das Erdreich wird gemäss SN EN 13370
berücksichtigt.

▌ Bei der Definition des Wärmedämmperimeters ist darauf zu achten, dass die Verlustflächen möglichst klein und die Energiebe-
zugsflächen möglichst gross werden. Dies wird teilweise durch
baugesetzliche Bestimmungen verhindert (Abbildung 2.3): Das
Treppenhaus darf nicht als warmes Treppenhaus konzipiert werden; statt einer Verlustfläche von etwa 7,1 m² pro Geschoss resultiert eine genau 8-mal so grosse Bauteilfläche mit zwei Wohnungs-
abschlusstüren, die zu eher hohen Energieverlusten führen.

▌ Je nach Art der unbeheizten Räume ist ein sekundärer Wärmedämmperimeter, als baulicher Wärme- und Feuchteschutz, zu dis-
kutieren (z. B. bei Wasch- und Trockenräumen etc.), auch wenn
sich diese Räume nicht innerhalb des eigentlichen Dämmperimeters befinden und für den Nachweis gemäss Norm SIA 380/1 keine
Relevanz haben.

Auch bei bestehenden Gebäuden, die nachträglich wärmetechnisch-energetisch so weit verbessert werden sollen, damit sie den
Minergie-P-Standard erreichen, sind konzeptionelle Überlegungen
hinsichtlich der Gesichtspunkte beheizt/nicht beheizt, Energiebezugsfläche ja oder nein und Wärmedämmperimeter entscheidend.

▌ Durch den Ausbau von Untergeschossen kann z. B. nicht nur die
Energiebezugsfläche vergrössert werden. Es ist allenfalls auch möglich, die im Sockelbereich auftretenden Wärmebrücken erheblich

U: Wärmedurchgangs-
koeffizient
b: Reduktionsfaktor zur
Berechnung der Wärme-
verluste gegen unbeheizte
Räume respektive gegen
das Erdreich (Norm SIA
380/1).

zu reduzieren, in dem auch die Aussenwände beim Untergeschoss wärmegedämmt werden.

▮ Durch den Ausbau von Dachgeschossräumen oder gar eine Nachverdichtung durch das Aufbauen von zusätzlichen Geschossen wird das Gebäude kompakter und die neuen Volumen können ohne Einschränkungen mittels «Neubau-Bauteilen» wärmegedämmt werden.

Gebäudehülle und Konstruktionsstruktur

(siehe auch Abschnitte 2.2, 2.3 und 2.4)

Bei Gebäuden, die den geltenden Energiegesetzen oder dem Minergie-Standard entsprechen müssen, kann davon ausgegangen werden, dass die Anforderungen an opake Bauteile mit U-Werten im Bereich von 0,3 W/m² K bis 0,2 W/m² K mit mehr oder weniger allen Konstruktionssystemen erreicht werden können.

Weil der Schritt von U-Wert 0,2 W/m² K zu 0,1 W/m² K ein grosser ist und mehr oder weniger zu einer doppelt so dicken Wärmedämmschicht führt, ergeben sich insbesondere bei Aussenwänden spezielle konstruktive Fragestellungen:

▮ Verfügbare Wärmedämmstoffe: bis zu welcher Dicke sind diese Stoffe einlagig verfügbar, deklarierte Wärmeleitfähigkeit λ_D.

▮ Befestigung der Wärmedämmschicht und allfälliger Fassadenunterkonstruktionen sowie deren Wärmebrückenverluste.

▮ Dimensionen von Schrauben, Verankerungen, Mauerwerksgelenkanker, etc.

Diese Fragen sind bereits in einer sehr frühen Projektphase zu beantworten, denn für Minergie-P-Bauten werden dadurch allenfalls einige Aussenwandsysteme nicht zur Verfügung stehen, wie z. B. Zweischalenmauerwerke und hinterlüftete Fassadenbekleidungen mit herkömmlichen Unterkonstruktionen.

Die Wahl des Konstruktionskonzeptes hat auch entscheidenden Einfluss auf die Wärmebrücken bei Bauteilübergängen. Insbesondere der Wechsel der Wärmedämmebene im Kontext von tragenden Bauteilen kann zu erheblichen Wärmebrückenverlusten und zu grossem konstruktivem Aufwand führen. Dies verdeutlichen folgende Beispiele:

Übergang von Bodenplatte zu Aussenwand: Eine Wärmedämmschicht unter der Bodenplatte kann lückenlos und wärmebrückenfrei mit der Perimeterdämmung der Aussenwand zusammengeführt werden. Stahlbetonbauteile, welche die Wärmedämmschichten über der Bodenplatte durchdringen führen in der Regel zu hohen Wärmebrückenverlusten.

Beim Sockel stossen oft drei unterschiedliche Bauteile aufeinander:

▌ Aussenwand über dem Terrain

▌ Aussenwand im UG, gegen Erdreich und Aussenklima, je nach Terrainverlauf

▌ Decke zwischen EG und UG

Je nachdem, ob das EG und das UG oder nur das EG beheizt sind und je nach Konstruktionssystemen für die drei im Sockeldetail zu fügenden Bauteile, ergeben sich sehr differente Lösungen, mit teilweise erheblichen Unterschieden betreffend die Wärmebrückenverluste.

Beim Einbau der Fenster wirkt sich neben der eigentlichen Fensterkonstruktion (Rahmenmaterialien) auch die Lage des Fensters in Bezug zur Schichtung der Aussenwand aus:

▌ Im Idealfall befindet sich das Fenster in der Wärmedämmebene, die Wärmebrückenverluste für den Fenstereinbau werden so am kleinsten.

▌ Wird das Fenster innen- oder aussenbündig angeschlagen, werden die Wärmebrückenverluste bzw. der totale Wärmeverlust in der Regel grösser.

EG: Erdgeschoss
UG: Untergeschoss

Wärmetechnische Verbesserung bestehender Bauten

Bei wärmetechnischen Massnahmen an bestehenden Gebäuden beeinflussen die vorhandenen Konstruktionen die Möglichkeiten wesentlich, aus einer oft nicht oder ungenügend wärmegedämmten Gebäudehülle eine hochwärmegedämmte zu erstellen, welche letztendlich den Minergie-P-Standard erreichen soll. Erfahrungen mit Verbandmauerwerken (U-Wert um 1,0 W/m² K) und innen wärmegedämmten Aussenwänden (z. B. dünne Wärmedämmschicht und Vormauerung, U-Werte um 0,7 W/m² K) zeigen deutlich, dass in der Regel nur mit einer neuen, aussen liegenden Wärmedämmebene das Ziel (U-Wert um 0,1 W/m² K) erreicht werden kann. Innenwärmedämmungen führen bei Deckenauflagern u. ä. zu derart hohen Wärmebrückenverlusten, dass der effektive Wärmeschutz auch bei guten Einzelbauteil-U-Werten ungenügend bleibt. Vom Konzept her wird somit einem bestehenden Gebäude eine neue hochwärmegedämmte Gebäudehülle, inklusive Fenster «übergestülpt».

Luftdichtigkeit

Minergie-P-Bauten stellen auch sehr hohe Anforderungen an die Luftdichtigkeit der Gebäudehülle.

▌ Bei massiver Baukonstruktion, mit verputzten Mauerwerken und Stahlbetonbauteilen kann die erforderliche Luftdichtigkeit bereits durch das luftdichte Anschliessen von Fenstern und Türen (die selber auch luftdicht sind!) und die Gewährleistung der Luftdichtigkeit bei Durchdringungen von Installationen erreicht werden.

▌ Grössere Anstrengungen sind dann erforderlich, wenn die Bauteile an sich nicht luftdicht sind, wie dies z. B. bei Holzbausystemen der Fall ist. Konzeptionelle Überlegungen sollen dazu führen, dass die luftdichte Schicht weitgehend lückenlos, ohne Durchdringungen, verlegt werden kann. Entweder sind es die warmseitigen Beplankungen (Gipsfaserplatten, OSB-Platten, etc.), die luftdicht sind und durch das Abkleben der Plattenstösse eine luftdichte Schicht ergeben. Oder es werden separate Dampfbremsen und Luftdichtigkeitsschichten eingebaut, die an angrenzende und durchdringende Bauteile luftdicht angeschlossen werden.

Auch bei Gebäudesanierungen im Minergie-P-Standard sind die hohen Anforderungen an die Luftdichtigkeit einzuhalten, was sehr schwierig sein kann.

Verschattung durch Balkone und Vordächer

Minergie-P-Bauten sind ohne passivsolare Gewinne kaum realisierbar. Selbst bei der diesbezüglich nicht optimalen Siedlung Werdwies, mit Verschattung durch Horizont (Nachbargebäude, städtische Lage) und Überhang (Balkone), wird etwa 50 % des gesamten Energieverlustes (Transmissien und Lufterneuerung) durch nutzbare solare Wärmegewinne abgedeckt (siehe «Der Schritt zu Minergie-P», Seite 234). Wenn die Sonneneinstrahlung durch den Horizont, den Überhang (Balkone, Vordächer) und Seitenblenden (Gebäudeversatz, Loggien) erheblich vermindert wird, kann dies durch Reduktion der Verluste (Transmission) kaum oder nur mit sehr hohem Aufwand kompensiert werden. Minergie-P-Gebäude werden dann auch erheblich teurer, weshalb bereits im Vorprojekt auf folgende Punkte geachtet werden soll:

▌ Gebäude gegen Süden ausrichten, mit tolerierbaren Abweichungen gegen Südwest oder Südost.

▌ Grosse Fensterflächen gegen Süden und kleine Fensterflächen gegen Norden orientieren. Fenster mit kleinem Rahmen- und hohem Glasanteil und Verglasungen mit maximal hohem Gesamtenergiedurchlassgrad (g-Wert über 50 %) evaluieren.

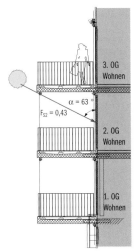

Abbildung 2.4 und 2.5:
Durch die Balkone werden
die gegen Süden orien-
tierten Fenster erheblich
verschattet. Über die Heizperiode betrachtet führt
die Fensterfront hinter
den Balkonen zu einem
bilanzierten Energieverlust
von 33 kWh/m². Ohne ver-
schattende Balkone resul-
tiert ein Energiegewinn von
19 kWh/m². Die Differenz
von 52 kWh/m² Energiebe-
zugsfläche entspricht dem
Heizwert von etwa 5 Litern
Heizöl.

▌ Möglichst keine fixe Verschattung bei südorientierten Fensterflächen, Balkone vor opake Bauteile stellen (Abbildung 2.4 und 2.5).
Damit die eingestrahlte Sonnenenergie aber auch tatsächlich genutzt werden kann, soll das Gebäude eine möglichst grosse Speichermasse aufweisen und die Benutzer sollen die Sonnenenergienutzung nicht unnötig behindern.
▌ Variable Verschattung (Sonnenschutz) während der Heizperiode
möglichst nicht einsetzen.
▌ Übertemperatur gegenüber der behaglichen Wunschtemperatur
in Kauf nehmen (z. B. 22 °C + 4 °C = 26 °C).
▌ Wärmespeicher wie Bodenbelag und Unterlagsboden nicht durch
Teppiche abdecken.
Für bestehende Bauten kann die völlige Einhausung der Balkone
eine Lösung sein; dadurch resultiert eine bessere Gebäudehüllzahl
augrund einer grösseren Energiebezugsfläche und die Balkone sind
für die Verschattung nicht mehr relevant.

2.2 Opake Bauteile von Minergie-P-Bauten

Opake Bauteile wie Aussenwände und Dächer für Minergie-P-Bauten müssen mit U-Werten im Bereich von 0,1 W/m²K einen sehr guten Wärmeschutz bieten. Kompromisslos werden Dächer und Böden wärmegedämmt (U-Wert ≤ 0,1 W/m²K), weil sie Räume abgrenzen, die ohnehin unterprivilegiert sind. Sie verlieren nicht nur über Aussenwände und Fenster Energie sondern auch über das Dach respektive über den Boden. Bei mehrgeschossigen Bauten macht es Sinn, den Wärmeschutz der Aussenwände so zu optimieren, dass die Minergie-P-Anforderungen gerade eingehalten werden können; je nach Anzahl der Geschosse bzw. Kompaktheit des Gebäudes sind allenfalls U-Werte im Bereich von 0,12 W/m²K bis 0,2 W/m²K denkbar.

Abbildung 2.6: Betreffend die Wärmedämmstoffe sind die Kennwerte aus Norm SIA 279 bzw. aus SIA Merkblatt 2001 zu berücksichtigen; für Minergie-P sind überwachte Produkte zu verwenden. Hochleistungs-wärmedämmstoffe (HLWD) eignen sich besonders gut für Minergie-P-Bauteile.

Den für Minergie-P-Bauteile hohen Wärmedurchgangswiderstand von bis etwa 10 m²K/W muss primär die Wärmedämmschicht erbringen. Andere Bauteilschichten wie tragende und bekleidende Materialien sowie die Wärmeübergangswiderstände haben, abgesehen von Massivholzquerschnitten (z.B. Mehrschichtplatten o.ä.), nur einen unbedeutenden Einfluss. Für die Wärmedämmschicht ist von Vorteil überwachte Produkte einzusetzen, um mit einer deklarierten Wärmeleitfähigkeiten (λ_D-Wert) gemäss Norm SIA 279 bzw. SIA Merkblatt 2001 (Abbildung 2.6) rechnen zu können. Bei nicht überwachten Produkten führen die einzusetzenden Wärmeleitfähigkeiten zu extrem dicken Schichtaufbauten (vgl. Abbildung 2.9). Neben der Wärmedämmschicht und deren Wärmeleitfähigkeit wirken sich auch konstruktive Einflüsse auf das Wärmedämmvermögen dieser Schicht bzw. des entsprechenden Bauteils aus:

∎ Bei Holzkonstruktionen ist die Inhomogenität in Form von Holzquerschnitten in der Wärmedämmebene zu berücksichtigen. Je grösser der Holzanteil ist, desto grösser und somit schlechter wird die resultierende Wärmeleitfähigkeit der inhomogenen Schicht «Holz/Wärmedämmstoff» (Abbildung 2.8). Der effektive U-Wert von inhomogenen Konstruktionen wird entweder nach dem Verfahren «oberer und unterer Grenzwert des Wärmedurchgangswiderstandes» oder mittels Wärmebrückenberechnung bestimmt.

∎ Lokale Wärmebrücken in Form von Befestigungselementen, welche die Wärmedämmschicht durchdringen (z.B. Anker und Schienen bei hinterlüfteten Fassadenbekleidungen), führen zu punktförmigen (χ-Wert in W/K) oder linienförmigen (Ψ-Wert in W/mK) Wärmebrückenverlusten, die bei der Berechnung der Bauteil-U-

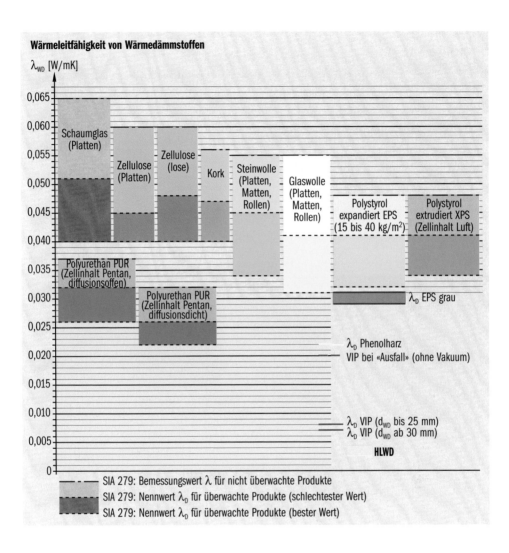

Wärmeleitfähigkeit von Wärmedämmstoffen

λ_{WD} [W/mK]

Schaumglas (Platten)
Zellulose (Platten)
Zellulose (lose)
Kork
Steinwolle (Platten, Matten, Rollen)
Glaswolle (Platten, Matten, Rollen)
Polystyrol expandiert EPS (15 bis 40 kg/m²)
Polystyrol extrudiert XPS (Zellinhalt Luft)
Polyurethan PUR (Zellinhalt Pentan, diffusionsoffen)
Polyurethan PUR (Zellinhalt Pentan, diffusionsdicht)

λ_D EPS grau
λ_D Phenolharz
VIP bei «Ausfall» (ohne Vakuum)

λ_D VIP (d_{WD} bis 25 mm)
λ_D VIP (d_{WD} ab 30 mm)

HLWD

SIA 279: Bemessungswert λ für nicht überwachte Produkte
SIA 279: Nennwert λ_D für überwachte Produkte (schlechtester Wert)
SIA 279: Nennwert λ_D für überwachte Produkte (bester Wert)

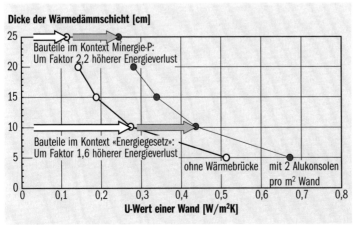

Dicke der Wärmedämmschicht [cm]

Bauteile im Kontext Minergie-P:
Um Faktor 2,2 höherer Energieverlust

Bauteile im Kontext «Energiegesetz»:
Um Faktor 1,6 höherer Energieverlust

ohne Wärmebrücke
mit 2 Alukonsolen pro m² Wand

U-Wert einer Wand [W/m²K]

Abbildung 2.7: U-Werte von Wärmedämmschichten mit (rot) und ohne (gelb) Wärmebrücken. Hochwärmegedämmte Konstruktionen können mit grossen lokalen Wärmebrücken nicht realisiert werden. (Aus EMPA Schlussbericht Nr. 158 740 über Wärmebrücken von hinterlüfteten Fassaden)

Abbildung 2.8: Bei Holz-
konstruktionen beeinflusst
der Holzanteil innerhalb
der Wärmedämmebene das
effektive Wärmedämmver-
mögen bzw. die resultie-
rende Wärmeleitfähigkeit
wesentlich.
Es gilt somit, z. B. bei der
Holzrahmenbauweise, den
Holzanteil so klein als möglich zu halten.
Bei kleinem Holzanteil,
zwischen einer Holzlattung
verlegt, führt die verwendete Wärmedämmschicht mit
λ_D = 0,036 W/mK zu einer
resultierenden Wärmeleit-
fähigkeit $\lambda_{res.}$ um 0,04
W/mK; dieselbe Wärme-
dämmschicht, bei grös-
serem Holzanteil, zwischen
tragenden Holzstrukturen
verlegt, führt zu einer resultierenden Wärmeleitfähig-
keit $\lambda_{res.}$ von etwa 0,051
W/mK.

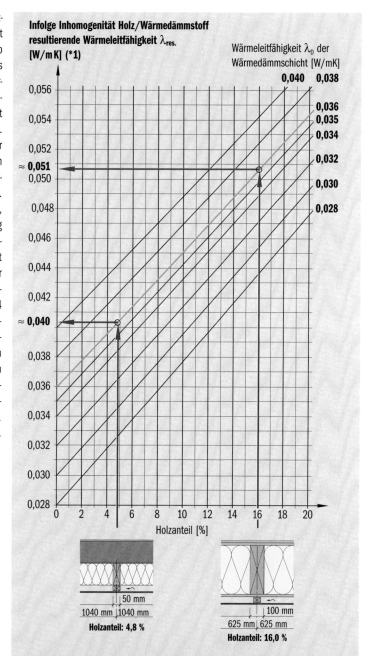

(*1) Gültig bei einlagigen, 10 cm dicken Wärmedämmstoffen zwischen Holzlattung
mit λ = 0,14 W/mK (für übliches Bauholz wird auch λ = 0,13 W/mK
eingesetzt). Bei dickeren Wärmedämmschichten wird die resultierende
Wärmeleitfähigkeit kleiner. Bei überdämmten, nicht durchgehenden Holzquerschnitten, werden kleinere und somit bessere resultierende Wärmeleitfähigkeiten erreicht.

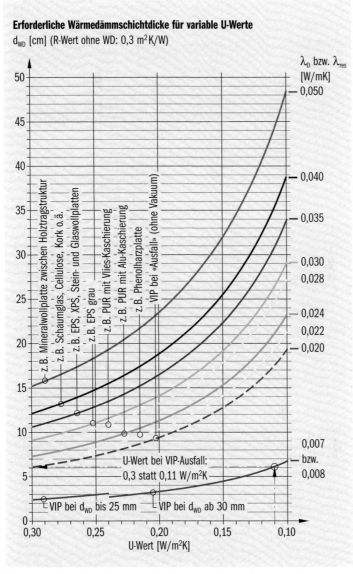

Erforderliche Wärmedämmschichtdicke für variable U-Werte

d_{WD} [cm] (R-Wert ohne WD: 0,3 m²K/W)

λ_D bzw. λ_{res} [W/mK]

z.B. Mineralwollplatte zwischen Holztragstruktur

z.B. Schaumglas, Cellulose, Kork o.ä.

z.B. EPS, XPS, Stein- und Glaswollplatten

z.B. EPS grau

z.B. PUR mit Vlies-Kaschierung

z.B. PUR mit Alu-Kaschierung

z.B. Phenolharzplatte

VIP bei «Ausfall» (ohne Vakuum)

U-Wert bei VIP-Ausfall:
0,3 statt 0,11 W/m²K

VIP bei d_{WD} bis 25 mm   VIP bei d_{WD} ab 30 mm

U-Wert [W/m²K]

Abbildung 2.9: Die Wärmeleitfähigkeit des Wärmedämmstoffes bzw. die resultierende Wärmeleitfähigkeit bei Inhomogenitäten (Holz/Wärmedämmstoff) wirkt sich entscheidend auf die erforderliche Schichtdicke zum Erreichen eines bestimmten U-Wertes aus. Für U-Werte um 0,1 W/m²K differieren die Schichtdicken von etwa 7 cm VIP bis zu über 48 cm für Mineralwollplatten zwischen einer Holztragstruktur.

Werte zu berücksichtigen sind. Diese Einflüsse können derart gross sein, dass es nicht möglich ist, U-Werte im Bereich von 0,1 W/m²K zu erreichen (Abbildung 2.7 und 2.23). Insbesondere bei Aussenwänden mit hinterlüfteten Bekleidungen bieten nur wenige Systeme die Möglichkeit, hochwärmedämmend zu konstruieren. Bei Bauteilen im ungestörten Erdreich (ohne Grundwassereinfluss) wird der Transmissionswärmeverlust durch die dämmende Wirkung des Erdreiches vermindert (Abbildung 2.10). Der wärmedämmende Einfluss des Erdreichs wird gemäss EN ISO 13370 berücksichtigt, wobei folgende Tendenzen gelten:

▍ Je tiefer das Gebäude sich im Erdreich befindet (Höhe z), desto besser werden die U-Werte von Wand und Boden bei gleichbleibenden Konstruktionsaufbauten.

▍ Je grösser die Bodenfläche, desto besser wird der U-Wert des Bodens bei gleichbleibendem Konstruktionsaufbau. Bei sehr grossen Bodenflächen kann evtl. auf eine Wärmedämmschicht verzichtet werden oder es wird nur in den Randbereichen des Bodens wärmegedämmt.

Abbildung 2.10: Bei Bauteilen im Erdreich ist nicht nur der Konstruktionsaufbau entscheidend. Auch die geometrischen Randbedingungen beeinflussen den Wärmeverlust wesentlich. Bei sehr grossen Bodenflächen kann allenfalls auf eine Wärmedämmschicht verzichtet werden. Bei der Berechnung der Transmissionswärmeverluste gemäss Norm SIA 380/1 wird der U-Wert ohne Einfluss des Erdreichs berechnet; dieses wird mit Reduktionsfaktoren b_{GW} bzw. b_{GF} berücksichtigt.

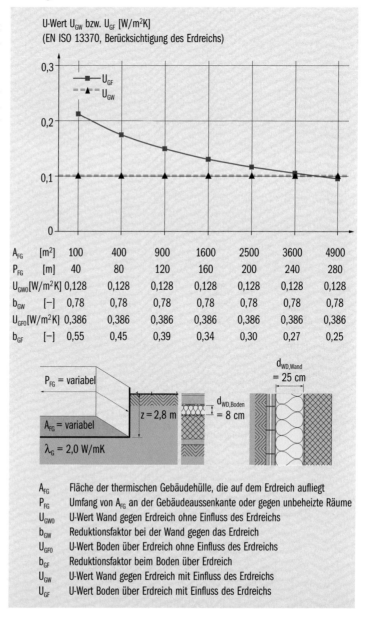

U-Wert U_{GW} bzw. U_{GF} [W/m²K] (EN ISO 13370, Berücksichtigung des Erdreichs)

A_{FG}	[m²]	100	400	900	1600	2500	3600	4900
P_{FG}	[m]	40	80	120	160	200	240	280
U_{GWO}	[W/m²K]	0,128	0,128	0,128	0,128	0,128	0,128	0,128
b_{GW}	[–]	0,78	0,78	0,78	0,78	0,78	0,78	0,78
U_{GFO}	[W/m²K]	0,386	0,386	0,386	0,386	0,386	0,386	0,386
b_{GF}	[–]	0,55	0,45	0,39	0,34	0,30	0,27	0,25

P_{FG} = variabel

A_{FG} = variabel

λ_G = 2,0 W/mK

z = 2,8 m

$d_{WD,Boden}$ = 8 cm

$d_{WD,Wand}$ = 25 cm

A_{FG}	Fläche der thermischen Gebäudehülle, die auf dem Erdreich aufliegt
P_{FG}	Umfang von A_{FG} an der Gebäudeaussenkante oder gegen unbeheizte Räume
U_{GWO}	U-Wert Wand gegen Erdreich ohne Einfluss des Erdreichs
b_{GW}	Reduktionsfaktor bei der Wand gegen das Erdreich
U_{GFO}	U-Wert Boden über Erdreich ohne Einfluss des Erdreichs
b_{GF}	Reduktionsfaktor beim Boden über Erdreich
U_{GW}	U-Wert Wand gegen Erdreich mit Einfluss des Erdreichs
U_{GF}	U-Wert Boden über Erdreich mit Einfluss des Erdreichs

Flachdach

Flachdächer sind Dächer mit geringer oder ohne Neigung und fugenloser Abdichtung. Es gibt verschiedene Systeme zur konstruktiven Ausbildung von Flachdächern:

▌ Das Warmdach (Abbildung 2.11) ist das verbreitetste Konstruktionssystem. Auch das Verbunddach basiert auf der Systematik des Warmdachs. Es handelt sich beim Warmdach um eine einschalige, nicht durchlüftete Flachbedachung, bei der die Abdichtung über der wärmedämmenden Schicht liegt. Dieses Konstruktionssystem eignet sich sehr gut für hochwärmegedämmte Flachdächer, weil die Wärmedämmschicht ein- oder mehrlagig, ohne Inhomogenitäten verlegt werden kann. Das Warmdach kann über allen Unterkonstruktionen aufgebaut und es kann bekiest, begrünt (Intensiv- oder Extensivbegrünung), begehbar, befahrbar oder als Flachdach ohne Schutz- und Nutzschicht (Nacktdach) ausgeführt werden.

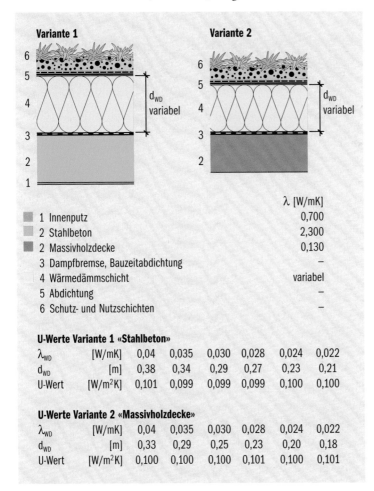

		λ [W/mK]
1	Innenputz	0,700
2	Stahlbeton	2,300
2	Massivholzdecke	0,130
3	Dampfbremse, Bauzeitabdichtung	–
4	Wärmedämmschicht	variabel
5	Abdichtung	–
6	Schutz- und Nutzschichten	–

U-Werte Variante 1 «Stahlbeton»

λ_{WD}	[W/mK]	0,04	0,035	0,030	0,028	0,024	0,022
d_{WD}	[m]	0,38	0,34	0,29	0,27	0,23	0,21
U-Wert	[W/m²K]	0,101	0,099	0,099	0,099	0,100	0,100

U-Werte Variante 2 «Massivholzdecke»

λ_{WD}	[W/mK]	0,04	0,035	0,030	0,028	0,024	0,022
d_{WD}	[m]	0,33	0,29	0,25	0,23	0,20	0,18
U-Wert	[W/m²K]	0,100	0,100	0,100	0,101	0,100	0,101

Abbildung 2.11: Flachdach im Warmdachsystem, mit unterschiedlichen Wärmedämmschichten, über Unterkonstruktionen aus Stahlbeton 0,25 m (Variante 1) oder Massivholz 0,2 m (Variante 2).

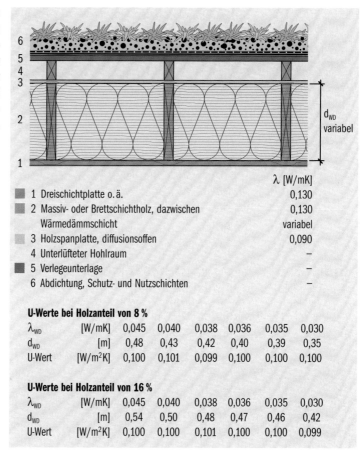

λ [W/mK]

1 Dreischichtplatte o. ä. — 0,130
2 Massiv- oder Brettschichtholz, dazwischen — 0,130
Wärmedämmschicht — variabel
3 Holzspanplatte, diffusionsoffen — 0,090
4 Unterlüfteter Hohlraum — –
5 Verlegeunterlage — –
6 Abdichtung, Schutz- und Nutzschichten — –

U-Werte bei Holzanteil von 8 %

λ_{WD}	[W/mK]	0,045	0,040	0,038	0,036	0,035	0,030
d_{WD}	[m]	0,48	0,43	0,42	0,40	0,39	0,35
U-Wert	[W/m²K]	0,100	0,101	0,099	0,100	0,100	0,100

U-Werte bei Holzanteil von 16 %

λ_{WD}	[W/mK]	0,045	0,040	0,038	0,036	0,035	0,030
d_{WD}	[m]	0,54	0,50	0,48	0,47	0,46	0,42
U-Wert	[W/m²K]	0,100	0,100	0,101	0,100	0,100	0,099

▮ Das unterlüftete Dach (Abbildung 2.12) ist prädestiniert für Flachdächer mit Holzbalkendecken. Die dampfdichte Abdichtung wird unterlüftet, wodurch das Dach in dampfdiffusionstechnischer Hinsicht unproblematisch ist. Die Wärmedämmschicht wird zwischen die Holzbalken verlegt, wodurch sich der Holzanteil massgebend auf die Effizienz des Systems auswirkt.

▮ Bei Umkehrdächern befindet sich die feuchteunempfindliche, einlagig zu verlegende Wärmedämmschicht aus extrudierten Polystyrolhartschaumplatten XPS über der Abdichtung. Das Umkehrdach eignet sich nicht für hochwärmegedämmte Flachdächer. Als Duodach (Wärmedämmschicht unterhalb und oberhalb der Abdichtung) oder als Plusdach (wärmetechnische Verbesserung von bestehenden Warmdächern) ist das Umkehrdachsystem jedoch auch bei Minergie-P-Bauten denkbar (Abbildung 2.13).

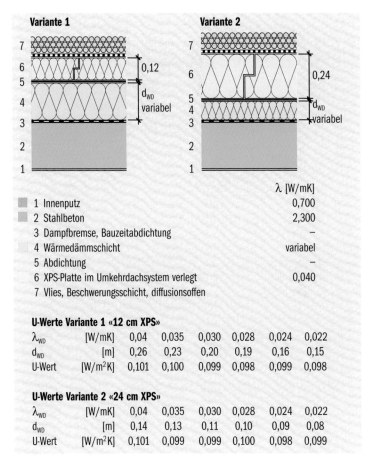

Abbildung 2.13: Flachdach im Duodachsystem, mit variabler Wärmedämmschicht unter der Abdichtung und extrudierter Polystrolhartschaumplatte XPS im Umkehrdachsystem verlegt. Die für die XPS-Platte höher eingesetzte Wärmeleitfähigkeit berücksichtigt den Wärmeabfluss durch das unter der Wärmedämmschicht abfliessendes Regenwasser.

		λ [W/mK]
1	Innenputz	0,700
2	Stahlbeton	2,300
3	Dampfbremse, Bauzeitabdichtung	–
4	Wärmedämmschicht	variabel
5	Abdichtung	–
6	XPS-Platte im Umkehrdachsystem verlegt	0,040
7	Vlies, Beschwerungsschicht, diffusionsoffen	

U-Werte Variante 1 «12 cm XPS»

λ_{WD}	[W/mK]	0,04	0,035	0,030	0,028	0,024	0,022
d_{WD}	[m]	0,26	0,23	0,20	0,19	0,16	0,15
U-Wert	[W/m²K]	0,101	0,100	0,099	0,098	0,099	0,098

U-Werte Variante 2 «24 cm XPS»

λ_{WD}	[W/mK]	0,04	0,035	0,030	0,028	0,024	0,022
d_{WD}	[m]	0,14	0,13	0,11	0,10	0,09	0,08
U-Wert	[W/m²K]	0,101	0,099	0,099	0,100	0,098	0,099

Steildach

Das Steildach ist ein Dach mit einer Neigung, die eine geschuppte Eindeckung zulässt. Steildächer können jedoch auch fugenlos abgedichtet und z. B. begrünt werden, wie das bei Flachdächern üblich ist. Für hochwärmedämmende Steildächer haben sich folgende Systeme bewährt:

▮ Sparrenvolldämmung (Abbildung 2.14), bei der die Wärmedämmschicht zwischen die Holztragstruktur (z. B. Sparren) verlegt wird und sich somit der Holzanteil auf die Effizienz auswirkt.

▮ Warmdachkonstruktion mit Wärmedämmschicht über der Holztragstruktur (Abbildung 2.15), wobei die Wärmedämmschicht teilweise «homogen» und teilweise zwischen Holzlatten (inhomogen) verlegt wird.

▮ Kombination aus den beiden Systemen «Sparrenvolldämmung» bzw. «Warmdach» mit Wärmedämmschicht zwischen und über der Holztragstruktur (Abbildung 2.16).

Abbildung 2.14: Steildach im System «Sparrenvoll-dämmung», mit unterschiedlichen Wärmedämmschichten zwischen der Holztragstruktur verlegt, bei unterschiedlichem Holzanteil.

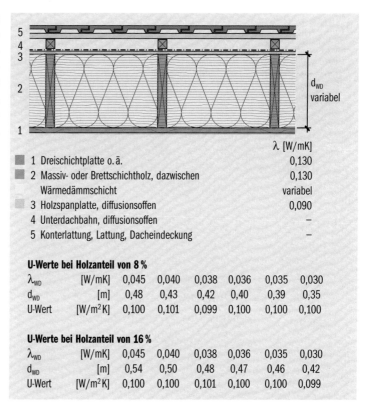

	λ [W/mK]
1 Dreischichtplatte o. ä.	0,130
2 Massiv- oder Brettschichtholz, dazwischen	0,130
Wärmedämmschicht	variabel
3 Holzspanplatte, diffusionsoffen	0,090
4 Unterdachbahn, diffusionsoffen	–
5 Konterlattung, Lattung, Dacheindeckung	–

U-Werte bei Holzanteil von 8 %

λ_{WD}	[W/mK]	0,045	0,040	0,038	0,036	0,035	0,030
d_{WD}	[m]	0,48	0,43	0,42	0,40	0,39	0,35
U-Wert	[W/m²K]	0,100	0,101	0,099	0,100	0,100	0,100

U-Werte bei Holzanteil von 16 %

λ_{WD}	[W/mK]	0,045	0,040	0,038	0,036	0,035	0,030
d_{WD}	[m]	0,54	0,50	0,48	0,47	0,46	0,42
U-Wert	[W/m²K]	0,100	0,100	0,101	0,100	0,100	0,099

Abbildung 2.16: Steildach mit Wärmedämmschicht zwischen der Holztragstruktur (d_{WD} = 0,24 m, λ_D = 0,036 W/mK, Holzanteil = 16 %) und mit variabler Wärmedämmschicht über den Sparren (homogen verlegt, ohne Holzeinlagen o. ä., durchdringende Sicherheitsdistanzschrauben RSD mit 3-mal 0,003 W/K berücksichtigt).

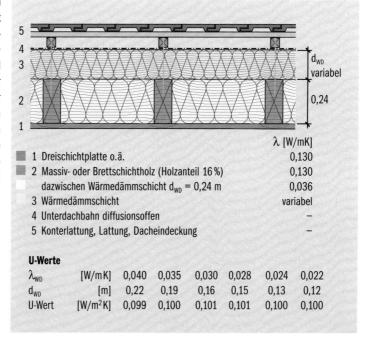

	λ [W/mK]
1 Dreischichtplatte o. ä.	0,130
2 Massiv- oder Brettschichtholz (Holzanteil 16 %)	0,130
dazwischen Wärmedämmschicht d_{WD} = 0,24 m	0,036
3 Wärmedämmschicht	variabel
4 Unterdachbahn diffusionsoffen	–
5 Konterlattung, Lattung, Dacheindeckung	–

U-Werte

λ_{WD}	[W/mK]	0,040	0,035	0,030	0,028	0,024	0,022
d_{WD}	[m]	0,22	0,19	0,16	0,15	0,13	0,12
U-Wert	[W/m²K]	0,099	0,100	0,101	0,101	0,100	0,100

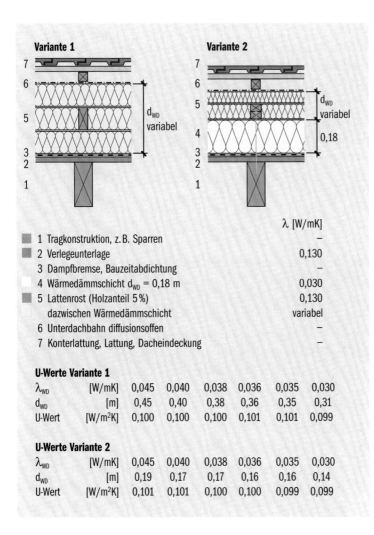

Variante 1

Variante 2

λ [W/mK]

1 Tragkonstruktion, z. B. Sparren	–
2 Verlegeunterlage	0,130
3 Dampfbremse, Bauzeitabdichtung	–
4 Wärmedämmschicht d_{WD} = 0,18 m	0,030
5 Lattenrost (Holzanteil 5 %)	0,130
dazwischen Wärmedämmschicht	variabel
6 Unterdachbahn diffusionsoffen	–
7 Konterlattung, Lattung, Dacheindeckung	–

U-Werte Variante 1

λ_{WD}	[W/mK]	0,045	0,040	0,038	0,036	0,035	0,030
d_{WD}	[m]	0,45	0,40	0,38	0,36	0,35	0,31
U-Wert	[W/m²K]	0,100	0,100	0,100	0,101	0,101	0,099

U-Werte Variante 2

λ_{WD}	[W/mK]	0,045	0,040	0,038	0,036	0,035	0,030
d_{WD}	[m]	0,19	0,17	0,17	0,16	0,16	0,14
U-Wert	[W/m²K]	0,101	0,101	0,100	0,100	0,099	0,099

Abbildung 2.15 Steildach im «Warmdachsystem», mit variablen Wärmedämm-schichten über der Holz-tragstruktur verlegt. Variante 1 mit Wärme-dämmschichten zwischen kreuzweise verlegtem Lat-tenrost (Holzanteil = 5 %). Variante 2 mit einer 0,18 m dicken, homogen ver-legten Wärmedämmschicht (durchdringende Sicher-heitsdistanzschrauben RSD mit 3-mal 0,0015 W/K berücksichtigt) sowie vari-ablen Wärmedämmschich-ten, zwischen kreuzweise verlegtem Lattenrost (Holz-anteil = 5 %).

Decken

Unter Decken verstehen wir Bauteile über beheizten Räumen, mit der Aufgabe, den Wärmefluss von unten nach oben zu begrenzen. Decken dienen also unter anderem der thermischen Abgrenzung gegenüber kälteren Räumen wie Dach- bzw. Estrichräume u. ä.

∎ Bei Massivbauten wird die Wärmedämmschicht in der Regel über der Betondecke verlegt und je nach Nutzung des unbeheizten Raumes mit oder ohne begehbare Schicht ausgeführt (Wärme-dämmschichten und U-Werte sinngemäss wie für das Flachdach in Abbildung 2.11).

∎ Bei Holzbauten wird die Wärmedämmschicht entweder über einer Massivholzdecke oder zwischen die Holztragstruktur verlegt (Wärmedämmschichten und U-Werte sinngemäss wie für das Flachdach in Abbildung 2.11 bzw. 2.12).

Boden über Aussenklima und unbeheizten Räumen

Bodenkonstruktionen begrenzen den Wärmefluss von oben nach unten, sie grenzen beheizte Räume gegen darunter sich befin-dende, nicht beheizte Räume und gegen Aussenklima ab. Bei Massivbauten wird die Wärmedämmschicht über, unter oder über und unter der Betondecke angeordnet, wobei sich die Anordnung der Wärmedämmschichten wesentlich auf die resultierenden Wärme-brückenverluste beim Sockel und bei durchdringenden Innenwän-den auswirken kann (siehe Abschnitt 2.4).

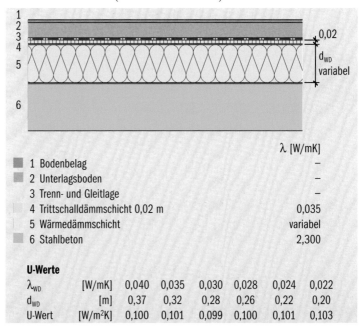

Abbildung 2.17: Bodenkon-struktion über Stahlbeton-decke, mit 0,02 m dicker Trittschalldämmschicht und variabler Wärmedämm-schicht. Anmerkung: U-Werte gültig bei Flächen-heizung (ohne inneren Wärmeübergang).

	λ [W/mK]
1 Bodenbelag	–
2 Unterlagsboden	–
3 Trenn- und Gleitlage	–
4 Trittschalldämmschicht 0,02 m	0,035
5 Wärmedämmschicht	variabel
6 Stahlbeton	2,300

U-Werte

λ_{WD}	[W/mK]	0,040	0,035	0,030	0,028	0,024	0,022
d_{WD}	[m]	0,37	0,32	0,28	0,26	0,22	0,20
U-Wert	[W/m²K]	0,100	0,101	0,099	0,100	0,101	0,103

▌ Wenn die Wärme- und Trittschalldämmschicht nur über der Betondecke aufgebracht wird (Abbildung 2.17), durchdringen Innen- und Aussenwände diese Dämmschichten, was ohne spezielle Massnahmen zur thermischen Trennung (wärmedämmende, tragende Elemente) zu grossen Wärmebrückenverlusten führt.

▌ Dass die Wärmedämmschicht nur unten angeordnet wird, ist unwahrscheinlich, weil eine minimale Wärme- und Trittschalldämmschicht in der Regel erforderlich ist.

▌ Eine Aufteilung der Wärmedämmschicht in einen Teil oben und den anderen Teil unten (Abbildung 2.18) macht insbesondere dann am meisten Sinn, wenn dadurch die Wärmebrückenwirkung bei Innen- und Aussenwänden reduziert werden kann. Oft ist der Raster der Innenwände im Erdgeschoss enger als z. B. in einer darunter sich befindenden Autoeinstellhalle, wo eher Stützen gefragt sind. Bei solchen Situationen durchdringt z. B. eine Innenwand im Erdgeschoss nur die eine Wärmedämmschicht, während die Wär-

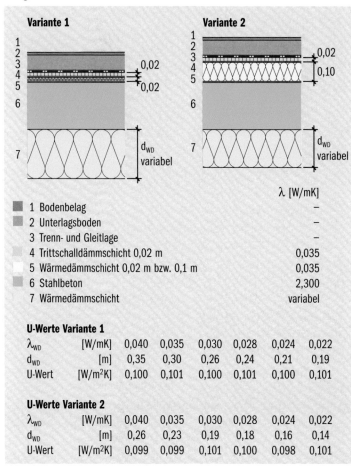

	1 Bodenbelag	–
	2 Unterlagsboden	–
	3 Trenn- und Gleitlage	–
	4 Trittschalldämmschicht 0,02 m	0,035
	5 Wärmedämmschicht 0,02 m bzw. 0,1 m	0,035
	6 Stahlbeton	2,300
	7 Wärmedämmschicht	variabel

U-Werte Variante 1

λ_{WD}	[W/mK]	0,040	0,035	0,030	0,028	0,024	0,022
d_{WD}	[m]	0,35	0,30	0,26	0,24	0,21	0,19
U-Wert	[W/m²K]	0,100	0,101	0,100	0,101	0,100	0,101

U-Werte Variante 2

λ_{WD}	[W/mK]	0,040	0,035	0,030	0,028	0,024	0,022
d_{WD}	[m]	0,26	0,23	0,19	0,18	0,16	0,14
U-Wert	[W/m²K]	0,099	0,099	0,101	0,100	0,098	0,101

Abbildung 2.18: Bodenkonstruktion mit fixer Wärme- und Trittschalldämmschicht über der Stahlbetondecke (zwei Varianten, mit total 0,04 m bzw. 0,12 m dicker Wärme-/Trittschalldämmschicht) und variabler Wärmedämmschicht unter der Stahlbetondecke. Anmerkung: U-Werte gültig bei Flächenheizung (ohne inneren Wärmeübergang).

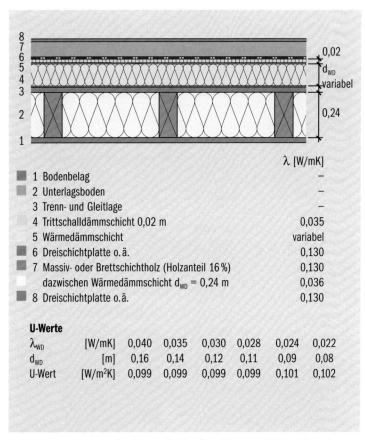

		λ [W/mK]
1	Bodenbelag	–
2	Unterlagsboden	–
3	Trenn- und Gleitlage	–
4	Trittschalldämmschicht 0,02 m	0,035
5	Wärmedämmschicht	variabel
6	Dreischichtplatte o. ä.	0,130
7	Massiv- oder Brettschichtholz (Holzanteil 16 %)	0,130
	dazwischen Wärmedämmschicht d_{WD} = 0,24 m	0,036
8	Dreischichtplatte o. ä.	0,130

U-Werte

λ_{WD}	[W/mK]	0,040	0,035	0,030	0,028	0,024	0,022
d_{WD}	[m]	0,16	0,14	0,12	0,11	0,09	0,08
U-Wert	[W/m²K]	0,099	0,099	0,099	0,099	0,101	0,102

medämmung unter der Betondecke den Wärmeabfluss über die
Wand minimiert.

Bei Holzbauten wird die Decke über dem unbeheizten Untergeschoss teilweise analog wie bei Massivbauten ausgeführt, wobei
die Wärmebrücken in der Regel dann am kleinsten werden, wenn
die gesamte Wärmedämmschicht über der Stahlbetondecke verlegt
wird (Anschluss an Aussen- und Innenwände in Holzbauweise).
Für Bodenkonstruktionen in Holzbauweise kommen unter anderem folgende Systeme in Frage:

▍ Holzbalkendecke mit dazwischen verlegter Wärmedämmschicht
und Bodenüberkonstruktion (Abbildung 2.19). Effizient ist, die
Wärmedämmschicht zwischen den Holzbalken nur so dick zu
wählen, wie es die minimal erforderliche statische Höhe vorgibt.
Der Rest der Wärme- und Trittschalldämmschicht wird mit Vorteil
über der Tragstruktur, in der Bodenüberkonstruktion verlegt, weil
diese Schichten dann bedeutend bessere Wärmeleitfähigkeiten aufweisen können.

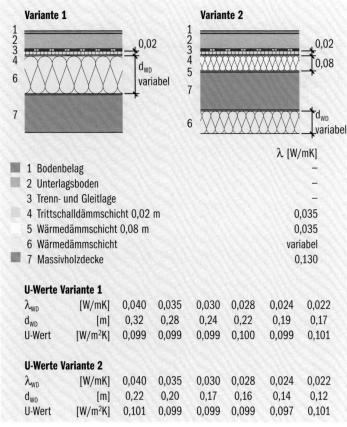

	1 Bodenbelag	–
	2 Unterlagsboden	–
	3 Trenn- und Gleitlage	–
	4 Trittschalldämmschicht 0,02 m	0,035
	5 Wärmedämmschicht 0,08 m	0,035
	6 Wärmedämmschicht	variabel
	7 Massivholzdecke	0,130

U-Werte Variante 1

λ_{WD}	[W/mK]	0,040	0,035	0,030	0,028	0,024	0,022
d_{WD}	[m]	0,32	0,28	0,24	0,22	0,19	0,17
U-Wert	[W/m²K]	0,099	0,099	0,099	0,100	0,099	0,101

U-Werte Variante 2

λ_{WD}	[W/mK]	0,040	0,035	0,030	0,028	0,024	0,022
d_{WD}	[m]	0,22	0,20	0,17	0,16	0,14	0,12
U-Wert	[W/m²K]	0,101	0,099	0,099	0,099	0,097	0,101

Abbildung 2.20: Boden-
konstruktion bei 20 cm
dicker Massivholzdecke.
Variante 1 mit 0,02 m
dicker Trittschalldämm-
schicht und variabler Wärmedämmschicht über der
Massivholzdecke.
Variante 2 mit variabler
Wärmedämmschicht unter
der Massivholzdecke und
fixen Wärme-/Trittschall-
dämmschchten über der-
selben.
Anmerkung: U-Werte gültig
bei Flächenheizung (ohne
inneren Wärmeübergang)

▌ Massivholzdecke (Abbildung 2.20), mit Wärmedämmschichten
über, unter oder über und unter derselben. Im Unterschied zur
Massivbauweise mit Betondecke ist die Wärmebrückenproblematik
entschärft. Nur Wände im unbeheizten Raum (z. B. aus Stahlbeton
oder Kalksandstein-Mauerwerk), welche eine unter der Decke auf-
gebrachte Wärmedämmschicht durchdringen, führen zu relevanten
Wärmebrückenverlusten.

Aussenwand

Bei der Projektierung von Bauten generell und insbesondere bei solchen im Minergie-P-Standard stellt die Wahl der Aussenwand eine Herausforderung dar. Die Aussenwand prägt das äussere architektonische Erscheinungsbild eines Gebäudes wesentlich, durch sein Öffnungsverhalten, seine Materialisierung (Textur, Farbe) und die Ausbildung an den Bauteilübergängen (Sockel, Öffnungen, Dach). Oft ist die Wand auch Teil des Tragwerks eines Gebäudes; sie kann Lasten und Kräfte übernehmen und stabilisierend wirken. Für Minergie-P-Bauten kommt die Anforderung dazu, einen extrem guten Wärmeschutz, mit U-Wert im Bereich von 0,1 W/m²K, bieten zu können. Dieser Anforderung werden nicht alle Aussenwandsysteme gerecht:

∎ Homogene, einschalige Aussenwände, wie sie auch heute noch für Bauten, die nur gerade dem Energiegesetz entsprechen, eingesetzt werden, sind für Minergie-P kein Thema. Selbst bei speziellen Backsteinen und Gasbetonsteinen müsste die Aussenwand etwa 1,2 bis 1,6 m dick sein.

∎ Zweischalenmauerwerke weisen betreffend den maximalen Schalenabstand konstruktive Grenzen auf (Gelenkanker u. ä.) und können einen genügenden Wärmeschutz für Minergie-Bauten bieten. U-Werte, wie sie für Minergie-P erforderlich sind, könnten nur mit Hochleistungswärmedämmstoffen ($\lambda_D \leq 0,024$ W/mK) erreicht werden und führen dann zu Wanddicken in der Grössenordnung von über 0,5 m.

∎ Innenwärmedämmungen führen zu derart grossen Wärmebrückenverlusten bei Bauteilübergängen (z. B. Deckenauflager), dass mit diesem System Minergie-P-Aussenwände undenkbar sind.

∎ Aussendämmungen mit hinterlüfteten Fassadenbekleidungen führen bei «konventionellen Unterkonstruktionen» zu derart grossen Wärmebrückenverlusten (Konsolen, Schienen u. ä. aus Aluminium oder Stahl), dass es unmöglich ist, U-Werte im Bereich von 0,1 W/m²K zu erreichen (Abbildung 2.23).

Mit welchen Systemen können denn nun Aussenwände erstellt werden, die für Minergie-P geeignet sind? Bei den bis anhin zertifizierten Minergie-P-Bauten zählt der Holzsystembau zu den meistverwendeten Systemen, wobei mehrheitlich der Holzrahmenbau eingesetzt wird. Hochwärmedämmende Aussenwände sind aber auch in Massivbauweise möglich, zum Beispiel mit verputzten Aussenwärmedämmungen oder speziell montierten, hinterlüfteten Fassadenbekleidungen. Für drei Befestigungssysteme bzw. Fassadenunterkonstruktionen haben wir die punkt- und linienförmigen

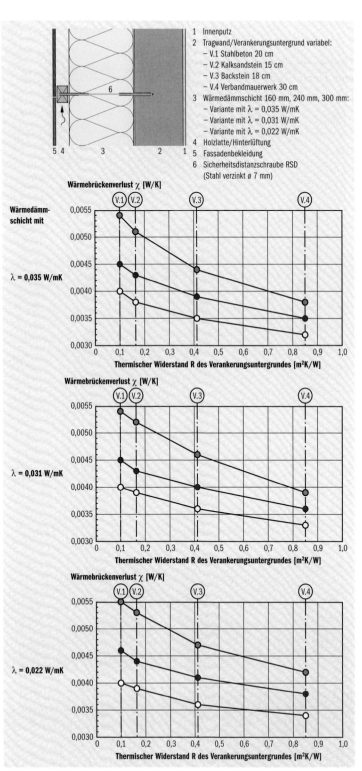

Abbildung 2.21: Wärmebrückenverluste bei Unterkonstruktion mit Sicherheitsdistanzschraube RSD, die durch eine einlagige Wärmedämmschicht hindurch in die Unterkonstruktion befestigt wird. Je kleiner der thermische Widerstand des Verankerungsuntergrundes und je besser (kleiner) die Wärmeleitfähigkeit des Wärmedämmstoffes, desto grösser wird der Wärmebrückenverlust. Je dicker die Wärmedämmschicht ist, desto kleiner wird der Wärmebrückenverlust. Die Anzahl der Schrauben richtet sich nach dem Gewicht der Fassadenbekleidung; üblich sind etwa 3 Stück pro m^2 Aussenwand.

1 Innenputz
2 Tragwand/Verankerungsuntergrund variabel:
   – V.1 Stahlbeton 20 cm
   – V.2 Kalksandstein 15 cm
   – V.3 Backstein 18 cm
   – V.4 Verbandmauerwerk 30 cm
3 Wärmedämmschicht 160 mm, 240 mm, 300 mm:
   – Variante mit λ = 0,035 W/mK
   – Variante mit λ = 0,031 W/mK
   – Variante mit λ = 0,022 W/mK
4 Holzlatte/Hinterlüftung
5 Fassadenbekleidung
6 Sicherheitsdistanzschraube RSD
   (Stahl verzinkt ø 7 mm)

RSD-Schraube bei variabler Wärmedämmschichtdicke:
160 mm ●
240 mm ●
300 mm ○

Abbildung 2.22: Wärmebrückenverluste bei Unterkonstruktion mit Sicherheitsdistanzschraube RSD, die durch eine Holzlatte und eine variable Wärmedämmschicht überdämmt ist. Je kleiner der thermische Widerstand des Verankerungsuntergrundes, desto grösser wird der Wärmebrückenverlust und je besser die Sicherheitsdistanzschraube überdämmt wird, desto kleiner wird der Wärmebrückeneinfluss derselben. Die Anzahl der Schrauben richtet sich nach dem Gewicht der Fassadenbekleidung; üblich sind etwa 3 Stück pro m^2 Aussenwand. Die Holzschrauben führen zu sehr kleinen Wärmebrückenverlusten im Bereich von 0,00004 W/K (Schraube 10) bzw. von 0,0003 W/K (Schraube 11); sie haben bei der Berechnung der U-Werte keine Relevanz (Einfluss deutlich kleiner als 1 %).

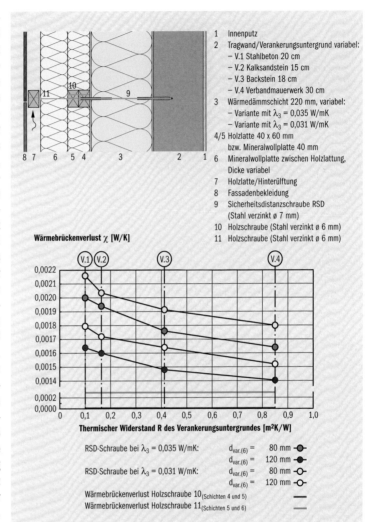

1 Innenputz
2 Tragwand/Verankerungsuntergrund variabel:
 – V.1 Stahlbeton 20 cm
 – V.2 Kalksandstein 15 cm
 – V.3 Backstein 18 cm
 – V.4 Verbandmauerwerk 30 cm
3 Wärmedämmschicht 220 mm, variabel:
 – Variante mit λ_3 = 0,035 W/mK
 – Variante mit λ_3 = 0,031 W/mK
4/5 Holzlatte 40 x 60 mm
 bzw. Mineralwollplatte 40 mm
6 Mineralwollplatte zwischen Holzlattung, Dicke variabel
7 Holzlatte/Hinterlüftung
8 Fassadenbekleidung
9 Sicherheitsdistanzschraube RSD (Stahl verzinkt ø 7 mm)
10 Holzschraube (Stahl verzinkt ø 6 mm)
11 Holzschraube (Stahl verzinkt ø 6 mm)

Wärmebrückenverluste rechnerisch ermittelt, als Basis für die korrekte Bestimmung der U-Werte von solchen Aussenwänden:
▌ Unterkonstruktion mit Sicherheitsdistanzschraube, durch einlagige Wärmedämmschicht hindurch, in Unterkonstruktion befestigt (Abbildung 2.21).
▌ Unterkonstruktion mit Sicherheitsdistanzschraube, durch Wärmedämmschicht hindurch, in Unterkonstruktion befestigt und mit zwischen Lattenrost verlegten Wärmedämmschichten überdämmt (Abbildung 2.22).
▌ Metall-Unterkonstruktion, thermisch entkoppelt in Unterkonstruktion befestigt (Abbildung 2.23). Selbst bei Verankerungsuntergründen mit grossem thermischem Widerstand (z. B.

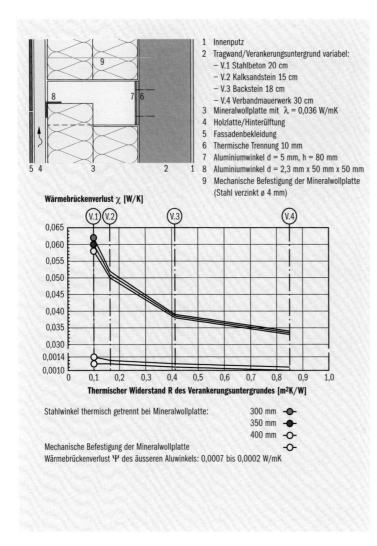

1 Innenputz
2 Tragwand/Verankerungsuntergrund variabel:
   – V.1 Stahlbeton 20 cm
   – V.2 Kalksandstein 15 cm
   – V.3 Backstein 18 cm
   – V.4 Verbandmauerwerk 30 cm
3 Mineralwollplatte mit λ = 0,036 W/mK
4 Holzlatte/Hinterüftung
5 Fassadenbekleidung
6 Thermische Trennung 10 mm
7 Aluminiumwinkel d = 5 mm, h = 80 mm
8 Aluminiumwinkel d = 2,3 mm x 50 mm x 50 mm
9 Mechanische Befestigung der Mineralwollplatte
   (Stahl verzinkt ø 4 mm)

Stahlwinkel thermisch getrennt bei Mineralwollplatte:

300 mm ●
350 mm ●
400 mm ○

Mechanische Befestigung der Mineralwollplatte
Wärmebrückenverlust Ψ des äusseren Aluwinkels: 0,0007 bis 0,0002 W/mK

Abbildung 2.23: Wärmebrückenverluste bei Metallunterkonstruktion, die thermisch entkoppelt in das Mauerwerk verankert wird (etwa 1,5 Winkel pro m² Aussenwand). Je kleiner der thermische Widerstand des Verankerungsuntergrundes, desto grösser wird der Wärmebrückenverlust; die Dicke der Wärmedämmschicht hat nur einen untergeordneten Einfluss. Für die Berechnung der U-Werte können auch die Wärmebrückenverluste über die mechanische Befestigung der Wärmedämmschicht (etwa 4 Befestiger pro m² Aussenwand) relevant sein, falls diese nicht aufgeklebt wird. Der äussere Metallwinkel (8, etwa 0,75 m Winkel pro m² Aussenwand) hat aber keinen Einfluss auf den U-Wert der Aussenwand. Die untersuchte Unterkonstruktion führt zu derart hohen Wärmebrückenverlusten, dass damit für Minergie-P keine Lösungen möglich sind.

Verbandmauerwerk oder Massivholzwand), werden die Wärmebrückenverluste der Unterkonstruktion derart gross, dass es keine Möglichkeit gibt, mit diesem System Aussenwände für Minergie-P zu erstellen. Es müssten Wärmedämmschichten von 0,6 bis 1,0 m aufgebracht werden, damit U-Werte von 0,1 W/m² K erreicht werden könnten.

Für folgende Aussenwandkonstruktionen wird aufgezeigt, wie U-Werte im Bereich von 0,1 W/m² K erreicht werden können:

▌ Holzrahmenbau (Abbildung 2.24) mit unterschiedlichem Holzanteil für tragende (Holzbauweise) und für nicht tragende Aussenwände (Hybridbauweise), mit hinterlüfteter Fassadenbekleidung oder mit verputzter Aussenwärmedämmung.

Abbildung 2.24: Aussenwand mit Holzrahmenkonstruktion in zwei Varianten, mit hinterlüfteter Fassadenbekleidung und mit verputzter Aussendämmung. Variante 1 mit variabler Wärmedämmschicht bei unterschiedlichem Holzanteil, für tragende (12,8 %) und nicht tragende Aussenwände (9,5 %, z. B. bei Aussenwandelementen von Massivbauten). Variante 2 ebenfalls bei den zwei unterschiedlichen Holzanteilen wie bei Variante 1, mit 0,14 m dicker Wärmedämmschicht zwischen den Holzrahmen und variabler, verputzter Aussendämmung.

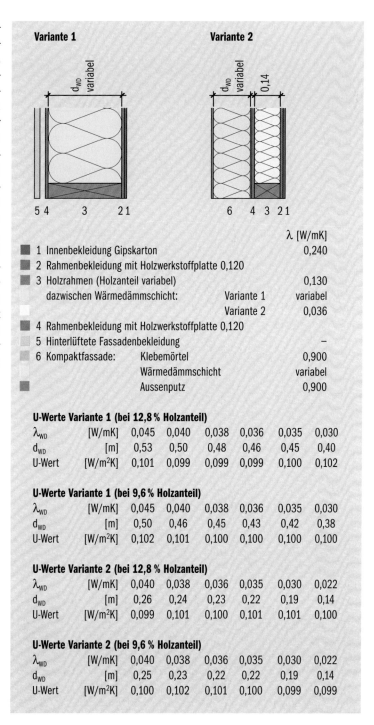

Variante 1   **Variante 2**

		λ [W/mK]
1 Innenbekleidung Gipskarton		0,240
2 Rahmenbekleidung mit Holzwerkstoffplatte 0,120		
3 Holzrahmen (Holzanteil variabel)		0,130
dazwischen Wärmedämmschicht:	Variante 1	variabel
	Variante 2	0,036
4 Rahmenbekleidung mit Holzwerkstoffplatte 0,120		
5 Hinterlüftete Fassadenbekleidung		–
6 Kompaktfassade:	Klebemörtel	0,900
	Wärmedämmschicht	variabel
	Aussenputz	0,900

U-Werte Variante 1 (bei 12,8 % Holzanteil)

λ_{WD}	[W/mK]	0,045	0,040	0,038	0,036	0,035	0,030
d_{WD}	[m]	0,53	0,50	0,48	0,46	0,45	0,40
U-Wert	[W/m²K]	0,101	0,099	0,099	0,099	0,100	0,102

U-Werte Variante 1 (bei 9,6 % Holzanteil)

λ_{WD}	[W/mK]	0,045	0,040	0,038	0,036	0,035	0,030
d_{WD}	[m]	0,50	0,46	0,45	0,43	0,42	0,38
U-Wert	[W/m²K]	0,102	0,101	0,100	0,100	0,100	0,100

U-Werte Variante 2 (bei 12,8 % Holzanteil)

λ_{WD}	[W/mK]	0,040	0,038	0,036	0,035	0,030	0,022
d_{WD}	[m]	0,26	0,24	0,23	0,22	0,19	0,14
U-Wert	[W/m²K]	0,099	0,101	0,100	0,101	0,101	0,100

U-Werte Variante 2 (bei 9,6 % Holzanteil)

λ_{WD}	[W/mK]	0,040	0,038	0,036	0,035	0,030	0,022
d_{WD}	[m]	0,25	0,23	0,22	0,22	0,19	0,14
U-Wert	[W/m²K]	0,100	0,102	0,101	0,100	0,099	0,099

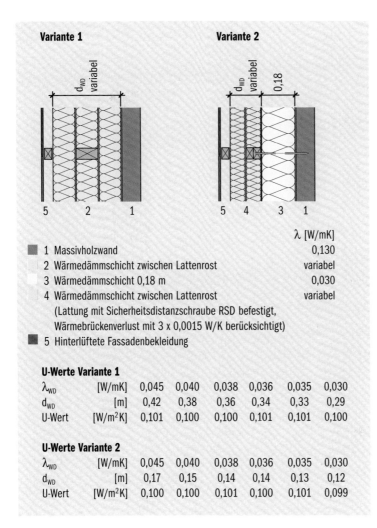

Abbildung 2.25: Aussenwand bei Massivholzbau in zwei Varianten, mit hinterlüfteter Fassadenbekleidung.
Variante 1 mit variabler Wärmedämmschicht zwischen kreuzweisem Holzrost, mit 5 % Holzanteil.
Variante 2 mit 0,18 m dicker Wärmedämmschicht und variabler Wärmedämmschicht zwischen kreuzweisem Holzrost, mit 5 % Holzanteil. Der Wärmebrückenverlust der Sicherheitsdistanzschrauben RSD (3 Stück pro m² Aussenwand) ist mit je 0,0015 W/K berücksichtigt.

		λ [W/mK]
1	Massivholzwand	0,130
2	Wärmedämmschicht zwischen Lattenrost	variabel
3	Wärmedämmschicht 0,18 m	0,030
4	Wärmedämmschicht zwischen Lattenrost	variabel
	(Lattung mit Sicherheitsdistanzschraube RSD befestigt, Wärmebrückenverlust mit 3 x 0,0015 W/K berücksichtigt)	
5	Hinterlüftete Fassadenbekleidung	

U-Werte Variante 1

λ_{WD}	[W/mK]	0,045	0,040	0,038	0,036	0,035	0,030
d_{WD}	[m]	0,42	0,38	0,36	0,34	0,33	0,29
U-Wert	[W/m²K]	0,101	0,100	0,100	0,101	0,101	0,100

U-Werte Variante 2

λ_{WD}	[W/mK]	0,045	0,040	0,038	0,036	0,035	0,030
d_{WD}	[m]	0,17	0,15	0,14	0,14	0,13	0,12
U-Wert	[W/m²K]	0,100	0,100	0,101	0,100	0,101	0,099

▮ Massivholzbau (Abbildungen 2.25 und 2.26) mit hinterlüfteter Fassadenbekleidung bei unterschiedlichen Befestigungssystemen und mit verputzter Aussenwärmedämmung.
▮ Massivbau mit hinterlüfteter Fassadenbekleidung (Abbildungen 2.27 bis 2.29) bei unterschiedlichen Mauerwerkskonstruktionen und Befestigungssystemen und mit verputzter Aussenwärmedämmung (Abbildung 2.30).

Abbildung 2.26: Aussenwand bei Massivholzbau in zwei Varianten. Variante 1 mit hinterlüfteter Fassadenbekleidung. Die variable Wärmedämmschicht wird einlagig verlegt, was wegen der Befestigung der Fassadenunterkonstruktion nur bis zu einer maximalen Dicke von 0,3 m möglich ist. Der Wärmebrückenverlust der Sicherheitsdistanzschrauben RSD (3 Stück pro m² Aussenwand) ist mit je 0,003 W/K berücksichtigt. Variante 2 mit verputzter, variabler Aussendämmung. Die mechanische Befestigung der Wärmedämmschicht (4 Stück pro m² Aussenwand) ist mit je 0,001 W/K berücksichtigt.

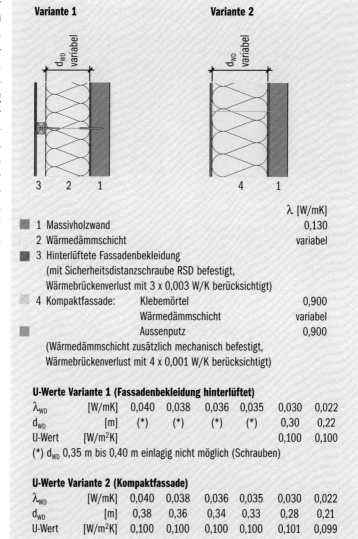

Variante 1   **Variante 2**

d_{WD} variabel

3   2   1   4   1

λ [W/mK]

1 Massivholzwand   0,130
2 Wärmedämmschicht   variabel
3 Hinterlüftete Fassadenbekleidung
   (mit Sicherheitsdistanzschraube RSD befestigt,
   Wärmebrückenverlust mit 3 x 0,003 W/K berücksichtigt)
4 Kompaktfassade: Klebemörtel   0,900
                          Wärmedämmschicht   variabel
                          Aussenputz   0,900
   (Wärmedämmschicht zusätzlich mechanisch befestigt,
   Wärmebrückenverlust mit 4 x 0,001 W/K berücksichtigt)

U-Werte Variante 1 (Fassadenbekleidung hinterlüftet)

λ_{WD}	[W/mK]	0,040	0,038	0,036	0,035	0,030	0,022
d_{WD}	[m]	(*)	(*)	(*)	(*)	0,30	0,22
U-Wert	[W/m²K]					0,100	0,100

(*) d_{WD} 0,35 m bis 0,40 m einlagig nicht möglich (Schrauben)

U-Werte Variante 2 (Kompaktfassade)

λ_{WD}	[W/mK]	0,040	0,038	0,036	0,035	0,030	0,022
d_{WD}	[m]	0,38	0,36	0,34	0,33	0,28	0,21
U-Wert	[W/m²K]	0,100	0,100	0,100	0,100	0,101	0,099

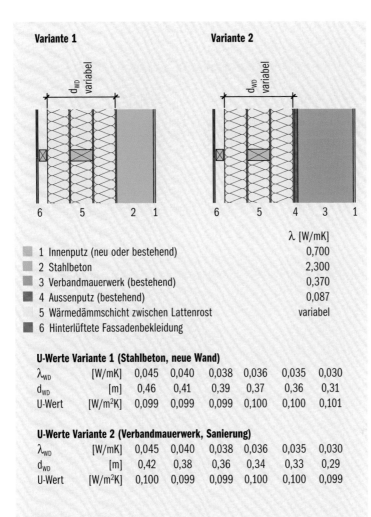

Variante 1

Variante 2

d_{WD} variabel

d_{WD} variabel

6   5   2   1

6   5   4   3   1

			λ [W/mK]
1	Innenputz (neu oder bestehend)		0,700
2	Stahlbeton		2,300
3	Verbandmauerwerk (bestehend)		0,370
4	Aussenputz (bestehend)		0,087
5	Wärmedämmschicht zwischen Lattenrost		variabel
6	Hinterlüftete Fassadenbekleidung		

U-Werte Variante 1 (Stahlbeton, neue Wand)

λ_{WD}	[W/mK]	0,045	0,040	0,038	0,036	0,035	0,030
d_{WD}	[m]	0,46	0,41	0,39	0,37	0,36	0,31
U-Wert	[W/m²K]	0,099	0,099	0,099	0,100	0,100	0,101

U-Werte Variante 2 (Verbandmauerwerk, Sanierung)

λ_{WD}	[W/mK]	0,045	0,040	0,038	0,036	0,035	0,030
d_{WD}	[m]	0,42	0,38	0,36	0,34	0,33	0,29
U-Wert	[W/m²K]	0,100	0,099	0,099	0,100	0,100	0,099

Abbildung 2.27: Aussenwand bei Massivbau in zwei Varianten, mit hinterlüfteter Fassadenbekleidung, bei variabler Wärmedämmschicht zwischen kreuzweisem Holzrost, mit 5 % Holzanteil.
Variante 1 bei 0,2 m dicker Stahlbetonwand, stellvertretend für Neubaulösungen auch mit Mauerwerken aus Kalksandstein, Backsteinen u. ä.
Variante 2 mit 0,3 m dickem Verbandmauerwerk, stellvertretend für Sanierungen von bestehenden Aussenwänden mit U-Werten um 1,0 W/m² K.

Abbildung 2.28: Aussenwand bei Massivbau in zwei Varianten, mit hinterlüfteter Fassadenbekleidung, 0,18 m dicker Wärmedämmschicht und variabler Wärmedämmschicht zwischen kreuzweisem Holzrost, mit 5 % Holzanteil. Der Wärmebrückenverlust der Sicherheitsdistanzschrauben RSD (3 Stück pro m² Aussenwand) ist variabel, je nach Tragwand und Überdämmung, berücksichtigt. Variante 1 bei 0,2 m dicker Stahlbetonwand, stellvertretend für Neubaulösungen auch mit Mauerwerken aus Kalksandstein, Backsteinen u. ä. Variante 2 mit 0,3 m dickem Verbandmauerwerk, stellvertretend für Sanierungen von bestehenden Aussenwänden, mit U-Werten um 1,0 W/m² K.

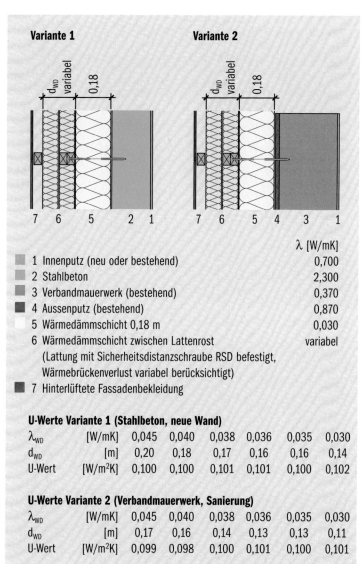

Variante 1   **Variante 2**

		λ [W/mK]
1	Innenputz (neu oder bestehend)	0,700
2	Stahlbeton	2,300
3	Verbandmauerwerk (bestehend)	0,370
4	Aussenputz (bestehend)	0,870
5	Wärmedämmschicht 0,18 m	0,030
6	Wärmedämmschicht zwischen Lattenrost	variabel
	(Lattung mit Sicherheitsdistanzschraube RSD befestigt, Wärmebrückenverlust variabel berücksichtigt)	
7	Hinterlüftete Fassadenbekleidung	

U-Werte Variante 1 (Stahlbeton, neue Wand)

λ_{WD}	[W/mK]	0,045	0,040	0,038	0,036	0,035	0,030
d_{WD}	[m]	0,20	0,18	0,17	0,16	0,16	0,14
U-Wert	[W/m²K]	0,100	0,100	0,101	0,101	0,100	0,102

U-Werte Variante 2 (Verbandmauerwerk, Sanierung)

λ_{WD}	[W/mK]	0,045	0,040	0,038	0,036	0,035	0,030
d_{WD}	[m]	0,17	0,16	0,14	0,13	0,13	0,11
U-Wert	[W/m²K]	0,099	0,098	0,100	0,101	0,100	0,101

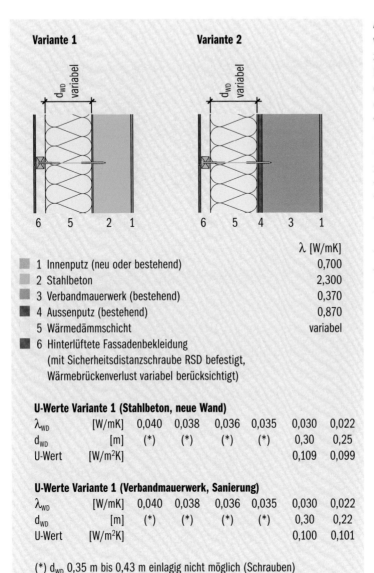

Variante 1

Variante 2

d_{WD} variabel

d_{WD} variabel

6	5		2	1

6	5	4	3	1

		λ [W/mK]
1	Innenputz (neu oder bestehend)	0,700
2	Stahlbeton	2,300
3	Verbandmauerwerk (bestehend)	0,370
4	Aussenputz (bestehend)	0,870
5	Wärmedämmschicht	variabel
6	Hinterlüftete Fassadenbekleidung (mit Sicherheitsdistanzschraube RSD befestigt, Wärmebrückenverlust variabel berücksichtigt)	

U-Werte Variante 1 (Stahlbeton, neue Wand)

λ_{WD}	[W/mK]	0,040	0,038	0,036	0,035	0,030	0,022
d_{WD}	[m]	(*)	(*)	(*)	(*)	0,30	0,25
U-Wert	[W/m²K]					0,109	0,099

U-Werte Variante 1 (Verbandmauerwerk, Sanierung)

λ_{WD}	[W/mK]	0,040	0,038	0,036	0,035	0,030	0,022
d_{WD}	[m]	(*)	(*)	(*)	(*)	0,30	0,22
U-Wert	[W/m²K]					0,100	0,101

(*) d_{WD} 0,35 m bis 0,43 m einlagig nicht möglich (Schrauben)

Abbildung 2.29: Aussenwand bei Massivbau in zwei Varianten, mit hinterlüfteter Fassadenbekleidung. Die variable Wärmedämmschicht wird einlagig verlegt, was wegen der Befestigung der Fassadenunterkonstruktion nur bis zu einer maximalen Dicke von 0,3 m möglich ist. Der Wärmebrückenverlust der Sicherheitsdistanzschrauben RSD (3 Stück pro m² Aussenwand) ist variabel, je nach Tragwand, berücksichtigt.

Variante 1 bei 0,2 m dicker Stahlbetonwand, stellvertretend für Neubaulösungen auch mit Mauerwerken aus Kalksandstein, Backsteinen u. ä.

Variante 2 mit 0,3 m dickem Verbandmauerwerk, stellvertretend für Sanierungen von bestehenden Aussenwänden, mit U-Werten um 1,0 W/m² K.

Abbildung 2.30: Aussenwand bei Massivbau in zwei Varianten, mit verputzter, variabler Aussendämmung. Variante 1 bei 0,2 m dicker Stahlbetonwand, stellvertretend für Neubaulösungen auch mit Mauerwerken aus Kalksandstein, Backsteinen u. ä. Variante 2 mit 0,3 m dickem Verbandmauerwerk, stellvertretend für Sanierungen von bestehenden Aussenwänden, mit U-Werten um 1,0 W/m² K.

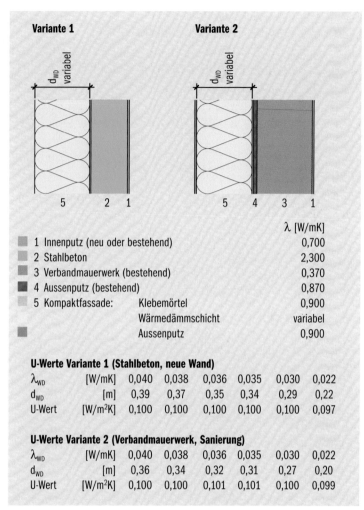

Variante 1 **Variante 2**

d_{WD} variabel

5 2 1	5 4 3 1

		λ [W/mK]
1	Innenputz (neu oder bestehend)	0,700
2	Stahlbeton	2,300
3	Verbandmauerwerk (bestehend)	0,370
4	Aussenputz (bestehend)	0,870
5	Kompaktfassade: Klebemörtel	0,900
	Wärmedämmschicht	variabel
	Aussenputz	0,900

U-Werte Variante 1 (Stahlbeton, neue Wand)

λ_{WD}	[W/mK]	0,040	0,038	0,036	0,035	0,030	0,022
d_{WD}	[m]	0,39	0,37	0,35	0,34	0,29	0,22
U-Wert	[W/m²K]	0,100	0,100	0,100	0,100	0,100	0,097

U-Werte Variante 2 (Verbandmauerwerk, Sanierung)

λ_{WD}	[W/mK]	0,040	0,038	0,036	0,035	0,030	0,022
d_{WD}	[m]	0,36	0,34	0,32	0,31	0,27	0,20
U-Wert	[W/m²K]	0,100	0,100	0,101	0,101	0,100	0,099

Wand gegen unbeheizte Räume

Bei Wänden gegen unbeheizte Räume gelten betreffend dem Wärmeschutz dieselben Überlegungen wie bei den Aussenwänden, wobei allenfalls etwas schlechtere U-Werte im Bereich von 0,2 $W/m^2 K$ bis 0,15 $W/m^2 K$ denkbar sind. Es kommen somit analoge Konstruktionssysteme in Frage, wobei z. B. die Fassadenbekleidungen entfallen und die Schichtdicken evtl. reduziert werden können.

Aussenwand gegen Erdreich

Für den tragenden Teil der Wand wird im Erdreich fast ausschliesslich Stahlbeton eingesetzt, der erdreichseitig mit einer Feuchtigkeitsschutzschicht ausgerüstet wird. Durch den Einbau von Sickerpackungen, Sickerplatten und Sickerleitungen wird eine funktionstüchtige äussere Entwässerung gewährleistet, womit das Entstehen von drückendem Wasser vermieden werden kann.
Das Konstruktions- bzw. Wärmedämmystem ergibt sich primär aus demjenigen der Aussenwand gegen Aussenluft und dem Bedürfnis, das Deckenauflager im Übergangsbereich der beiden Aussenwände (gegen Erdreich und gegen Aussenluft) möglichst wärmebrückenfrei zu lösen.
▌ Die Perimeterdämmung (Abbildung 2.31) ist das gebräuchlichste Konstruktionssystem für Aussenwände im Erdreich. Sowohl bei Holzsystembauten (Holzrahmenbau oder Massivholzbau) und insbesondere bei Massivbauten mit Aussenwärmedämmung (verputzt oder mit hinterlüfteter Bekleidung) wird der Wärmeschutz mit der Perimeterdämmung lückenlos gewährleistet.
▌ Wenn für die Aussenwand über Terrain ein Zweischalenmauerwerk in Frage kommt, wird wohl auch für die Aussenwand gegen Erdreich nur eine zweischalige Konstruktion Sinn machen (Abbildung 2.32, Variante 1) und wenn als statisch tragende Bauteile im Untergeschoss Stützen verwendet werden, lässt sich das Deckenauflager auch mit einer Innenwärmedämmung (Abbildung 2.32, Variante 2) wärmebrückenfrei lösen.

Abbildung 2.31: Aussenwand gegen Erdreich mit Perimeterdämmung. Variabel sind die Wärmeleitfähigkeiten des Wärmedämmstoffes und die Tiefe z der Wand im Erdreich. Je grösser der Faktor z wird, desto weniger dick muss die Wärmedämmschicht gewählt werden, um einen U-Wert U_{GW} von 0,1 W/m² K zu erreichen.

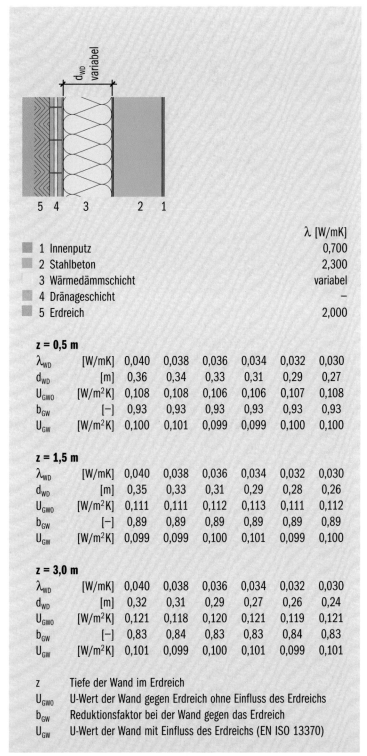

		λ [W/mK]
1	Innenputz	0,700
2	Stahlbeton	2,300
3	Wärmedämmschicht	variabel
4	Dränageschicht	–
5	Erdreich	2,000

z = 0,5 m

λ_{WD}	[W/mK]	0,040	0,038	0,036	0,034	0,032	0,030
d_{WD}	[m]	0,36	0,34	0,33	0,31	0,29	0,27
U_{GWO}	[W/m²K]	0,108	0,108	0,106	0,106	0,107	0,108
b_{GW}	[–]	0,93	0,93	0,93	0,93	0,93	0,93
U_{GW}	[W/m²K]	0,100	0,101	0,099	0,099	0,100	0,100

z = 1,5 m

λ_{WD}	[W/mK]	0,040	0,038	0,036	0,034	0,032	0,030
d_{WD}	[m]	0,35	0,33	0,31	0,29	0,28	0,26
U_{GWO}	[W/m²K]	0,111	0,111	0,112	0,113	0,111	0,112
b_{GW}	[–]	0,89	0,89	0,89	0,89	0,89	0,89
U_{GW}	[W/m²K]	0,099	0,099	0,100	0,101	0,099	0,100

z = 3,0 m

λ_{WD}	[W/mK]	0,040	0,038	0,036	0,034	0,032	0,030
d_{WD}	[m]	0,32	0,31	0,29	0,27	0,26	0,24
U_{GWO}	[W/m²K]	0,121	0,118	0,120	0,121	0,119	0,121
b_{GW}	[–]	0,83	0,84	0,83	0,83	0,84	0,83
U_{GW}	[W/m²K]	0,101	0,099	0,100	0,101	0,099	0,101

z	Tiefe der Wand im Erdreich
U_{GWO}	U-Wert der Wand gegen Erdreich ohne Einfluss des Erdreichs
b_{GW}	Reduktionsfaktor bei der Wand gegen das Erdreich
U_{GW}	U-Wert der Wand mit Einfluss des Erdreichs (EN ISO 13370)

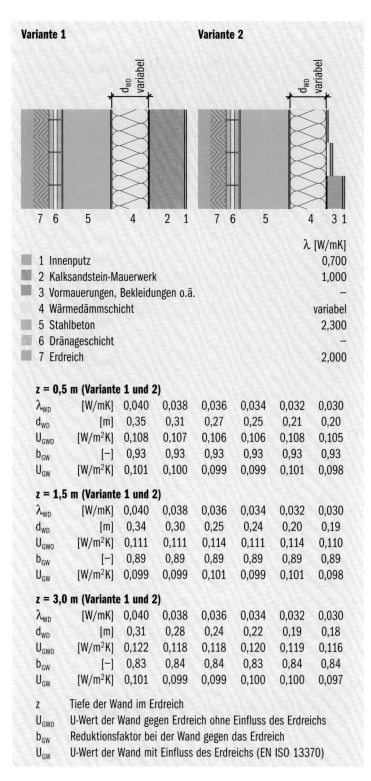

Abbildung 2.32: Aussenwand gegen Erdreich, als Zweischalenmauerwerk (Variante 1) oder mit Innenwärmedämmung (Variante 2) ausgeführt. Die U-Werte differieren kaum in Abhängigkeit der inneren Trag- bzw. Verkleideschalen. Entscheidend für das Erreichen eines U-Wertes U_{GW} von 0,1 W/m²K sind die Wärmeleitfähigkeiten des Wärmedämmstoffes und die Tiefe z der Wand im Erdreich.

Variante 1 **Variante 2**

			λ [W/mK]
1	Innenputz		0,700
2	Kalksandstein-Mauerwerk		1,000
3	Vormauerungen, Bekleidungen o.ä.		–
4	Wärmedämmschicht		variabel
5	Stahlbeton		2,300
6	Dränageschicht		–
7	Erdreich		2,000

z = 0,5 m (Variante 1 und 2)

λ_{WD}	[W/mK]	0,040	0,038	0,036	0,034	0,032	0,030
d_{WD}	[m]	0,35	0,31	0,27	0,25	0,21	0,20
U_{GWO}	[W/m²K]	0,108	0,107	0,106	0,106	0,108	0,105
b_{GW}	[–]	0,93	0,93	0,93	0,93	0,93	0,93
U_{GW}	[W/m²K]	0,101	0,100	0,099	0,099	0,101	0,098

z = 1,5 m (Variante 1 und 2)

λ_{WD}	[W/mK]	0,040	0,038	0,036	0,034	0,032	0,030
d_{WD}	[m]	0,34	0,30	0,25	0,24	0,20	0,19
U_{GWO}	[W/m²K]	0,111	0,111	0,114	0,111	0,114	0,110
b_{GW}	[–]	0,89	0,89	0,89	0,89	0,89	0,89
U_{GW}	[W/m²K]	0,099	0,099	0,101	0,099	0,101	0,098

z = 3,0 m (Variante 1 und 2)

λ_{WD}	[W/mK]	0,040	0,038	0,036	0,034	0,032	0,030
d_{WD}	[m]	0,31	0,28	0,24	0,22	0,19	0,18
U_{GWO}	[W/m²K]	0,122	0,118	0,118	0,120	0,119	0,116
b_{GW}	[–]	0,83	0,84	0,84	0,83	0,84	0,84
U_{GW}	[W/m²K]	0,101	0,099	0,099	0,100	0,100	0,097

z   Tiefe der Wand im Erdreich
U_{GWO} U-Wert der Wand gegen Erdreich ohne Einfluss des Erdreichs
b_{GW} Reduktionsfaktor bei der Wand gegen das Erdreich
U_{GW} U-Wert der Wand mit Einfluss des Erdreichs (EN ISO 13370)

Boden über Erdreich

Der Boden über Erdreich besteht primär aus der Betonplatte, welche oft auch die Funktion des Fundamentes übernimmt. Auf dieser Bodenplatte stehen die tragenden Aussen- und Innenwände oder auch Stützen. Im Kontext dieses Sachverhaltes gilt es, eine möglichst optimale Lösung für die Anordnung der Wärmedämmschicht(en) zu finden, wobei die Relevanz dieses Entscheides um so gravierender ist (Wärmebrückenwirkung), je weniger tief sich das Gebäude im Erdreich befindet (Faktor z). Es gilt also abzuwägen, ob die Wärmedämmschicht über oder unter der Bodenplatte verlegt wird oder ob sowohl unter als auch über der Bodenplatte eine Wärmeämmschicht sinnvoll ist.

∎ Auf Wärmedämmschichten über der Bodenplatte wird eher in Ausnahmefällen verzichtet werden können, z. B. bei befahrbaren bzw. hochbelasteten Böden (Abbildung 2.33). Mit der Wärmedämmschicht unter der Bodenplatte kann lückenlos an die Perimeterdämmung der Aussenwand angeschlossen werden, was eine wärmebrückenfreie Lösung ergibt. Als Wärmedämmstoffe eignen sich feuchteunempfindliche und druckfeste Platten aus Schaumglas oder extrudiertem Polystyrolhartschaum XPS oder verdichtete Schüttungen aus Schaumglasschotter.

∎ Wenn der Trittschallschutz, Bodenheizungen, freie Wahl von Bodenbelägen u. ä. eine Rolle spielen, wird in jedem Fall ein Teil der Dämmschicht über der Bodenplatte anzuordnen sein. Mit der Kombination aus Wärme- und Trittschalldämmschichten über und unter der Bodenplatte (Abbildung 2.34) können in der Regel alle Anforderungen befriedigt werden und es entstehen auch wärmebrückenfreie Bauteilübergänge.

∎ Das Verlegen sämtlicher Wärme- und Trittschalldämmschichten über der Bodenplatte (Abbildung 2.35) kann dann Sinn machen, wenn bei der Aussenwand gegen das Erdreich eine Innenwärmedämmung angebracht wird und so dieser Bauteilübergang wärmebrückenfrei gelöst werden kann. Bei Anschlüssen an Aussenwände mit Perimeterdämmung resultieren eher hohe Wärmebrückenverluste und auch bei Innenwänden, welche die Wärmedämmschicht durchdringen (Mauerwerke evtl. auf dämmendes, tragendes Element stellen) ist der Wärmebrückeneinfluss gross.

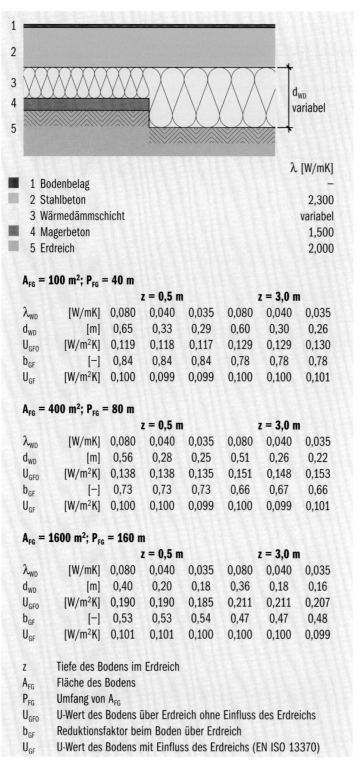

	λ [W/mK]
1 Bodenbelag	–
2 Stahlbeton	2,300
3 Wärmedämmschicht	variabel
4 Magerbeton	1,500
5 Erdreich	2,000

A_{FG} = 100 m²; P_{FG} = 40 m

		z = 0,5 m			z = 3,0 m		
λ_{WD}	[W/mK]	0,080	0,040	0,035	0,080	0,040	0,035
d_{WD}	[m]	0,65	0,33	0,29	0,60	0,30	0,26
U_{GFO}	[W/m²K]	0,119	0,118	0,117	0,129	0,129	0,130
b_{GF}	[–]	0,84	0,84	0,84	0,78	0,78	0,78
U_{GF}	[W/m²K]	0,100	0,099	0,099	0,100	0,100	0,101

A_{FG} = 400 m²; P_{FG} = 80 m

		z = 0,5 m			z = 3,0 m		
λ_{WD}	[W/mK]	0,080	0,040	0,035	0,080	0,040	0,035
d_{WD}	[m]	0,56	0,28	0,25	0,51	0,26	0,22
U_{GFO}	[W/m²K]	0,138	0,138	0,135	0,151	0,148	0,153
b_{GF}	[–]	0,73	0,73	0,73	0,66	0,67	0,66
U_{GF}	[W/m²K]	0,100	0,100	0,099	0,100	0,099	0,101

A_{FG} = 1600 m²; P_{FG} = 160 m

		z = 0,5 m			z = 3,0 m		
λ_{WD}	[W/mK]	0,080	0,040	0,035	0,080	0,040	0,035
d_{WD}	[m]	0,40	0,20	0,18	0,36	0,18	0,16
U_{GFO}	[W/m²K]	0,190	0,190	0,185	0,211	0,211	0,207
b_{GF}	[–]	0,53	0,53	0,54	0,47	0,47	0,48
U_{GF}	[W/m²K]	0,101	0,101	0,100	0,100	0,100	0,099

z	Tiefe des Bodens im Erdreich
A_{FG}	Fläche des Bodens
P_{FG}	Umfang von A_{FG}
U_{GFO}	U-Wert des Bodens über Erdreich ohne Einfluss des Erdreichs
b_{GF}	Reduktionsfaktor beim Boden über Erdreich
U_{GF}	U-Wert des Bodens mit Einfluss des Erdreichs (EN ISO 13370)

Abbildung 2.33: Boden über Erdreich mit Wärmedämmschicht unter der Bodenplatte. Interessant ist dieser Konstruktionsaufbau z. B. dann, wenn der Boden befahren werden muss. Als Wärmedämmstoffe eignen sich feuchteunempfindliche und druckfeste Platten aus Schaumglas oder extrudiertem Polystyrolhartschaum XPS oder verdichtete Schüttungen aus Schaumglasschotter. Je grösser die Bodenfläche (A_{FG}) und je tiefer diese sich im Erdreich befindet (Faktor z), desto weniger dick muss die Wärmedämmschicht gewählt werden, um einen U-Wert U_{GF} von 0,1 W/m² K zu erreichen.

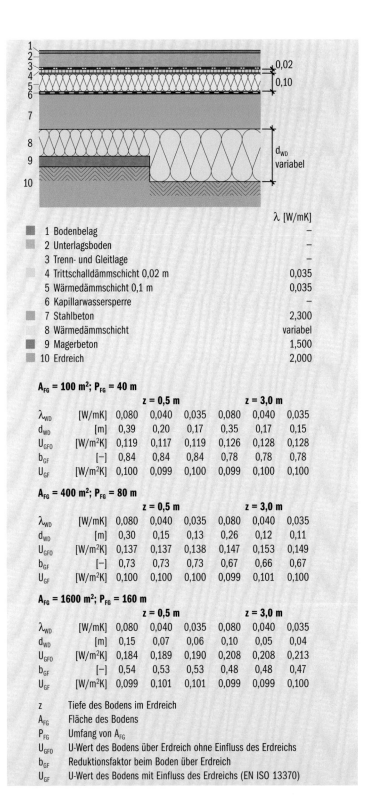

Abbildung 2.34: Boden über Erdreich mit Wärmedämmschicht unter und über der Bodenplatte. Anmerkung: U-Werte gültig bei Flächenheizung (ohne inneren Wärmeübergang).

λ [W/mK]

		λ [W/mK]
1	Bodenbelag	–
2	Unterlagsboden	–
3	Trenn- und Gleitlage	–
4	Trittschalldämmschicht 0,02 m	0,035
5	Wärmedämmschicht 0,1 m	0,035
6	Kapillarwassersperre	–
7	Stahlbeton	2,300
8	Wärmedämmschicht	variabel
9	Magerbeton	1,500
10	Erdreich	2,000

$A_{FG} = 100\ m^2$; $P_{FG} = 40\ m$

		z = 0,5 m			z = 3,0 m		
λ_{WD}	[W/mK]	0,080	0,040	0,035	0,080	0,040	0,035
d_{WD}	[m]	0,39	0,20	0,17	0,35	0,17	0,15
U_{GFO}	[W/m²K]	0,119	0,117	0,119	0,126	0,128	0,128
b_{GF}	[–]	0,84	0,84	0,84	0,78	0,78	0,78
U_{GF}	[W/m²K]	0,100	0,099	0,100	0,099	0,100	0,100

$A_{FG} = 400\ m^2$; $P_{FG} = 80\ m$

		z = 0,5 m			z = 3,0 m		
λ_{WD}	[W/mK]	0,080	0,040	0,035	0,080	0,040	0,035
d_{WD}	[m]	0,30	0,15	0,13	0,26	0,12	0,11
U_{GFO}	[W/m²K]	0,137	0,137	0,138	0,147	0,153	0,149
b_{GF}	[–]	0,73	0,73	0,73	0,67	0,66	0,67
U_{GF}	[W/m²K]	0,100	0,100	0,100	0,099	0,101	0,100

$A_{FG} = 1600\ m^2$; $P_{FG} = 160\ m$

		z = 0,5 m			z = 3,0 m		
λ_{WD}	[W/mK]	0,080	0,040	0,035	0,080	0,040	0,035
d_{WD}	[m]	0,15	0,07	0,06	0,10	0,05	0,04
U_{GFO}	[W/m²K]	0,184	0,189	0,190	0,208	0,208	0,213
b_{GF}	[–]	0,54	0,53	0,53	0,48	0,48	0,47
U_{GF}	[W/m²K]	0,099	0,101	0,101	0,099	0,099	0,100

z	Tiefe des Bodens im Erdreich
A_{FG}	Fläche des Bodens
P_{FG}	Umfang von A_{FG}
U_{GFO}	U-Wert des Bodens über Erdreich ohne Einfluss des Erdreichs
b_{GF}	Reduktionsfaktor beim Boden über Erdreich
U_{GF}	U-Wert des Bodens mit Einfluss des Erdreichs (EN ISO 13370)

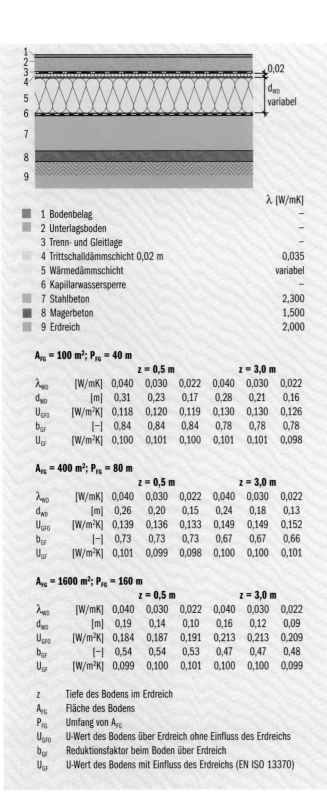

Abbildung 2.35: Boden über Erdreich mit Wärme- und Trittschalldämmschicht über der Bodenplatte. Anmerkung: U-Werte gültig bei Flächenheizung (ohne inneren Wärmeübergang).

		λ [W/mK]
	1 Bodenbelag	–
	2 Unterlagsboden	–
	3 Trenn- und Gleitlage	–
	4 Trittschalldämmschicht 0,02 m	0,035
	5 Wärmedämmschicht	variabel
	6 Kapillarwassersperre	–
	7 Stahlbeton	2,300
	8 Magerbeton	1,500
	9 Erdreich	2,000

A_{FG} = 100 m²; P_{FG} = 40 m

		z = 0,5 m			z = 3,0 m		
λ_{WD}	[W/mK]	0,040	0,030	0,022	0,040	0,030	0,022
d_{WD}	[m]	0,31	0,23	0,17	0,28	0,21	0,16
U_{GFO}	[W/m²K]	0,118	0,120	0,119	0,130	0,130	0,126
b_{GF}	[–]	0,84	0,84	0,84	0,78	0,78	0,78
U_{GF}	[W/m²K]	0,100	0,101	0,100	0,101	0,101	0,098

A_{FG} = 400 m²; P_{FG} = 80 m

		z = 0,5 m			z = 3,0 m		
λ_{WD}	[W/mK]	0,040	0,030	0,022	0,040	0,030	0,022
d_{WD}	[m]	0,26	0,20	0,15	0,24	0,18	0,13
U_{GFO}	[W/m²K]	0,139	0,136	0,133	0,149	0,149	0,152
b_{GF}	[–]	0,73	0,73	0,73	0,67	0,67	0,66
U_{GF}	[W/m²K]	0,101	0,099	0,098	0,100	0,100	0,101

A_{FG} = 1600 m²; P_{FG} = 160 m

		z = 0,5 m			z = 3,0 m		
λ_{WD}	[W/mK]	0,040	0,030	0,022	0,040	0,030	0,022
d_{WD}	[m]	0,19	0,14	0,10	0,16	0,12	0,09
U_{GFO}	[W/m²K]	0,184	0,187	0,191	0,213	0,213	0,209
b_{GF}	[–]	0,54	0,54	0,53	0,47	0,47	0,48
U_{GF}	[W/m²K]	0,099	0,100	0,101	0,100	0,100	0,099

z	Tiefe des Bodens im Erdreich
A_{FG}	Fläche des Bodens
P_{FG}	Umfang von A_{FG}
U_{GFO}	U-Wert des Bodens über Erdreich ohne Einfluss des Erdreichs
b_{GF}	Reduktionsfaktor beim Boden über Erdreich
U_{GF}	U-Wert des Bodens mit Einfluss des Erdreichs (EN ISO 13370)

2.3 Transparente Bauteile von Minergie-P-Bauten

Das Fenster beeinflusst die Energiebilanz und letztlich den Energieverbrauch eines Gebäudes wesentlich und wirft speziell bei Minergie-P-Bauten einige Fragen bezüglich Planung, Evaluation und Ausschreibung von geeigneten Fenstern auf.

Einflüsse des Fensters auf Energiebilanz und Energieverbrauch

Energieverlust durch Transmission bei Fenster

▌ Rahmenkonstruktion (äussere Projektionsfläche im Mauerlicht, U-Wert U_f)

▌ Verglasung (Glasfläche, U-Wert U_g; Abwicklung Glasrandverbund, Wärmebrückenverlust Ψ_g)

Energieverlust durch Transmission bei Wärmebrücke aufgrund des Fenstereinbaus

▌ Geometrische (Lage des Fensters in der Aussenwand) und materialtechnische Einflüsse (wärmeleitende Schichten, insbesondere Alu-Profile) beim Fenstereinbau (Wärmebrückenverlust Ψ_E)

Energiegewinn durch Sonneneinstrahlung

▌ Glasfläche, Gesamtenergiedurchlassgrad g, Orientierung und Globalstrahlung

▌ Verschattung F_S durch Horizont, Überhang und Seitenblende

▌ Ausnutzungsgrad für Wärmegewinne η_g (Speichermasse, Regulierung der Heizung)

Lüftungswärmeverluste

▌ Luftdichtigkeit der Fenster (Fälze, Einbau Verglasung)

▌ Luftdichtigkeit beim Einbau (Anschluss Wand/Fenster)

▌ Fensterlüftung, beeinflusst durch den Nutzer

Die Planer müssen also ein Fenster evaluieren und ausschreiben, das alle die erwähnten energetischen Gesichtspunkte möglichst optimal berücksichtigt. Es reicht nicht, wenn nur das Glas und das Rahmenmaterial spezifiziert wird und der Planer dann eine Vielzahl von Lösungen offeriert bekommt. Es muss ein klar definiertes Fenster ausgeschrieben werden, das zu der ihm zugedachten Energiebilanz führt (bei Südorientierung in der Regel zu Energiegewinnen, über die Heizperiode betrachtet). Oder anders formuliert:

▌ Das evaluierte Fenster bildet die «unveränderbare Randbedingung» bei der Berechnung des Heizwärmebedarfs; dies unter Berücksichtigung, dass die Fenster, deren Grösse, Anordnung und Orientierung bereits optimiert sind.

▌ Die opaken Bauteile können dann durch die Dicke der Wärmedämmschicht und die Art des Wärmedämmstoffes (deklarierte

Wärmeleitfähigkeit λ_D) soweit optimiert werden, dass die gestellte Anforderung an den Heizwärmebedarf (in % von $Q_{h,li}$) erreicht wird.

▮ Bei einem beliebigen Fenster kann einzig davon ausgegangen werden, dass das ausgeschriebene Glas den gemeinsamen Nenner bilden wird. Insbesondere der Rahmen (äussere Projektionsfläche, U-Wert U_f), der Wärmebrückenverlust beim Einbau und die Energiegewinne durch Sonneneinstrahlung (Glasfläche bzw. Glasanteil an der Fensterfläche) werden zu grossen Unterschieden bei der Energiebilanz führen.

Für Minergie-P geeignete Fenster

Für den Planer und die Bauherrschaften stellt sich die Frage, welche Fenster für Minergie-P-Bauten geeignet sind. Braucht es für Minergie-P-Bauten zum Beispiel zwingend passivhauszertifizierte Fenster? Oder reicht bereits ein «normales» Fenster, wenn es mit einem guten Glas geliefert wird?

Wenn vorgesehen ist, passivhauszertifizierte Fenster einzubauen, hat der Planer die Sicherheit, dass mindestens folgende Kennwerte erreicht sind:

▮ Bei einem kleinen, einflügligen Fenster von 1,23 m auf 1,48 m wird bei einer Standardverglasung mit $U_g = 0{,}7$ W/m² K ein U-Wert U_w von ≤ 0,8 W/m² K erreicht.

▮ Unter Berücksichtigung des Wärmebrückenverlustes beim Fenstereinbau wird ein U-Wert $U_{w,E} \leq 0{,}85$ W/m² K erreicht. Passivhauszertifizierte Fenster verfügen über eher dicke Rahmen aus Verbundwerkstoffen (Sandwichkonstruktionen) oder ausgeschäumten Kunststoffprofilen, die sehr gute U-Werte (U_f etwa 0,7 bis 0,8 W/m² K) aufweisen. Der Rahmenanteil ist jedoch erfahrungsgemäss eher hoch und der Glasanteil wird dadurch entsprechend kleiner. Wenn sich die Planer für ein solches Fenster entscheiden, können sie bereits den Heizwärmebedarf rechnerisch optimieren und dabei einen U_w-Wert von 0,8 W/m² K bzw. einen $U_{w,E}$-Wert von 0,85 W/m² K berücksichtigen. Sie haben dann die Gewissheit, dass die effektiven Fenster eher noch bessere U-Werte aufweisen werden, weil die objektspezifischen Fenster ja sicherlich eher grösser sein werden als das Normmass der Passivhausfenster mit 1,23 m auf 1,48 m.

Betreffend der üblichen Fenster sind allgemein gültige Aussagen unmöglich, es gelten aber folgende Tendenzen:

▮ Bei einem Minergie-zertifizierten, zweiflügligen Fenster von 1,55 m auf 1,15 m wird bei einer Standardverglasung mit $U_g =$

0,7 W/m²K ein U-Wert U_w von ≤ 1,0 W/m²K erreicht. Dies ist bereits mit Rahmen-U-Werten U_f um 1,3 W/m²K möglich.

∎ Durch Reduktion der Rahmenanteile können auch mit üblichen Fenstern U-Werte U_w um 0,8 W/m²K erreicht werden, wie sie für Minergie–P in etwa erforderlich sind. Einfluss auf den Rahmenanteil hat einerseits der Fensterbauer mit seinen Systemen und andererseits der Planer, indem er möglichst grosse Fenster ohne unnötige Unterteilungen plant. Die Tendenz geht hin zu Fensterkonstruktionen, die es zulassen, dass der Rahmen fast vollständig überdämmt wird. In der äusseren Projektion bleiben fast nur noch Mittelpartien und untere Rahmen sichtbar.

∎ Mit innovativen «normalen Fenstern» besteht bereits die Möglichkeit, über die Energiebilanz betrachtet, bessere Fenster zu bauen, als es die meisten Passivhausfenster sind; und dies zu Kosten, die mit herkömmlichen Holz-Metall-Fenstern vergleichbar sind, wenn dieselbe Verglasung berücksichtigt wird.

Fensterkonstruktionen im Vergleich

Im folgenden werden Fenster betreffend Rahmen-U-Wert, Fenster-U-Wert bei unterschiedlichen Fenstergrössen und Gläsern, Wärmebrückenverlust beim Einbau und Energiebilanz miteinander verglichen. Durch analoge Randbedingungen bei den Berechnungen lassen sich die Fenster objektiv miteinander vergleichen:

∎ Betreffend Eignung für Minergie-P-Bauten (mit U-Werten und Energiebilanz bei 3-fach-Isolierglas mit U_g = 0,5 W/m²K, Ψ_g = 0,05 W/mK, g = 0,54) für den Klimastandort Zürich SMA (repräsentativ für Schweizer Mittelland).

∎ Betreffend das Erreichen der Einzelbauteilanforderungen aus Norm SIA 380/1 (Ausgabe 2007) mit unterschiedlichen U-Werten für die Isoliergläser von 1,2 bis 0,5 W/m²K.

Berechnung der Rahmen-U-Werte U_f

Für die drei Rahmenpartien seitlich/oben, unten und die Mittelpartie sind die U-Werte mittels Wärmebrückenberechnung ermittelt worden. Für die Berechnung von Fenster-U-Werten wird ein mittlerer Rahmen-U-Wert U_f gebildet, der sich auf die Geometrie des zweiflügligen Minergie-Fensters von 1,75 m auf 1,30 m bezieht (Abbildung 2.36).

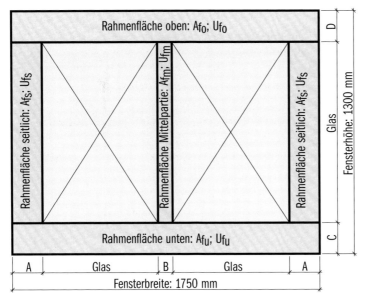

Abbildung 2.36: Masse und Verlustflächen am Fenster sowie Formel für die Berechnung des Rahmen-U-Wertes U_f

Rahmenflächen

Rahmenfläche seitlich	$A_{f_s} =$	$2 \cdot (1{,}3 - C - D) \cdot A$ [m²]
Rahmenfläche Mittelpartie	$A_{f_m} =$	$(1{,}3 - C - D) \cdot B$ [m²]
Rahmenfläche unten	$A_{f_u} =$	$1{,}75 \cdot C$ [m²]
Rahmenfläche oben	$A_{f_o} =$	$1{,}75 \cdot D$ [m²]

Mittlerer U-Wert über die Rahmenfläche

$$U_f = \frac{A_{f_u} \cdot U_{f_u} + A_{f_o} \cdot U_{f_o} + A_{f_m} \cdot U_{f_m} + A_{f_s} \cdot U_{f_s}}{A_f} \ [W/m^2K]$$

Berechnung der Fenster-U-Werte U_w bzw. $U_{w,E}$

Der U-Wert des zweiflügligen Fensters wird für zwei verschiedene Fenstergrössen ermittelt:

▌ Minergie- bzw. Standard-Fenster von 1,55 m auf 1,15 m
▌ grössere Fensterfront von 4,50 m auf 2,50 m,

beide Varianten ohne Berücksichtigung der Wärmebrücke Ψ_E beim Einbau (U_w) bzw. mit Berücksichtigung derselben ($U_{w,E}$), wobei über den gesamten Umfang des eingebauten Fensters der Wärmebrückenverlust beim seitlichen Anschlag in die Referenzaussenwand berücksichtigt wird (Abbildungen 2.37 und 2.38). In der Praxis sind je nach konstruktiver Ausbildung beim Sturz und bei der Brüstung die effektiv vorhandenen Wärmebrückenverluste zu berücksichtigen.

Für die Berechnung der U-Werte U_w der «Minergie-P-Fenster» ist eine 3-fach-Isolierverglasung mit $U_g = 0{,}5$ W/m² K und $\Psi_g = 0{,}05$ W/mK (Randverbund aus Edelstahl) berücksichtigt.

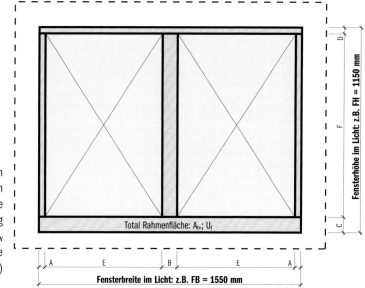

Abbildung 2.37: Flächen und Abwicklungen am eingebauten Fenster sowie Formeln für die Berechnung der Fenster-U-Werte U_W und $U_{W,E}$ (mit Wärmebrücke Einbau Ψ_E)

U-Wert über das eingebaute Fenster

$$U_W = \frac{A_{f*} \cdot U_f + A_g \cdot U_g + l_g \cdot \Psi_g}{A_W} \ [W/m^2K]$$

U-Wert über das eingebaute Fenster (mit ψ_E)

$$U_{W,E} = \frac{A_{f*} \cdot U_f + A_g \cdot U_g + l_g \cdot \Psi_g + l_E \cdot \Psi_E}{A_W} \ [W/m^2K]$$

Flächen und Abwicklungen		
Fensterfläche	$A_W =$	$FB \cdot FH \ [m^2]$
Glasfläche	$A_g =$	$2 \cdot E \cdot F \ [m^2]$
Glasrandverbund	$l_g =$	$(4 \cdot E) + (4 \cdot F) \ [m^1]$
Rahmenfläche im Mauerlicht	$A_{f*} =$	$A_W - A_g \ [m^2]$
Perimeter Fenstereinbau	$l_E =$	$2 \cdot (FB + FH) \ [m^1]$

Berechnung der Energiebilanz

Den wichtigsten Wert hinsichtlich Beurteilung der Energieeffizienz liefert die Bilanz aus Transmissionswärmeverlust minus die nutzbaren Sonnenenergiegewinne (Kennwerte gemäss Abbildung 2.39). Es wurde ein Energiedurchlassgrad (g-Wert) von 54 % berücksichtigt (Anmerkung: 3-fach-Isoliergläser in Standardausführung weisen nur g-Werte um etwa 48 % auf, es ist mit Mehrkosten für ein «Solarglas» zu rechnen); als Klimastation wurde Zürich SMA gewählt, die Verschattung F_S ist mit 0,8 und der Ausnutzungsgrad für Wärmegewinne η_g mit 0,6 berücksichtigt.

Wärmebrückenverlust beim Einbau

Für einen objektiven Vergleich wurde ein Referenzdetail für den seitlichen Fensteranschlag gewählt (Abbildung 2.38). Der so ermittelte Wärmebrückenverlust Ψ_E wird bei der Berechnung der Fenster-U-Werte $U_{w,E}$ und der Energiebilanz auch für die Brüstung und den Sturz (gesamter Fensterumfang) berücksichtigt. In der Praxis sind selbstverständlich die objektspezifischen Wärmebrückenverluste zu ermitteln; insbesondere beim oberen Anschluss können Sturznischen und Rahmenverbreiterungen zu erheblichen Wärmeverlusten führen.

Kennwerte der geprüften Fenster

Es wurden insgesamt 12 Fenster von 6 Anbietern geprüft, die wichtigsten Kennwerte sind in Abbildung 2.40 zusammengefasst. Auf den Seiten 92 bis 119 sind die detaillierten Ergebnisse der rechnerisch überprüften Fenster zu finden.

Es zeigt sich, dass bei der Beurteilung der Fenster über die Energiebilanz gegen Süden, unter Berücksichtigung des Fenster U-Wertes $U_{w,E}$, diejenigen Fenster bevorteilt werden, die einen maximalen Glasanteil aufweisen (schmale Rahmenpartien in der äusseren Projektionsfläche des Fensters) und zu einem kleinstmöglichen Wärmebrückenverlust Ψ_E beim Einbau führen. Betreffend Eignung des Fensters für Minergie-P-Häuser macht der Vergleich in Spalte «E-Bilanz Süd» (Abbildung 2.40) wohl am meisten Sinn.

U-Wert	U_g	0,50	[W/m²K]
Glasrand Edelstahl	Ψ_g	0,05	[W/mK]
Energiedurchlassgrad	g	0,54	[–]
Klimakennwerte Klimastation Zürich SMA			
Heizgradtage	HGT	3717	[Kd/a]
Globalstrahlung Süd	G_S	1710	[MJ/m²a]
Globalstrahlung West	G_W	1016	[MJ/m²a]
Globalstrahlung Ost	G_E	965	[MJ/m²a]
Globalstrahlung Nord	G_N	474	[MJ/m²a]
Verschattungsfaktor	F_S	0,8	[–]
Ausnutzungsgrad Wärmegewinne	η_g	0,6	[–]

Abbildung 2.39: Kennwerte für die Energiebilanz beim Fenster

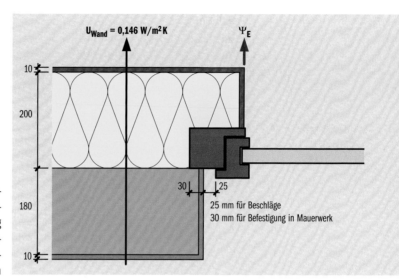

Abbildung 2.38: Referenz-
detail und Randbedin-
gungen für die Berechnung
des Wärmeverlustkoeffizi-
enten Ψ_E beim Fenstereinbau

Hersteller, Fenstertypen	Rahmen U-Wert U_f [W/m²K]	Fenster zweiflüglig 1,55 m/1,15 m		
		U-Werte U_w, $U_{w,E}$ [W/m²K]		E-Bilanz Süd [kWh/m²a] (*1)
		U_w	$U_{w,E}$	
1a hunkeler				
Optiwin	0,699	0,738	0,877	−3,4
Top-Win Plus	1,244	0,807	0,958	−9,5
Top-Win Trend	1,383	0,808	1,099	0,4
Dörig Fenster Service AG				
imago	1,047	0,776	0,910	−14,4
Ego Kiefer AG				
Kunststoff-Fenster XL	1,101	0,793	0,950	−8,5
Eschbal Alutechnik AG				
Sirius D	1,114	0,798	1,069	2,5
Sirius D Plus	0,975	0,775	1,011	−2,6
Sirius H2	1,194	0,807	1,007	−3,7
Gruppe Vision-3000				
Vision-3000 Holz T2	1,064	0,790	0,978	−5,4
Vision-3000 HM T2	1,157	0,805	1,105	5,9
Vision-3000 HM/Holz T2	1,149	0,805	1,050	1,1
A. + E. Wenger AG				
Eiger Isolar	0,904	0,758	0,885	−16,1

Materialien	λ [W/mK]
Maske (Glasersatz)	0,035
Fensterkonstruktion variabel	–
Innenputz	0,700
Kalksandsteinmauerwerk	1,000
Aussenwärmedämmung	0,031
Aussenputz	0,900

Randbedingungen	θ [°C]	h [m²K/W]
Aussen Standard	−10,0	25,0
Innen Standard	20,0	7,7
Innen Fensterrahmen Standard	20,0	5,0
Innen Fensterrahmen Reduziert	20,0	7,7

Fenster zweiflüglig 4,50 m/2,50 m			Wärmebrücken-verlust Einbau
U-Werte U_W, $U_{W,E}$ [W/m²K]		E-Bilanz Süd [kWh/m²a] (*1)	Ψ_E [W/mK]
U_W	$U_{W,E}$		
0,602	0,659	−39,8	0,046
0,626	0,688	−43,0	0,050
0,625	0,745	−39,0	0,096
0,615	0,671	−42,8	0,044
0,621	0,685	−42,4	0,052
0,623	0,734	−37,9	0,090
0,613	0,710	−40,0	0,078
0,627	0,709	−40,4	0,066
0,619	0,697	−41,2	0,062
0,625	0,749	−36,6	0,099
0,625	0,726	−38,6	0,081
0,605	0,658	−45,7	0,042

Abbildung 2.40: Zusammenstellung der wichtigsten Kennwerte der überprüften Fenster

(*1) unter Berücksichtigung der Wärmebrücke Ψ_E beim Einbau (ein negatives Vorzeichen bedeutet ein resultierender Energiegewinn).

Anmerkung: Betreffend Eignung des Fensters für Minergie-P-Häuser macht der Vergleich in Spalte «E-Bilanz Süd» wohl am meisten Sinn.

Fenster «Optiwin»

U-Werte und Abmessungen der Rahmenpartien

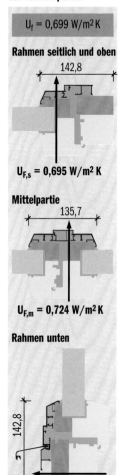

$U_f = 0,699 \text{ W/m}^2\text{K}$

Rahmen seitlich und oben

142,8

$U_{F,s} = 0,695 \text{ W/m}^2\text{ K}$

Mittelpartie

135,7

$U_{F,m} = 0,724 \text{ W/m}^2\text{ K}$

Rahmen unten

142,8

$U_{F,u} = 0,693 \text{ W/m}^2\text{ K}$

Eigenschaften des Fensters (Herstellerangaben)

Aus ökologischen Überlegungen wurde bei allen Optiwin-Fenstern vollkommen auf das Verkleben der einzelnen Schichten verzichtet. Die Fenster bestehen aus einer Innenschicht, die die tragende Funktion des Fensters übernimmt. Nach Ablauf einer langen Lebensdauer kann das Fenster mit sehr geringem Aufwand in seine einzelnen Komponenten zerlegt und zu 100 % wiederverwertet werden. Seit 150 Jahren ist die Verwendung des natürlichen Rohstoffs Holz und die Kombination von Holz und Glas eine besondere Stärke von 1a hunkeler. Das Optiwin-Fenster wird nicht mehr hergestellt.

Wärmebrückenverlust beim Fenstereinbau in Referenzwand

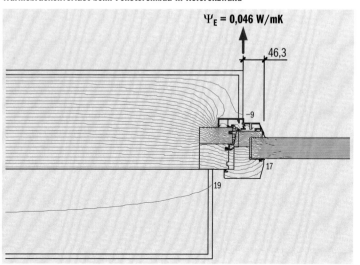

$\Psi_E = 0,046 \text{ W/mK}$

46,3

−9

17

19

Materialien

	λ [W/mK]
Maske (Glasersatz)	0,035
Weich-Holz (typisches Bauholz)	0,130
EPDM-Dichtungen	0,250
Aluminium	160,000
Polystyrolhartschaum EPS	0,036
Unbelüftete Hohlräume	
Leicht belüftete Hohlräume	

Energiebilanz bei unterschiedlichen Orientierungen, für zwei verschiedene Fenstergrössen, mit und ohne Berücksichtigung der Wärmebrücken

Fenster 1,55 m x 1,15 m

U-Wert U_w = 0,738 W/m²K
U-Wert $U_{w,E}$ = 0,877 W/m²K

Fenster 4,50 m x 2,50 m

U-Wert U_w = 0,602 W/m²K
U-Wert $U_{w,E}$ = 0,659 W/m²K

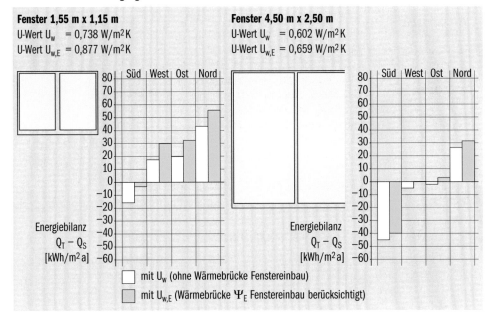

☐ mit U_w (ohne Wärmebrücke Fenstereinbau)

▨ mit $U_{w,E}$ (Wärmebrücke Ψ_E Fenstereinbau berücksichtigt)

U-Wert Referenzfenster 1,55 m x 1,15 m mit unterschiedlichen Verglasungen

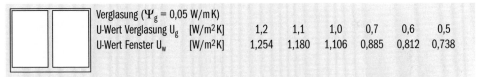

Verglasung (Ψ_g = 0,05 W/mK)						
U-Wert Verglasung U_g [W/m²K]	1,2	1,1	1,0	0,7	0,6	0,5
U-Wert Fenster U_w [W/m²K]	1,254	1,180	1,106	0,885	0,812	0,738

Anforderungen nach Norm SIA 380/1 (Ausgabe 2007) für Einzelbauteilnachweis

	Grenzwert U_w [W/m²K]	Zielwert U_w [W/m²K]
Fenster und Fenstertüren	1,5	1,0
Fenster mit vorgelagerten Heizkörpern	1,2	0,9

Hersteller des Fensters

1a hunkeler Der Fenster- und Holzbauer
Bahnhofstrasse 20
CH-6030 Ebikon
Tel. 041 444 04 40
Fax 041 444 04 50
www.1a-hunkeler.ch

Fenster «Top-Win Plus»

U-Werte und Abmessungen der Rahmenpartien

$U_f = 1,244 \text{ W/m}^2\text{K}$

Rahmen seitlich und oben

143,0

$U_{F,s} = 1,206 \text{ W/m}^2\text{K}$

Mittelpartie

116,0

$U_{F,m} = 1,097 \text{ W/m}^2\text{K}$

Rahmen unten

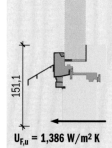

151.1

$U_{F,u} = 1,386 \text{ W/m}^2\text{K}$

Eigenschaften des Fensters (Herstellerangaben)

Das neu entwickelte, patentierte und geprüfte Top-Win-Fenster überzeugt durch Ästhetik, Eleganz und die nahezu unbegrenzten Einsatzmöglichkeiten im Neubau und bei Renovationen. Top-Win Plus ist das Energiespar-Fenster für Bauten mit hohen Wärmedämmanforderungen. Durch das abgedeckte Holzprofil im Rahmenbereich, den Einbau von Dreifachglas und Überschlagdichtung sind Energiekosteneinsparungen garantiert. Seit 150 Jahren ist die Verwendung des natürlichen Rohstoffs Holz und die Kombination von Holz und Glas eine besondere Stärke von 1a hunkeler.

Wärmebrückenverlust beim Fenstereinbau in Referenzwand

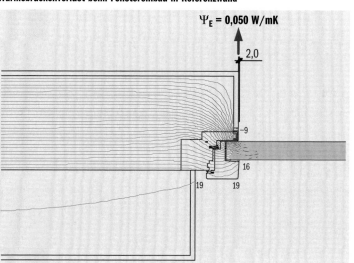

$\Psi_E = 0,050 \text{ W/mK}$

2,0

–9

16

19   19

Materialien

	λ [W/mK]
Maske (Glasersatz)	0,035
Weich-Holz (typisches Bauholz)	0,130
EPDM-Dichtungen	0,250
Aluminium	160,000
Kleber	0,300
Unbelüftete Hohlräume	
Leicht belüftete Hohlräume	

Energiebilanz bei unterschiedlichen Orientierungen, für zwei verschiedene Fenstergrössen, mit und ohne Berücksichtigung der Wärmebrücken

Fenster 1,55 m x 1,15 m
U-Wert U_w = 0,807 W/m²K
U-Wert $U_{w,E}$ = 0,958 W/m²K

Fenster 4,50 m x 2,50 m
U-Wert U_w = 0,626 W/m²K
U-Wert $U_{w,E}$ = 0,688 W/m²K

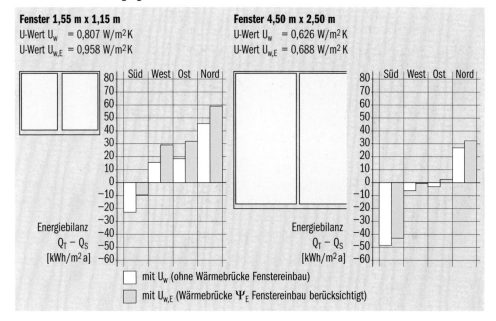

☐ mit U_w (ohne Wärmebrücke Fenstereinbau)

☐ mit $U_{w,E}$ (Wärmebrücke Ψ_E Fenstereinbau berücksichtigt)

U-Wert Referenzfenster 1,55 m x 1,15 m mit unterschiedlichen Verglasungen

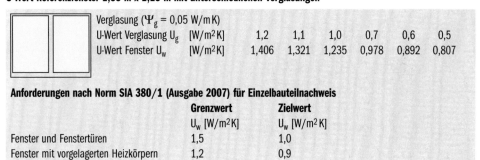

Verglasung (Ψ_g = 0,05 W/mK)						
U-Wert Verglasung U_g [W/m²K]	1,2	1,1	1,0	0,7	0,6	0,5
U-Wert Fenster U_w [W/m²K]	1,406	1,321	1,235	0,978	0,892	0,807

Anforderungen nach Norm SIA 380/1 (Ausgabe 2007) für Einzelbauteilnachweis

	Grenzwert U_w [W/m²K]	Zielwert U_w [W/m²K]
Fenster und Fenstertüren	1,5	1,0
Fenster mit vorgelagerten Heizkörpern	1,2	0,9

Hersteller des Fensters

1a hunkeler Der Fenster- und Holzbauer
Bahnhofstrasse 20
CH-6030 Ebikon
Tel. 041 444 04 40
Fax 041 444 04 50
www.1a-hunkeler.ch

Fenster «Top-Win Trend»

U-Werte und Abmessungen der Rahmenpartien

$U_f = 1,383$ W/m²K

Rahmen seitlich und oben

131,0

$U_{F,s} = 1,352$ W/m²K

Mittelpartie

92,0

$U_{F,m} = 1,321$ W/m²K

Rahmen unten

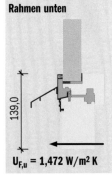

139,0

$U_{F,u} = 1,472$ W/m²K

Eigenschaften des Fensters (Herstellerangaben)

Das neu entwickelte, patentierte und geprüfte Top-Win-Fenster überzeugt durch Ästhetik, Eleganz, seine einzigartig schlanke Form und erfüllt höchste architektonische und technische Anforderungen. Mit Flügelbreiten von 58 mm und einer Mittelpartie von 90 mm gewinnen sie kostbares Tageslicht. Die hohe Lebensdauer und die geringe Wartung zeichnen das Qualitäts-Fenster aus. Seit 150 Jahren ist die Verwendung des natürlichen Rohstoffs Holz und die Kombination von Holz und Glas eine besondere Stärke von 1a hunkeler.

Wärmebrückenverlust beim Fenstereinbau in Referenzwand

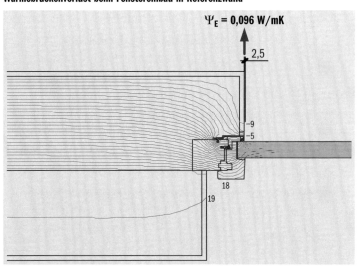

$\Psi_E = 0,096$ W/mK

2,5

–9
–5

18

19

Materialien

	λ [W/mK]
Maske (Glasersatz)	0,035
Weich-Holz (typisches Bauholz)	0,130
EPDM-Dichtungen	0,250
Aluminium	160,000
Kleber	0,300
Unbelüftete Hohlräume	
Leicht belüftete Hohlräume	

Energiebilanz bei unterschiedlichen Orientierungen, für zwei verschiedene Fenstergrössen, mit und ohne Berücksichtigung der Wärmebrücken

Fenster 1,55 m x 1,15 m
U-Wert U_w = 0,808 W/m^{2}K
U-Wert $U_{w,E}$ = 1,099 W/m^{2}K

Fenster 4,50 m x 2,50 m
U-Wert U_w = 0,625 W/m^{2}K
U-Wert $U_{w,E}$ = 0,745 W/m^{2}K

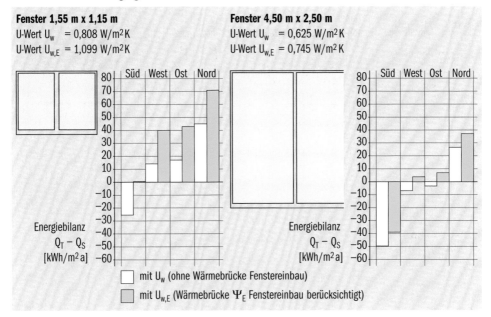

□ mit U_w (ohne Wärmebrücke Fenstereinbau)
▨ mit $U_{w,E}$ (Wärmebrücke Ψ_E Fenstereinbau berücksichtigt)

U-Wert Referenzfenster 1,55 m x 1,15 m mit unterschiedlichen Verglasungen

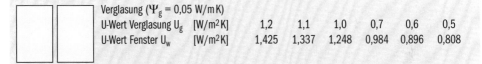

Verglasung (Ψ_g = 0,05 W/mK)							
U-Wert Verglasung U_g	[W/m^{2}K]	1,2	1,1	1,0	0,7	0,6	0,5
U-Wert Fenster U_w	[W/m^{2}K]	1,425	1,337	1,248	0,984	0,896	0,808

Anforderungen nach Norm SIA 380/1 (Ausgabe 2007) für Einzelbauteilnachweis

	Grenzwert U_w [W/m^{2}K]	Zielwert U_w [W/m^{2}K]
Fenster und Fenstertüren	1,5	1,0
Fenster mit vorgelagerten Heizkörpern	1,2	0,9

Hersteller des Fensters

1a hunkeler Der Fenster- und Holzbauer
Bahnhofstrasse 20
CH-6030 Ebikon
Tel. 041 444 04 40
Fax 041 444 04 50
www.1a-hunkeler.ch

dörig imago (Kunststoff-Fenster)

U-Werte und Abmessungen der Rahmenpartien

$$U_f = 1,047 \text{ W/m}^2\text{K}$$

Rahmen seitlich und oben

101,5

$$U_{F,s} = 1,017 \text{ W/m}^2\text{ K}$$

Mittelpartie

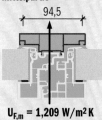

94,5

$$U_{F,m} = 1,209 \text{ W/m}^2\text{ K}$$

Rahmen unten

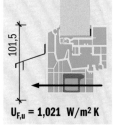

101,5

$$U_{F,u} = 1,021 \text{ W/m}^2\text{ K}$$

Eigenschaften des Fensters (Herstellerangaben)

Ein innovatives Fenster-System mit besten Qualitätswerten und zahlreichen Ausstattungsvarianten: hoher Widerstand bei thermischer Belastung, maximale Wärmedämmung, optimaler Schallschutz, Reinigungsfreundlichkeit und hohe Einbruchsicherheit. Die schmalen Flügelrahmen sind bündig mit dem Blendrahmen ausgebildet: Das Fenster erscheint wie ein rahmenloses Bild in der Wand.

Das Produktesortiment von Dörig Fenster Service AG umfasst Fenster aus Kunststoff, Kunststoff-Alu-Kombinationen, Holz- und Holz-Metall-Fenster, Fensterläden, Zargen, Haustüren sowie Balkontüren und Schiebe- sowie Kipptüren.

Wärmebrückenverlust beim Fenstereinbau in Referenzwand

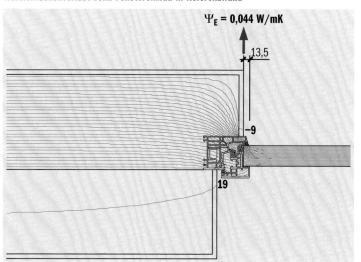

$$\Psi_E = 0,044 \text{ W/mK}$$

13,5

−9

19

Materialien

	λ [W/mK]
Maske (Glasersatz)	0,035
Hart-Polyvinylchlorid (PVC)	0,170
GFK-Armierung	0,200
Weich-PVC-Dichtungen	0,140
Silikon-Kleber	0,350
Aluminium	160,000
Unbelüftete Hohlräume, Eps = 0,9	
Leicht belüftete Hohlräume, Eps = 0,9	

Energiebilanz bei unterschiedlichen Orientierungen, für zwei verschiedene Fenstergrössen,
mit und ohne Berücksichtigung der Wärmebrücken

Fenster 1,55 m x 1,15 m
U-Wert U_w = 0,776 W/m²K
U-Wert $U_{w,E}$ = 0,910 W/m²K

Fenster 4,50 m x 2,50 m
U-Wert U_w = 0,615 W/m²K
U-Wert $U_{w,E}$ = 0,671 W/m²K

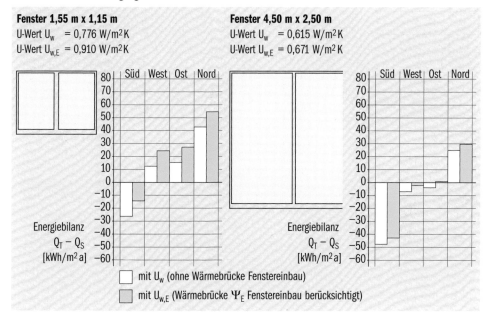

mit U_w (ohne Wärmebrücke Fenstereinbau)

mit $U_{w,E}$ (Wärmebrücke Ψ_E Fenstereinbau berücksichtigt)

U-Wert Referenzfenster 1,55 m x 1,15 m mit unterschiedlichen Verglasungen

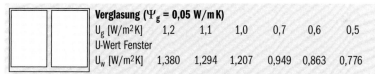

Verglasung (Ψ_g = 0,05 W/m K)

U_g [W/m²K]	1,2	1,1	1,0	0,7	0,6	0,5
U-Wert Fenster						
U_w [W/m²K]	1,380	1,294	1,207	0,949	0,863	0,776

Anforderungen nach Norm SIA 380/1 (Ausgabe 2007) für Einzelbauteilnachweis

	Grenzwert U_w [W/m²K]	Zielwert U_w [W/m²K]
Fenster und Fenstertüren	1,5	1,0
Fenster mit vorgelagerten Heizkörpern	1,2	0,9

Hersteller des Fensters

Dörig Fenster Service AG
Neben A1 / Postfach
CH-9016 St. Gallen-Mörschwil
Tel. 071 868 68 68
Fax 071 868 68 70
www.dfs.ch, www.imago.dfs.ch

EgoKiefer Kunststoff-Fenster XL

**U-Werte und Abmessungen
der Rahmenpartien**

Eigenschaften des Fensters (Herstellerangaben)

$U_f = 1{,}101\ W/m^2\,K$

Rahmen seitlich und oben

116,0

$U_{F,s} = 1{,}091\ W/m^2\ K$

Mittelpartie

106,0

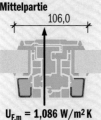

$U_{F,m} = 1{,}086\ W/m^2\ K$

Rahmen unten

116,0

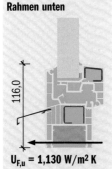

$U_{F,u} = 1{,}130\ W/m^2\ K$

Die neue EgoKiefer Fenstertechnologie XL bietet den dreifachen Mehrwert. Mehr Design für neue Perspektiven in der Fassadengestaltung. Mehr Licht durch bis zu 15 % höheren Glasanteil. Mehr Wärmedämmung und bis zu 70 % Reduzierung des Heizenergieverbrauchs über das Fenster. Öffnungsarten: Dreh-, Kipp- und Dreh-Kipp-Fenster, Festverglasungen sowie Parallel-Schiebe-Kipp-Türen. Als integrierter Gesamtanbieter entwickelt, produziert, verkauft und montiert EgoKiefer Fenstersysteme in den Werkstoffen Kunststoff, Kunststoff/Aluminium, Holz und Holz/Aluminium.

Wärmebrückenverlust beim Fenstereinbau in Referenzwand

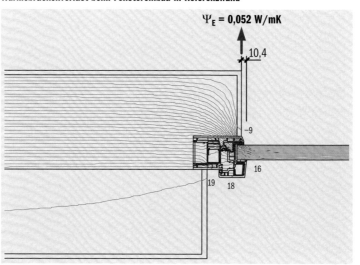

$\Psi_E = 0{,}052\ W/mK$

10,4

–9

16

19   18

Materialien

	λ [W/mK]
Maske (Glasersatz)	0,035
Hart-Polyvinylchlorid (PVC)	0,170
EPDM-Dichtungen	0,250
Silikon	0,350
Aluminium	160,000
Stahl	50,000
Polystyrolhartschaum EPS 30	0,035
Acrylat-Klebstoff	0,250
Unbelüftete Hohlräume	
Leicht belüftete Hohlräume	

Energiebilanz bei unterschiedlichen Orientierungen, für zwei verschiedene Fenstergrössen, mit und ohne Berücksichtigung der Wärmebrücken

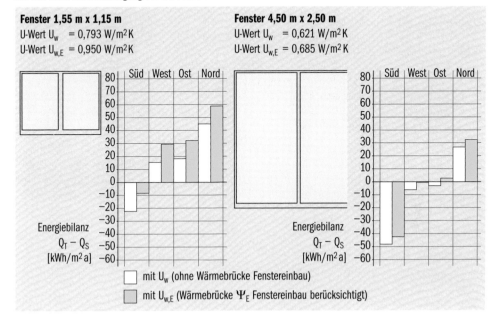

Fenster 1,55 m x 1,15 m
U-Wert U_w = 0,793 W/m²K
U-Wert $U_{w,E}$ = 0,950 W/m²K

Fenster 4,50 m x 2,50 m
U-Wert U_w = 0,621 W/m²K
U-Wert $U_{w,E}$ = 0,685 W/m²K

☐ mit U_w (ohne Wärmebrücke Fenstereinbau)
▨ mit $U_{w,E}$ (Wärmebrücke Ψ_E Fenstereinbau berücksichtigt)

U-Wert Referenzfenster 1,55 m x 1,15 m mit unterschiedlichen Verglasungen

Verglasung (Ψ_g = 0,05 W/mK)

U-Wert Verglasung U_g	[W/m²K]	1,2	1,1	1,0	0,7	0,6	0,5
U-Wert Fenster U_w	[W/m²K]	1,382	1,298	1,214	0,962	0,878	0,793

Anforderungen nach Norm SIA 380/1 (Ausgabe 2007) für Einzelbauteilnachweis

	Grenzwert	Zielwert
	U_w [W/m²K]	U_w [W/m²K]
Fenster und Fenstertüren	1,5	1,0
Fenster mit vorgelagerten Heizkörpern	1,2	0,9

Hersteller des Fensters

EgoKiefer AG
Schöntalstrasse 2
CH-9450 Altstätten SG
Tel. 071 757 33 33
Fax 071 757 35 50
www.egokiefer.ch

Fenster «Sirius D»

U-Werte und Abmessungen der Rahmenpartien

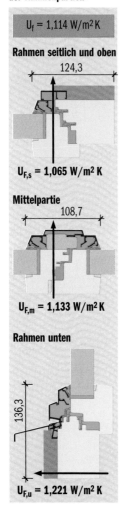

$U_f = 1,114 \text{ W/m}^2\text{K}$

Rahmen seitlich und oben

124,3

$U_{F,s} = 1,065 \text{ W/m}^2\text{K}$

Mittelpartie

108,7

$U_{F,m} = 1,133 \text{ W/m}^2\text{K}$

Rahmen unten

136,3

$U_{F,u} = 1,221 \text{ W/m}^2\text{K}$

Eigenschaften des Fensters (Herstellerangaben)

Sirius D ist ein Holz-Metall-Fenster mit einem hohen Glasanteil. Dank der Profilgeometrie wird der Flügel in den Rahmen integriert, was den Lichteinfall erhöht. Dank dem Einsatz von zwei Rahmendichtungen im Zentrum des Fensters werden in allen bauphysikalischen Werten wie Wärmedämmung, Schallschutz und Kondensatfreiheit sehr gute Ergebnisse erreicht. Die Sirius Fenster sind für die Schweizer Bedürfnisse und Rahmenbedinungen entwickelt worden und werden nur in der Schweiz hergestellt.

Wärmebrückenverlust beim Fenstereinbau in Referenzwand

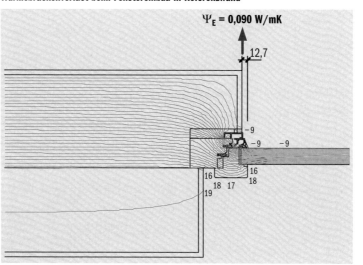

$\Psi_E = 0,090 \text{ W/mK}$

12,7

Materialien

	λ [W/mK]
Maske (Glasersatz)	0,035
Weich-Holz (typisches Bauholz)	0,130
EPDM-Dichtungen	0,250
Silikon-Abdichtungen	0,350
Aluminium	160,000
Polyamid	0,250
Polyurethanhartschaum	0,028
Korkplatte	0,040
Unbelüftete Hohlräume	
Leicht belüftete Hohlräume	

Energiebilanz bei unterschiedlichen Orientierungen, für zwei verschiedene Fenstergrössen, mit und ohne Berücksichtigung der Wärmebrücken

Fenster 1,55 m x 1,15 m
U-Wert U_W = 0,798 W/m²K
U-Wert $U_{W,E}$ = 1,096 W/m²K

Fenster 4,50 m x 2,50 m
U-Wert U_W = 0,623 W/m²K
U-Wert $U_{W,E}$ = 0,734 W/m²K

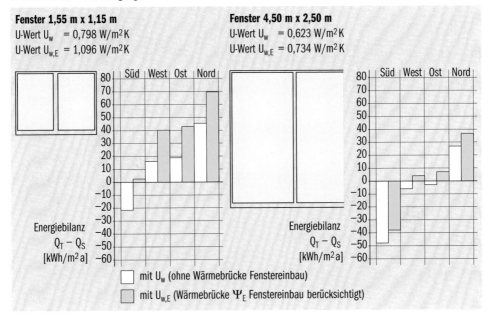

☐ mit U_W (ohne Wärmebrücke Fenstereinbau)

▨ mit $U_{W,E}$ (Wärmebrücke Ψ_E Fenstereinbau berücksichtigt)

U-Wert Referenzfenster 1,55 m x 1,15 m mit unterschiedlichen Verglasungen

Verglasung ($\Psi'_g = 0,05$ W/mK)

U-Wert Verglasung U_g [W/m²K]	1,2	1,1	1,0	0,7	0,6	0,5
U-Wert Fenster U_W [W/m²K]	1,384	1,300	1,216	0,965	0,881	0,798

Anforderungen nach Norm SIA 380/1 (Ausgabe 2007) für Einzelbauteilnachweis

	Grenzwert U_W [W/m²K]	Zielwert U_W [W/m²K]
Fenster und Fenstertüren	1,5	1,0
Fenster mit vorgelagerten Heizkörpern	1,2	0,9

Hersteller des Fensters

Eschbal Alutechnik AG
Feldstrasse 43
CH-8004 Zürich
Tel. 044 296 64 50
Fax 044 296 64 52
www.eschbal.ch

Fenster «Sirius D plus»

**U-Werte und Abmessungen
der Rahmenpartien**

$$U_f = 0,975 \ W/m^2 K$$

Rahmen seitlich und oben

124,3

$$U_{F,s} = 0,922 \ W/m^2 K$$

Mittelpartie

108,7

$$U_{F,m} = 1,133 \ W/m^2 K$$

Rahmen unten

136,3

$$U_{F,u} = 1,005 \ W/m^2 K$$

Eigenschaften des Fensters (Herstellerangaben)

Sirius D plus ist ein Holz-Metall-Fenster mit einem hohen Glasanteil. Dank der Profilgeometrie wird der Flügel in den Rahmen integriert, was den Lichteinfall erhöht. Dank dem Einsatz von zwei Rahmendichtungen im Zentrum des Fensters werden in allen bauphysikalischen Werten wie Schallschutz und Kondensatfreiheit sehr gute Ergebnisse erreicht. Im Rahmenbereich wird dank einer zusätzlichen Dämmschicht noch bessere Wärmedämmung im Anschlussbereich ermöglicht. Die Sirius Fenster sind für die Schweizer Bedürfnisse und Rahmenbedinungen entwickelt worden und werden nur in der Schweiz hergestellt.

Wärmebrückenverlust beim Fenstereinbau in Referenzwand

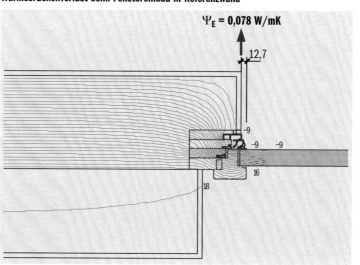

$$\Psi_E = 0,078 \ W/mK$$

12,7

-9

-9 -9

16

18

Materialien

	λ [W/mK]
Maske (Glasersatz)	0,035
Weich-Holz (typisches Bauholz)	0,130
EPDM-Dichtungen	0,250
Silikon-Abdichtungen	0,350
Aluminium	160,000
Polyamid	0,250
Polyurethanhartschaum	0,028
Korkplatte	0,040
Unbelüftete Hohlräume	
Leicht belüftete Hohlräume	

Energiebilanz bei unterschiedlichen Orientierungen, für zwei verschiedene Fenstergrössen, mit und ohne Berücksichtigung der Wärmebrücken

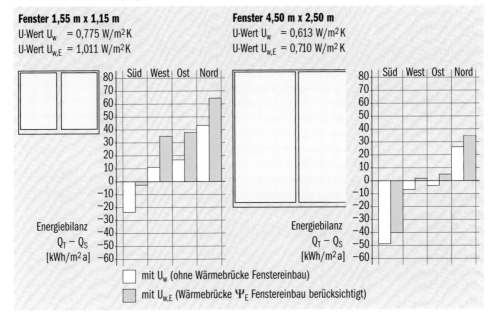

Fenster 1,55 m x 1,15 m
U-Wert U_w = 0,775 W/m^{2}K
U-Wert $U_{w,E}$ = 1,011 W/m^{2}K

Fenster 4,50 m x 2,50 m
U-Wert U_w = 0,613 W/m^{2}K
U-Wert $U_{w,E}$ = 0,710 W/m^{2}K

Energiebilanz
$Q_T - Q_S$
[kWh/m^{2}a]

☐ mit U_w (ohne Wärmebrücke Fenstereinbau)

▨ mit $U_{w,E}$ (Wärmebrücke Ψ_E Fenstereinbau berücksichtigt)

U-Wert Referenzfenster 1,55 m x 1,15 m mit unterschiedlichen Verglasungen

Verglasung (Ψ_g = 0,05 W/m K)							
U-Wert Verglasung U_g	[W/m^{2}K]	1,2	1,1	1,0	0,7	0,6	0,5
U-Wert Fenster U_w	[W/m^{2}K]	1,361	1,277	1,194	0,942	0,859	0,775

Anforderungen nach Norm SIA 380/1 (Ausgabe 2007) für Einzelbauteilnachweis

	Grenzwert U_w [W/m^{2}K]	Zielwert U_w [W/m^{2}K]
Fenster und Fenstertüren	1,5	1,0
Fenster mit vorgelagerten Heizkörpern	1,2	0,9

Hersteller des Fensters

Eschbal Alutechnik AG
Feldstrasse 43
CH-8004 Zürich
Tel. 044 296 64 50
Fax 044 296 64 52
www.eschbal.ch

Fenster «Sirius H2»

U-Werte und Abmessungen der Rahmenpartien

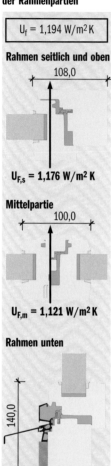

$U_f = 1{,}194 \text{ W/m}^2\text{K}$

Rahmen seitlich und oben

108,0

$U_{F,s} = 1{,}176 \text{ W/m}^2\text{K}$

Mittelpartie

100,0

$U_{F,m} = 1{,}121 \text{ W/m}^2\text{K}$

Rahmen unten

140,0

$U_{F,u} = 1{,}256 \text{ W/m}^2\text{K}$

Eigenschaften des Fensters (Herstellerangaben)

Sirius H2 ist ein Holzfenster mit hohem Glasanteil. Dank dem Einsatz von zwei Flügelschalen können auf der Innen- und Aussenseite unterschiedliche Holzarten eingesetzt werden. Auf den Glasstab wird auf der Innenseite verzichtet, was die Kondensatanfälligkeit reduziert. Dank den Profilgeometrien wird der Flügel in den Rahmen integriert, was den Lichteinfall erhöht. Der Einsatz von zwei Holzschalen führt in allen bauphysikalischen Werten wie Wärmedämmung, Schallschutz und Kondensatfreiheit zu sehr guten Ergebnissen. Die Sirius Fenster sind für die Schweizer Bedürfnisse und Rahmenbedingungen entwickelt worden und werden nur in der Schweiz hergestellt.

Wärmebrückenverlust beim Fenstereinbau in Referenzwand

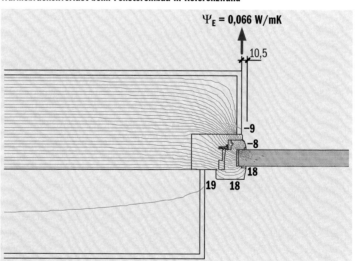

$\Psi_E = 0{,}066 \text{ W/mK}$

10,5

−9

−8

18

19   18

Materialien

	λ [W/mK]
Maske (Glasersatz)	0,035
Weich-Holz (typisches Bauholz)	0,130
EPDM-Dichtungen	0,250
Silikon-Abdichtungen	0,350
Aluminium	160,000
Polyamid	0,250
Polyurethanhartschaum	0,028
Unbelüftete Hohlräume, Eps = 0,9	
Leicht belüftete Hohlräume, Eps = 0,9	

Energiebilanz bei unterschiedlichen Orientierungen, für zwei verschiedene Fenstergrössen, mit und ohne Berücksichtigung der Wärmebrücken

Fenster 1,55 m x 1,15 m
U-Wert U_w = 0,807 W/m²K
U-Wert $U_{w,E}$ = 1,007 W/m²K

Fenster 4,50 m x 2,50 m
U-Wert U_w = 0,627 W/m²K
U-Wert $U_{w,E}$ = 0,709 W/m²K

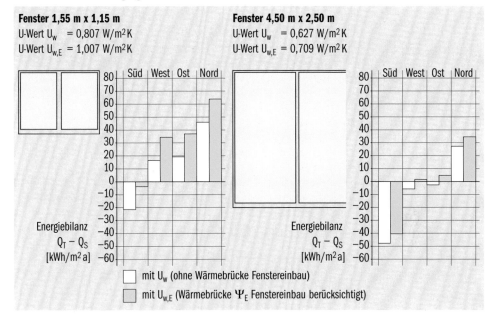

☐ mit U_w (ohne Wärmebrücke Fenstereinbau)

▨ mit $U_{w,E}$ (Wärmebrücke Ψ_E Fenstereinbau berücksichtigt)

U-Wert Referenzfenster 1,55 m x 1,15 m mit unterschiedlichen Verglasungen

Verglasung (Ψ_g = 0,05 W/mK)

U_g [W/m²K]	1,2	1,1	1,0	0,7	0,6	0,5
U-Wert Fenster						
U_w [W/m²K]	1,397	1,313	1,229	0,975	0,891	0,807

Anforderungen nach Norm SIA 380/1 (Ausgabe 2007) für Einzelbauteilnachweis

	Grenzwert U_w [W/m²K]	Zielwert U_w [W/m²K]
Fenster und Fenstertüren	1,5	1,0
Fenster mit vorgelagerten Heizkörpern	1,2	0,9

Hersteller des Fensters

Eschbal Alutechnik AG
Feldstrasse 43
CH-8004 Zürich
Tel. 044 296 64 50
Fax 044 296 64 52
www.eschbal.ch

Vision-3000 Holz T2 (Holz-Fenster)

U-Werte und Abmessungen der Rahmenpartien

$U_f = 1,064 \ \text{W/m}^2\,\text{K}$

Rahmen seitlich und oben

135,0

$U_{F,s} = 0,999 \ \text{W/m}^2\,\text{K}$

Mittelpartie

110,0

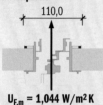

$U_{F,m} = 1,044 \ \text{W/m}^2\,\text{K}$

Rahmen unten

147,0

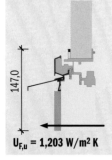

$U_{F,u} = 1,203 \ \text{W/m}^2\,\text{K}$

Eigenschaften des Fensters (Herstellerangaben)

Vision-3000 Holz T2 sind Holzfenster mit äusserer Holzverkleidung. Durch die ultra schlanken Flügel-profile, die im Rahmen integriert sind, kann ein höherer Lichteinfall von bis zu 25 % erreicht werden. Die zweite Rahmendichtung verbessert die bauphysikalischen Werte wie Schallschutz, Konden-satfreiheit und Luftdurchlässigkeit erheblich. Die Aussenseite des Flügels und Rahmens ist mit Holz (nicht mit Metall) verkleidet. Die zusätzliche Dämmschicht auf dem Rahmen aussen dient zur Verbesserung der Wärmedämmung. Vision-3000 ist eine Innovationsgruppe, zu der acht führende und unabhängige Schweizer Fensterbauer gehören.

Wärmebrückenverlust beim Fenstereinbau in Referenzwand

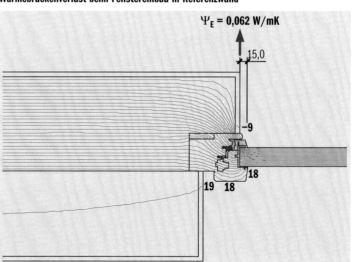

$\Psi_E = 0,062 \ \text{W/mK}$

15,0

–9

18

19   18

Materialien

	λ [W/mK]
Maske (Glasersatz)	0,035
Weich-Holz (typisches Bauholz)	0,130
EPDM-Dichtungen	0,250
Moosgummi	0,050
Reinsilicon	0,350
Aluminium	160,000
Polyurethanhartschaumplatte	0,028
Unbelüftete Hohlräume, Eps = 0,9	
Leicht belüftete Hohlräume, Eps = 0,9	

Energiebilanz bei unterschiedlichen Orientierungen, für zwei verschiedene Fenstergrössen, mit und ohne Berücksichtigung der Wärmebrücken

Fenster 1,55 m x 1,15 m
U-Wert U_w = 0,790 W/m²K
U-Wert $U_{w,E}$ = 0,978 W/m²K

Fenster 4,50 m x 2,50 m
U-Wert U_w = 0,619 W/m²K
U-Wert $U_{w,E}$ = 0,697 W/m²K

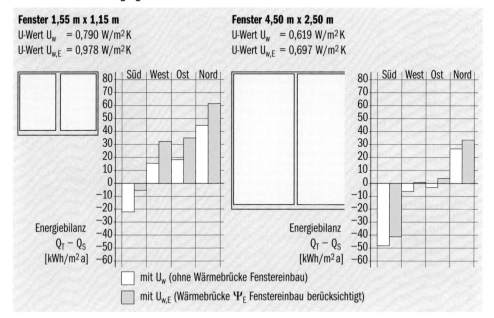

☐ mit U_w (ohne Wärmebrücke Fenstereinbau)

▨ mit $U_{w,E}$ (Wärmebrücke Ψ_E Fenstereinbau berücksichtigt)

U-Wert Referenzfenster 1,55 m x 1,15 m mit unterschiedlichen Verglasungen

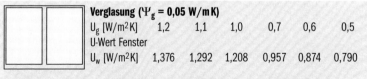

Verglasung (Ψ_g = 0,05 W/m K)						
U_g [W/m²K]	1,2	1,1	1,0	0,7	0,6	0,5
U-Wert Fenster						
U_w [W/m²K]	1,376	1,292	1,208	0,957	0,874	0,790

Anforderungen nach Norm SIA 380/1 (Ausgabe 2007) für Einzelbauteilnachweis

	Grenzwert U_w [W/m²K]	Zielwert U_w [W/m²K]
Fenster und Fenstertüren	1,5	1,0
Fenster mit vorgelagerten Heizkörpern	1,2	0,9

Hersteller des Fensters

Gruppe Vision-3000
www.vision-3000.ch

Vision-3000 HM T2 (Holz-Metall-Fenster)

U-Werte und Abmessungen der Rahmenpartien

$$U_f = 1,157 \text{ W/m}^2\text{K}$$

Rahmen seitlich und oben

135,0

$$U_{F,s} = 1,100 \text{ W/m}^2\text{K}$$

Mittelpartie

110,0

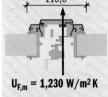

$$U_{F,m} = 1,230 \text{ W/m}^2\text{K}$$

Rahmen unten

147,0

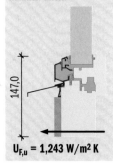

$$U_{F,u} = 1,243 \text{ W/m}^2\text{K}$$

Eigenschaften des Fensters (Herstellerangaben)

Vision-3000 HM T2 ist ein Holz-Metall-Fenster mit äusserer Metall-Verkleidung. Durch die ultraschlanken Flügelprofile kann ein höherer Lichteinfall um bis zu 25 % erreicht werden. Die zweite Rahmendichtung verbessert die bauphysikalischen Werte wie Schallschutz, Kondensatfreiheit und Luftdurchlässigkeit erheblich. Die Aussenseite des Rahmens ist mit einer zusätzlichen Dämmschicht gegen Wärmeverlust ausgerüstet. Durch die ausgeklügelte Rahmen- und Flügelkonstruktion hat dieses Fenster eine gute Energieeffizienz. Vision-3000 ist eine Innovationsgruppe, zu der acht führende und unabhängige Schweizer Fensterbauer gehören.

Wärmebrückenverlust beim Fenstereinbau in Referenzwand

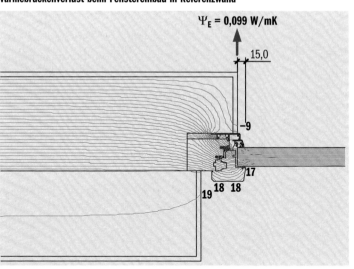

$$\Psi_E = 0,099 \text{ W/mK}$$

15,0

−9

17

18 18

19

Materialien

	λ [W/mK]
Maske (Glasersatz)	0,035
Weich-Holz (typisches Bauholz)	0,130
EPDM-Dichtungen	0,250
Aluminium	160,000
Polyurethanhartschaumplatte	0,028
Unbelüftete Hohlräume, Eps = 0,9	
Leicht belüftete Hohlräume, Eps = 0,9	

Energiebilanz bei unterschiedlichen Orientierungen, für zwei verschiedene Fenstergrössen, mit und ohne Berücksichtigung der Wärmebrücken

Fenster 1,55 m x 1,15 m
U-Wert U_w = 0,805 W/m²K
U-Wert $U_{w,E}$ = 1,105 W/m²K

Fenster 4,50 m x 2,50 m
U-Wert U_w = 0,625 W/m²K
U-Wert $U_{w,E}$ = 0,749 W/m²K

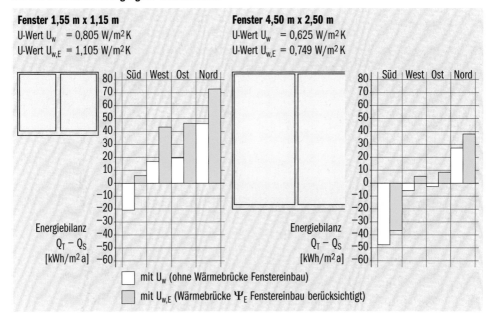

☐ mit U_w (ohne Wärmebrücke Fenstereinbau)

▨ mit $U_{w,E}$ (Wärmebrücke Ψ_E Fenstereinbau berücksichtigt)

U-Wert Referenzfenster 1,55 m x 1,15 m mit unterschiedlichen Verglasungen

	Verglasung (Ψ'_g = 0,05 W/mK)					
U_g [W/m²K]	1,2	1,1	1,0	0,7	0,6	0,5
U-Wert Fenster						
U_w [W/m²K]	1,391	1,307	1,224	0,973	0,889	0,805

Anforderungen nach Norm SIA 380/1 (Ausgabe 2007) für Einzelbauteilnachweis

	Grenzwert U_w [W/m²K]	Zielwert U_w [W/m²K]
Fenster und Fenstertüren	1,5	1,0
Fenster mit vorgelagerten Heizkörpern	1,2	0,9

Hersteller des Fensters

Gruppe Vision-3000
www.vision-3000.ch

Vision-3000 HM/Holz T2

**U-Werte und Abmessungen
der Rahmenpartien**

$U_f = 1,149 \ W/m^2 K$

Rahmen seitlich und oben

135,0

$U_{F,s} = 1,086 \ W/m^2 K$

Mittelpartie

110,0

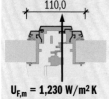

$U_{F,m} = 1,230 \ W/m^2 K$

Rahmen unten

147,0

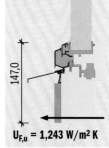

$U_{F,u} = 1,243 \ W/m^2 K$

Eigenschaften des Fensters (Herstellerangaben)

Vision-3000 HM/Holz T2 kombiniert einen Blendrahmen aus Holz mit Holz-Metall-Flügeln. Durch die ultraschlanken Flügelprofile kann ein höherer Lichteinfall um bis zu 25 % erreicht werden. Die zweite Rahmendichtung verbessert die bauphysikalischen Werte (Schallschutz, Kondensatfreiheit und Luftdurchlässigkeit) erheblich. Die Aussenseite des Blendrahmens ist mit Holz verkleidet. Die zusätzliche Dämmschicht auf dem Rahmen aussen dient zur Verbesserung der Wärmedämmung und verringert den Wärmebrückenverlust. Vision-3000 ist eine Innovationsgruppe, zu der acht führende und unabhängige Schweizer Fensterbauer gehören.

Wärmebrückenverlust beim Fenstereinbau in Referenzwand

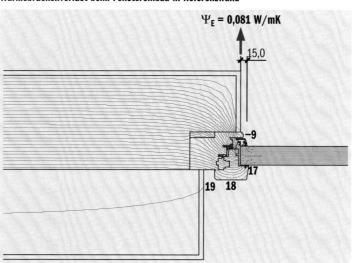

$\Psi_E = 0,081 \ W/mK$

15,0

−9

17

19   18

Materialien

	λ [W/mK]
Maske (Glasersatz)	0,035
Weich-Holz (typisches Bauholz)	0,130
EPDM-Dichtungen	0,250
Aluminium	160,000
Polyurethanhartschaumplatte	0,028
Unbelüftete Hohlräume, Eps = 0,9	
Leicht belüftete Hohlräume, Eps = 0,9	

Energiebilanz bei unterschiedlichen Orientierungen, für zwei verschiedene Fenstergrössen, mit und ohne Berücksichtigung der Wärmebrücken

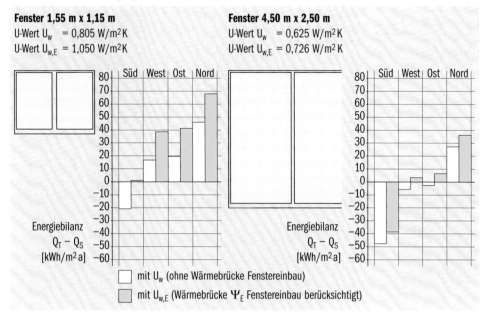

Fenster 1,55 m x 1,15 m
U-Wert U_w = 0,805 W/m²K
U-Wert $U_{w,E}$ = 1,050 W/m²K

Fenster 4,50 m x 2,50 m
U-Wert U_w = 0,625 W/m²K
U-Wert $U_{w,E}$ = 0,726 W/m²K

☐ mit U_w (ohne Wärmebrücke Fenstereinbau)

▧ mit $U_{w,E}$ (Wärmebrücke Ψ_E Fenstereinbau berücksichtigt)

U-Wert Referenzfenster 1,55 m x 1,15 m mit unterschiedlichen Verglasungen

Verglasung (Ψ_g = 0,05 W/m K)						
U_g [W/m²K]	1,2	1,1	1,0	0,7	0,6	0,5
U-Wert Fenster						
U_w [W/m²K]	1,389	1,306	1,222	0,972	0,888	0,805

Anforderungen nach Norm SIA 380/1 (Ausgabe 2007) für Einzelbauteilnachweis

	Grenzwert U_w [W/m²K]	Zielwert U_w [W/m²K]
Fenster und Fenstertüren	1,5	1,0
Fenster mit vorgelagerten Heizkörpern	1,2	0,9

Hersteller des Fensters

Gruppe Vision-3000
www.vision-3000.ch

Fenster «Eiger Isolar»

U-Werte und Abmessungen der Rahmenpartien

$$U_f = 0,904 \ \text{W/m}^2\text{K}$$

Rahmen seitlich und oben

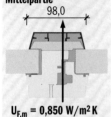

109,0

$$U_{F,s} = 0,909 \ \text{W/m}^2 \ \text{K}$$

Mittelpartie

98,0

$$U_{F,m} = 0,850 \ \text{W/m}^2\text{K}$$

Rahmen unten

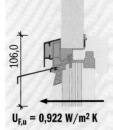

106,0

$$U_{F,u} = 0,922 \ \text{W/m}^2 \ \text{K}$$

Eigenschaften des Fensters (Herstellerangaben)

Mit dem Eiger Minergiefenster ist ein Fenster auf dem Markt, welches höchste Wärmedämmanforderungen erfüllt. Die grosse Stärke des Fenstersystems Eiger ist der geringe Unterhalt. Ein Nachstreichen der Fenster ist nicht nötig und die Reinigung wird durch die besondere Flügelgeometrie vereinfacht. Ein Schutz mit Alu- oder PVC-Profilen ist dadurch überflüssig. Mit dem bedeutend geringeren Heizenergiebedarf können Umweltbelastungen reduziert werden.

Die Firma Wenger Fenster verfügt sowohl für den Gebrauch wie auch für die Herstellung von Fenster über ein Nachhaltigkeits-Zertifikat.

Wärmebrückenverlust beim Fenstereinbau in Referenzwand

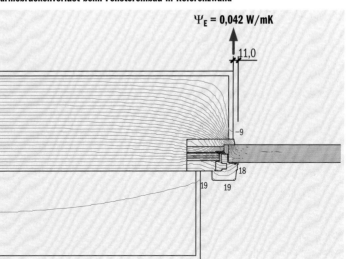

$$\Psi_E = 0,042 \ \text{W/mK}$$

11,0

–9

18

19   19

Materialien

	λ [W/mK]
Maske (Glasersatz)	0,035
Weich-Holz (typisches Bauholz)	0,130
EPDM-Dichtungen	0,250
Aluminium	160,000
Hart-Polyvinylchlorid (PVC)	0,170
Kleber	0,300
Korkplatte	0,040
Unbelüftete Hohlräume	
Leicht belüftete Hohlräume	

Energiebilanz bei unterschiedlichen Orientierungen, für zwei verschiedene Fenstergrössen, mit und ohne Berücksichtigung der Wärmebrücken

Fenster 1,55 m x 1,15 m
U-Wert U_w = 0,758 W/m²K
U-Wert $U_{w,E}$ = 0,885 W/m²K

Fenster 4,50 m x 2,50 m
U-Wert U_w = 0,605 W/m²K
U-Wert $U_{w,E}$ = 0,658 W/m²K

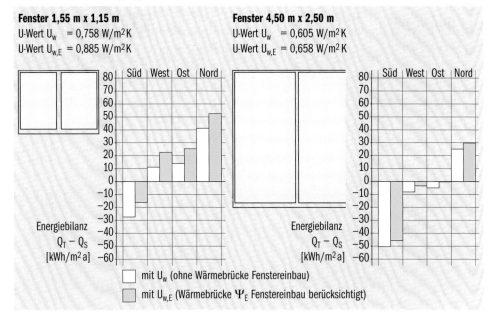

☐ mit U_w (ohne Wärmebrücke Fenstereinbau)

☐ mit $U_{w,E}$ (Wärmebrücke Ψ_E Fenstereinbau berücksichtigt)

U-Wert Referenzfenster 1,55 m x 1,15 m mit unterschiedlichen Verglasungen

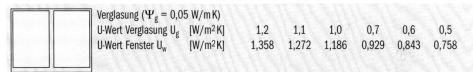

Verglasung (Ψ_g = 0,05 W/mK)

U-Wert Verglasung U_g [W/m²K]	1,2	1,1	1,0	0,7	0,6	0,5
U-Wert Fenster U_w [W/m²K]	1,358	1,272	1,186	0,929	0,843	0,758

Anforderungen nach Norm SIA 380/1 (Ausgabe 2007) für Einzelbauteilnachweis

	Grenzwert U_w [W/m²K]	Zielwert U_w [W/m²K]
Fenster und Fenstertüren	1,5	1,0
Fenster mit vorgelagerten Heizkörpern	1,2	0,9

Hersteller des Fensters

A. + E. Wenger AG
Chrümigstrasse 32
CH-3752 Wimmis
Tel. 033 359 82 82
Fax 033 359 82 83
www.wenger-fenster.ch

Pfosten-Riegel-Konstruktionen

Das Beispiel einer Pfosten-Riegel-Konstruktion mit Holzpfosten zeigt (Abbildungen 2.41 bis 2.43), dass mit solchen Systemen ebenfalls transparente Fassaden erstellt werden können, die sich für Minergie-P-Bauten eignen.

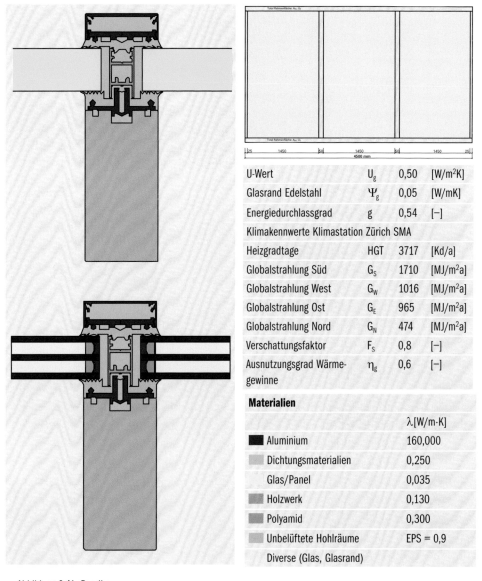

U-Wert	U_g	0,50	[W/m²K]
Glasrand Edelstahl	Ψ_g	0,05	[W/mK]
Energiedurchlassgrad	g	0,54	[–]
Klimakennwerte Klimastation Zürich SMA			
Heizgradtage	HGT	3717	[Kd/a]
Globalstrahlung Süd	G_S	1710	[MJ/m²a]
Globalstrahlung West	G_W	1016	[MJ/m²a]
Globalstrahlung Ost	G_E	965	[MJ/m²a]
Globalstrahlung Nord	G_N	474	[MJ/m²a]
Verschattungsfaktor	F_S	0,8	[–]
Ausnutzungsgrad Wärmegewinne	η_g	0,6	[–]

Materialien

		λ[W/m·K]
	Aluminium	160,000
	Dichtungsmaterialien	0,250
	Glas/Panel	0,035
	Holzwerk	0,130
	Polyamid	0,300
	Unbelüftete Hohlräume	EPS = 0,9
	Diverse (Glas, Glasrand)	

Abbildung 2.41: Randbedingungen betreffend die überprüfte Pfosten-Riegel-Konstruktion

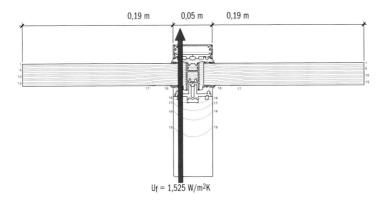

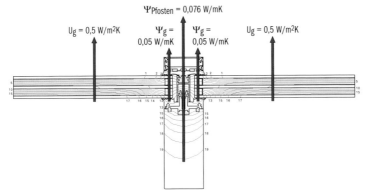

Abbildung 2.42: Kennwerte der Pfosten-Riegel-Konstruktion aus Wärmebrückenberechnung: Der Pfosten kann entweder mit einem U_f-Wert von 1,525 W/m²K oder als Wärmebrückenverlust mit einem $\Psi_{Pfosten}$ von 0,076 W/mK berücksichtigt werden.

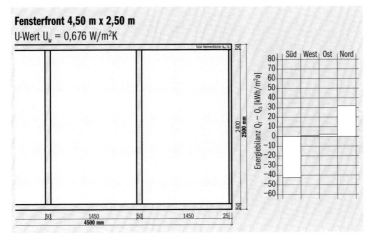

Abbildung 2.43: U-Wert U_w und Energiebilanz der Pfosten-Riegel-Konstruktion

Dachflächenfenster und Oberlichter

Das Grundproblem von Dachflächenfenstern und Oberlichtern ist, dass sich diese nicht in der Wärmedämmebene befinden. Aus abdichtungstechnischen Überlegungen ragen sie meist über die Steil- und Flachdächer hinaus. Konsequenzen daraus sind:

▌ Relativ grosse Verlustflächen durch die Zargenkonstruktion, die Rahmen und die transparente Fläche (Glas, Kunststoffkuppel etc.) ergeben nicht sehr energieeffiziente Konstruktionen.

▌ Tiefe Oberflächentemperaturen, insbesondere in Eckbereichen von Zarge und Fenster, mit der Neigung zu Oberflächenkondensatausscheidung (Schwitzwasserrinnen, Heizkabel etc. erforderlich). Dies muss aber nicht zwangsläufig so sein, wenn es gelingt, das wärmedämmende Fensterelement innerhalb der Wärmedämmebene anzuordnen. Die Konstruktion in Abbildung 2.44 dient hierzu als Beispiel, das sich sinngemäss sicherlich auch für Steildächer adaptieren liesse.

Abbildung 2.44: Im Idealfall werden auch Dachflächenfenster in der Wärmedämmebene des Daches angeschlagen. Analog wie bei diesem Objektbeispiel mit Flachdach in Holzbauweise sollten auch bei Steildächern sinngemässe Lösungen möglich sein.

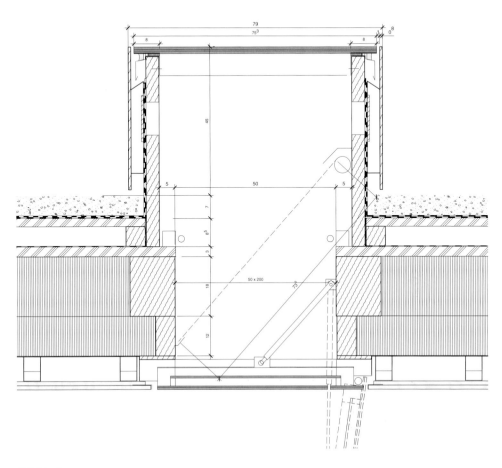

Oblichtaufbau

Verbundglas (begehbar), verklebt auf Abweisblech, doppelt abgedichtet	
OSB-Platte, Wassersperrschicht Aufbordung	40 mm
Distanzhalter wasserresistent	40 mm
Eternitschieferplatte	8 mm

Flachdachaufbau

Extensivbegrünung	60 mm
Draingeschicht	10 mm
Wassersperre EGV 3/EP 4 WF flam	10 mm
OSB-Platten	30 mm
Unterlüftung	60 mm

Diffusionsoffenes fugenloses Unterdach

Dachschalung	22 mm
Balkenlage, dazwischen Glaswolldämmung	ca. 180 mm
unter Balkenlage Glaswolldämmung	120 mm
Dampfbremse Isover Vario KM Duplex	

Abhängung System Knauf	ca. 200 mm
Gipskartonplatten	2 x 12,5 mm

Fenster und Verglasung

Holzrahmen weiss lackiert

Stufenisolierglas mit umlaufendem Siebdruck (weiss oder weissaluminium)

$U = 1,1$ W/m²K, ESG 6-18 N6

Spez. gut dämmender Glassteg Typ (Edelstahl)

Innen auf ESG, Sicht- und Splitterschutzfolie RSSF 705, matt

Glas an 4 Punkten mechanisch befestigt

Verdeckte Objektbänder ca. 3 Stück

Gasdruckzylinder

Flügel verschraubt (Zugang für Reinigung, Leuchtmittelwechsel, Sonnenschutz)

2.4 Wärmebrücken, die heiklen Stellen

Wärmebrücken sind Stellen der Gebäudehülle, an denen lokale Veränderungen des Wärmeflusses und der Temperaturen gegenüber dem ebenen, eindimensionalen Fall auftreten. Es können folgende Situationen unterschieden werden:

▮ Materialbedingte Wärmebrücken bei Bauteilen, durch Inhomogenitäten (z. B. Wärmedämmschicht zwischen Holztragstruktur) oder infolge Durchdringung der Wärmedämmschicht mit Befestigungselementen. Diese Wärmebrücken werden in der Regel bei der Berechnung der Bauteil-U-Werte berücksichtigt (vgl. 2.2 «opake Bauteile von Minergie-P-Bauten»). Es könnten theoretisch aber auch die Bauteil-U-Werte im «ungestörten Bereich» ermittelt und die punkt- und linienförmigen Wärmebrücken separat erfasst und als Transmissionswärmeverluste berücksichtigt werden.

▮ Material- und geometriebedingte Wärmebrücken bei Bauteilübergängen. Der Architekt «verursacht» mit seinem Entwurf auch die Problemstellen der Gebäudehülle (Abbildung 2.44). Vor- und Rücksprünge, Balkone, Loggien – je komplexer die Gebäudestruktur, desto grösser und desto zahlreicher werden in der Regel die «Konfliktstellen». Eine durchgehende Balkonschicht, die thermisch optimal entkoppelt werden kann, verursacht z. B. erheblich geringere Energieverluste als einzelne Loggien, die hier und dort in das Gebäude «hineingeschnitten» werden. Es entstehen dabei nicht

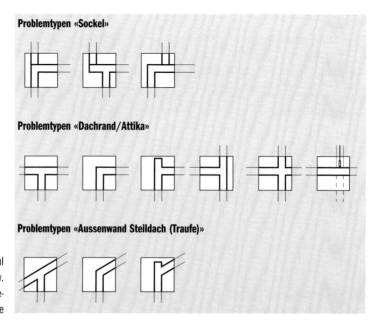

Problemtypen «Sockel»

Problemtypen «Dachrand/Attika»

Problemtypen «Aussenwand Steildach (Traufe)»

Abbildung 2.44: Auswahl von Problemtypen bzw. Bauteilübergängen der Gebäudehülle

nur Wärmebrückenverluste bei Bauteilübergängen; jeder Gebäude-
einschnitt führt auch zu einem Flachdach und einem Boden über
Aussenluft.

Beim Bauteilübergang treffen zwei bis drei Bauteile mit unterschiedlichen Schichten und Funktionen aufeinander. Insbesondere
die tragenden Schichten können dann, wenn sie die Wärmedämmschicht durchdringen, zu erheblichen Wärmebrücken führen, wie
das z. B. beim Sockel der Fall ist (Abbildung 2.45). Die relevanten
Bauteilübergänge sind objektspezifisch mittels Wärmebrückenberechnung zu analysieren (und zu optimieren), damit bei der Berechnung des Heizwärmebedarfs der korrekte Wärmebrückenverlust berücksichtigt werden kann.

▌ Lokal unterschiedliche Randbedingungen, z. B. Wärmequellen
bei Fussbodenheizungen. Diese Einflüsse werden bei der Berechnung der Transmissionswärmeverluste nach Norm SIA 380/1
berücksichtigt.

Wärmebrücken bei Holzbauten

Bezogen auf die äussere Abmessung (Norm SIA 380/1: Bauteilflä-
chen mit äusseren Abmessungen) wird der Wärmebrückenverlust
bei Holzbauten in der Regel negativ. Das heisst, dass bei Gebäude-
kanten (Ecken, Sockel, Dachrand etc.) kein Wärmebrückenverlust
zu berücksichtigen ist. Der Einbau von Fenster und Türen führt
bei Holzbauten aber zu zusätzlichen Wärmebrückenverlusten (vgl.
Abbildung 2.56), die nachzuweisen und zu berücksichtigen sind.

Wärmebrücken bei Mischbauweise

Der Übergang von Holzbauteil zu Holzbauteil lässt sich wärmebrückenfrei konstruieren. Im Übergangsbereich zum Massivbau
(z. B. Deckenauflager bei Stahlbeton-Geschossdecken) sind jedoch
Wärmebrücken unvermeidbar. Der Einbau von Fenstern und Türen führt ebenfalls zu Wärmebrücken.

Wärmebrücken bei Massivbauten

Je grösser die Wärmeleitfähigkeit von Baustoffen ist, desto eher
ist bei Bauteilübergängen mit Wärmebrückenverlusten zu rechnen (vgl. Abbildung 2.47 bis 2.56). Gegenüber Holzwerkstoffen
mit um 0,14 W/mK führen Backsteine (um 0,44 W/mK), Kalk-
sandsteine (um 1,0 W/mK), Stahlbeton (um 2,3 W/mK), Bau-
stahl (um 50 W/mK) und Aluminium (um 160 W/mK) zu einem
lokal viel höheren Energiefluss, wenn sie die Wärmedämmschicht
durchdringen.

Abbildung 2.45: Beim Sockel treffen nicht nur zwei meist unterschiedliche Aussenwände und eine Decke aufeinander, es kommen noch vielfältige Anforderungen wegen den «aussenklimatischen Bedingungen» dazu. Mechanische Beanspruchungen und der Schutz vor Spritzwasser und Feuchtigkeit beeinflussen die Konstruktionswahl ebenso, wie die wärmetechnisch-energetischen Gesichtspunte.

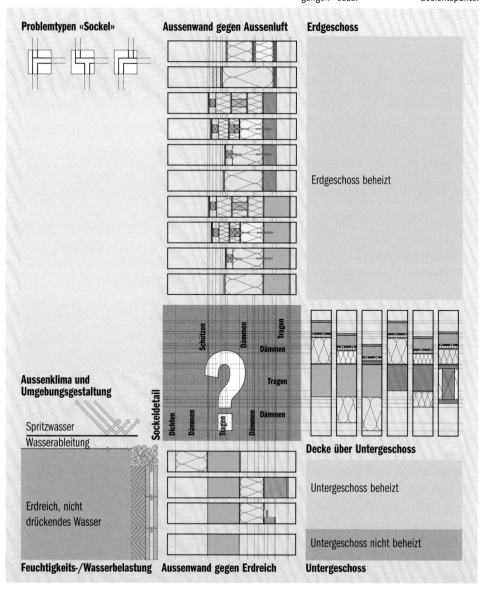

Neben dem Fenstereinbau sind beim Massivbau zahlreiche Konstruktionsdetails hinsichtlich Wärmebrückenverlust relevant:

▮ Tragende Wandscheiben, welche die Wärmedämmschicht durchdringen, z. B. beim Sockel (Abbildung 2.47), bei Innenwänden (Abbildung 2.48 bis 2.50), beim Dachrand (Abbildung 2.52 und 2.53) und dem Attikaanschluss.

▮ Über Kragplattenanschlüsse mit der Betondecke verbundene Auskragungen wie Balkone, Vordächer, etc. Gegenüber herkömmlichen Kragplattenelementen kann mit solchen aus faserverstärktem Kunststoff der Wärmebrückenverlust um einen Faktor 3 reduziert werden.

▮ Bleche und Metallprofile, welche die Wärmedämmschicht durchdringen, z. B. beim Dachrand (Abbildung 2.52) und bei Attikaanschlüssen.

Je besser der Wärmeschutz bei den Bauteilen ist – besser als bei Minergie-P-Bauten wird er wohl kaum je sein – desto gravierender wirken sich lokale Schwachstellen bei Bauteilübergängen auf den gesamten Transmissionswärmeverlust aus. Ein Wärmebrückenverlust kann bei Massivbauten im Minergie-P-Standard eine Grössenordnung von 0,1 bis 0,3 W/mK erreichen. Pro m Bauteilübergang bzw. Wärmebrücke resultiert dadurch ein Energieverlust, der demjenigen eines 1 m² bis 3 m² grossen Aussenbauteils mit einem U-Wert von 0,1 W/m² K entspricht!

Wärmebrückeneinfluss an einem Beispiel (Berechnungsweise 2007)

Welchen Einfluss können nun die erwähnten Wärmebrücken auf den Transmissionswärmeverlust Q_T und somit auf den Heizwärmebedarf Q_h eines gesamten Gebäudes haben? Um dies herauszufinden, wurden für ein Mehrfamilienhaus drei Szenarien durchgerechnet: eines ohne Wärmebrücken, eines mit optimierten und eines mit grossen Wärmebrücken (Abbildung 2.46). Dabei wurden folgende Bauteil-U-Werte berücksichtigt:

▮ 0,1 W/m² K für Aussenwand und Flachdach,

▮ 0,13 W/m² K für den Boden über dem nicht beheizten Untergeschoss und

▮ 0,8 W/m² K für das Fenster.

Auf der Südseite ist ein 2,0 m auskragender Balkon berücksichtigt, der neben dem Wärmebrückenverlust auch eine Relevanz hinsichtlich die Verschattung der Fenster hat.

▮ Zuerst der Idealfall, der allerdings in der Praxis kaum erreichbar ist: Ohne Wärmebrücken beträgt der Transmissionswärmeverlust Q_T 30,8 kWh/m², der Heizwärmebedarf Q_h beträgt 7,4 kWh/m².

Abbildung 2.46: Wärmebrücken wirken sich entscheidend auf die Energiebilanz aus. Die wärmebrückenfreie Lösung ist Theorie. In der Praxis gilt es die Optimierung anzustreben, die bei diesem Beispiel zu U-Werten bei den opaken Bauteilen von 0,12 W/m²K führt. Grosse Wärmebrücken (vgl. Abbildungen 2.47 und 2.52 bis 2.55) können durch einen besseren Wärmeschutz bei den Bauteilen nicht kompensiert werden; U-Werte von 0,06 W/m²K sind in der Praxis nicht zu erreichen. (Berechnungsweise nach Minergie-P 2007)

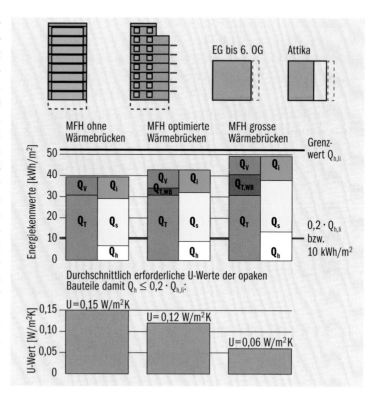

Damit liesse sich der Anforderungswert für Q_h von 10,3 kWh/m² bereits mit durchschnittlichen U-Werten von 0,15 W/m²K bei Aussenwand, Dächern und Böden erreichen.

∎ Im optimalen Fall, mit gut gelösten Bauteilübergängen, resultieren Transmissionswärmeverluste von 34,2 kWh/m². Das sind rund 11 % mehr als bei der Variante ohne Wärmebrücken. Daraus ergibt sich ein Heizwärmebedarf Q_h von 9,3 kWh/m² – das erfüllt die Anforderung von Minergie-P noch deutlich. Selbst mit durchschnittlichen U-Werten von 0,12 W/m²K könnten die Anforderungen noch eingehalten werden.

∎ Wenn allerdings wegen mangelhafter Planung erhebliche Wärmebrücken vorhanden sind, kann sich das wesentlich auf die Erreichbarkeit des Minergie-P-Standards auswirken: Mit 40,6 kWh/m² wird der Transmissionswärmeverlust dann um 19 % grösser als bei der Variante mit optimierten Wärmebrücken. Bezogen auf die wärmebrückenfreie Variante erreichen die Wärmebrückenverluste hier gar 32 % Anteil am gesamten Transmissionswärmeverlust. Der resultierende Heizwärmebedarf liegt mit 13,4 kWh/m² klar über dem Minergie-P-Anforderungswert von 10,3 kWh/m². Um den Anforderungswert in diesem Fall doch noch zu erreichen, müssten die berücksichtigten Wärmebrücken durch opake Bauteile mit einem durchschnittlichen U-Wert von 0,057 W/m²K kompensiert werden. Dies liesse sich aber nur mit unrealistisch dicken Wärmedämmungen erreichen. Konkret wäre eine etwa 63 cm dicke Wärmedämmschicht mit λ = 0,036 W/mK erforderlich.

Insgesamt zeigen die Resultate also, dass der Handlungsspielraum bei der Optimierung von Wärmebrücken relativ gross ist. Es lohnt sich, die Details zu optimieren, beispielsweise gestützt auf Wärmebrückenberechnungen. Wichtig ist aber auch der Befund, dass sich erhebliche Wärmebrücken nicht immer durch besser wärmegedämmte Bauteile kompensieren lassen. Mit anderen Worten: Wärmebrücken können mitunter das Erreichen des Minergie-P-Standards infrage stellen.

Wärmebrücken beim Sockel

Relevant ist der Sockel hinsichtlich Wärmebrückenverlust insbesondere dann, wenn das Untergeschoss unbeheizt ist. Im Sockel trifft dann das beheizte Erdgeschoss auf das unbeheizte Untergeschoss und dieser Bauteilübergang grenzt je nach Terrainverlauf gegen Aussenklima respektive gegen das Erdreich. Der Sockel ist oft das am schwierigsten zu optimierende Detail. Die berechneten vier Varianten (Abbildung 2.47) geben einen Hinweis über Konstruktionsmöglichkeiten, wenn als tragende Aussenwand über Terrain (im EG) ein Kalksandsteinmauerwerk vorhanden ist. Bei tragenden und aussteifenden Wandscheiben aus Stahlbeton (Erdbebensicherheit) ist die Suche nach energetisch optimierten Lösungen noch schwieriger.

▪ Bei der Variante 1 liegt die gesamte Wärmedämmschicht über der Betondecke. Hier durchdringt die tragende Mauerwerksscheibe (im Beispiel aus Kalksandstein) die Wärmedämmschicht und bildet eine Wärmebrücke. Sie verursacht einen hohen Wärmebrückenverlust von ψ = 0,066 W/mK.

▪ Variante 2 verfügt über eine Perimeterdämmung bei der UG-Wand. Dadurch reduziert sich der Wärmeabfluss aus dem EG. Der ψ-Wert beträgt in diesem Fall noch 0,03 W/mK.

▪ Bei Variante 3 ist die Mauerwerksscheibe von der Stahlbetondecke entkoppelt. Diese Lösung hat sich als wirksamste erwiesen. Sie reduziert den ψ-Wert auf nur noch 0,01 W/mK. Wegen der Gebäudehöhe (Statik, Lastabtragung) wurde dabei ein Thermur-Element berücksichtigt. Je nach statischen Randbedingungen können allenfalls auch weniger tragfähige, dafür wärmetechnisch-energetisch bessere Elemente eingesetzt werden. Denkbar wäre etwa ein

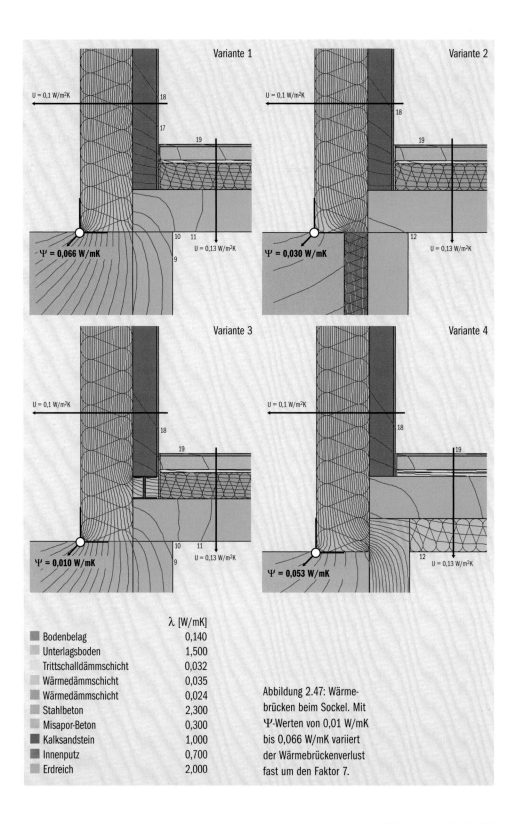

	λ [W/mK]
Bodenbelag	0,140
Unterlagsboden	1,500
Trittschalldämmschicht	0,032
Wärmedämmschicht	0,035
Wärmedämmschicht	0,024
Stahlbeton	2,300
Misapor-Beton	0,300
Kalksandstein	1,000
Innenputz	0,700
Erdreich	2,000

Abbildung 2.47: Wärme-
brücken beim Sockel. Mit
Ψ-Werten von 0,01 W/mK
bis 0,066 W/mK variiert
der Wärmebrückenverlust
fast um den Faktor 7.

Perinsul-Element (Schaumglasstein mit λ = 0,058 W/m K). Beim Einsatz eines solchen Elements würde der Wärmebrückenverlust −0,01 W/m K betragen; bezogen auf die Aussenabmessung resultierte somit kein zusätzlicher Verlust.

▮ Bei der Variante 4 liegt nur ein Teil der Wärmedämmschicht über der Stahlbetondecke; der Grossteil der Dämmung befindet sich im UG an der Deckenuntersicht. Die Stahlbetonwand im UG durchdringt aber die Wärmedämmschicht und verursacht einen Wärmebrückenverlust. Mit normalem Stahlbeton würde ψ etwa 0,166 W/m K betragen. Durch den Einsatz von Misapor-Beton (Zuschlagstoffe aus Schaumglasschotter) erreicht diese Lösung je nach Wärmeleitfähigkeit des Betons ψ-Werte von 0,053 W/m K (bei λ = 0,3 W/m K) oder 0,023 W/m K (bei λ = 0,15 W/m K).

Wärmebrücken bei Innenwänden

Abbildungen 2.48 bis 2.51 geben Aufschluss über den Wärmebrückenverlust bei Innenwänden, welche die Wärmedämmschicht bei Böden über unbeheizten Räumen (Wärmeverlust vermindert um den b-Faktor) oder bei solchen über Aussenluft durchdringen. Beim vorher erwähnten Rechenbeispiel (Abbildung 2.46) sind keine Wärmebrücken über solche Innenwände berücksichtigt.

▮ Bei durchdringenden Wänden aus Stahlbeton (Abbildung 2.48) werden die Wärmebrückenverluste mit ψ-Werten von 0,519 bis 0,694 W/mK, abhängig von der Anordung der Wärmedämmschichten (unten und oben, nur oben), gross. Energetisch bessere Lösungen sind schwierig zu finden. Das «Auflösen» der Wandscheiben in einzelne «Stützenköpfe» oder der Einsatz von Spezialbeton mit Zuschlagstoffen aus Schaumglas (z. B. Misapor-Beton) könnten allenfalls diskutiert werden.

▮ Bei durchdringenden Wänden aus Backstein oder Kalksandstein (Abbildung 2.49 und 2.50) werden die Wärmebrückenverluste erheblich kleiner als bei Stahlbetonwänden und es stehen auch zahlreiche Optimierungsmöglichkeiten zur Diskussion. Am kleinsten werden die Verluste mit ψ-Werten von 0,023 bis 0,038 W/mK dann, wenn im unteren, unbeheizten Raum keine Wandscheibe vorhanden ist (z. B. bei Autoeinstellhallen) und dadurch mit einem Teil der Wärmedämmschicht lückenlos gedämmt werden kann. Wenn oben und unten eine Wandscheibe vorhanden ist, wird der Wärmebrückenverlust mit ψ-Werten von 0,158 bis 0,315 W/mK bedeutend grösser als im vorskizzierten Fall und für Minergie-P wird dann eine Lösung mit thermisch von der Stahlbetondecke entkoppelter Wandscheibe unumgänglich sein. Wenn die Wände

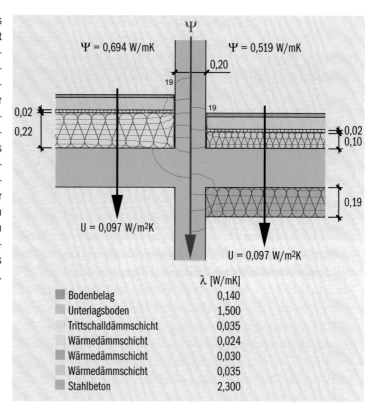

Abbildung 2.48: Die aus statischen Gründen oft unumgänglichen Durchdringungen des Wärmedämmperimeters mit Stahlbetonwänden, führen zu sehr grossen Wärmebrückenverlusten. Lösungen zur Optimierung können allenfalls das «Auflösen» der Wandscheiben in einzelne «Stützenköpfe» im Bereich der Wärmedämmschicht bieten oder evtl. der Einsatz von Spezialbeton mit Zuschlagstoffen aus Schaumglas (z. B. Misapor-Beton).

über wärmedämmende und tragende Elemente von der Stahlbetondecke entkoppelt werden, macht es Sinn, die gesamte Wärmedämmschicht über der Decke anzuordnen. In Abbildung 2.50 sind für diesen Fall die Wärmebrückenverluste angegeben bei Backstein- und Kalksandsteinmauerwerken, bei drei unterschiedlichen Dämmelementen und für verschiedene Elementhöhen. Es können Wärmebrückenverluste ψ von 0,055 bis 0,167 W/mK erreicht werden. Die Einsatzmöglichkeit der wärmedämmenden und tragenden Elemente ist jeweils mit dem Bauingenieuer abzuklären.

▌ Beim Holzbau können Wärmebrückenverluste beim Bauteilübergang Innenwand/Boden in der Regel weitgehend vermieden werden. Als Beispiel für einen relevanten Wärmebrückenverlust ist der Massivholzbau, mit Stahlbetonwand im Untergeschoss, aufgeführt (Abbildung 2.51), wo ein Wärmebrückenverluste ψ von 0,067 W/mK resultiert. Bei fehlender Stahlbetonwand beträgt der Wärmebrückenverluste nur noch 0,002 W/mK und auch bei einer Stahlbetonwand liesse sich der Wärmebrückenverlust weitgehend vermeiden, wenn die ganze Wärmedämmschicht über der Massivholzdecke angeordnet würde.

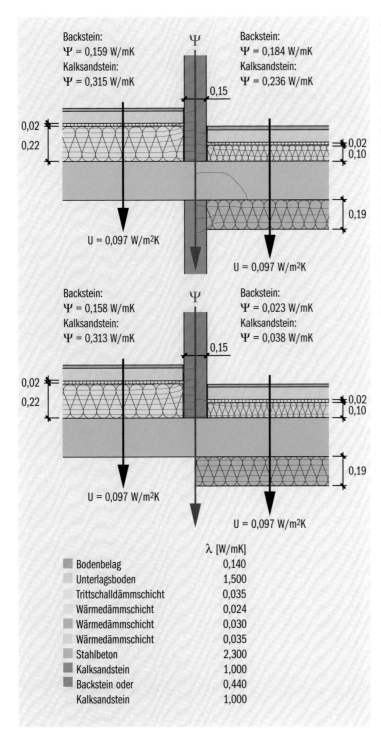

Abbildung 2.49: Gegenüber der durchdringenden, 0,2 m dicken Stahlbetonwend in Abbildung 2.48 führen 0,15 m dicke Backstein- oder Kalksandsteinwände zu erheblich geringeren Wärmebrückenverlusten (Varianten mit/ohne Kalksandsteinwand im unteren Raum). Diese sind aber für Minergie-P immer noch unbefriedigend hoch und rufen nach einer Optimierung durch eine thermische Trennung gegenüber der Stahlbetondecke (vgl. Abbildung 2.50).

Abbildung 2.50: Wenn die Wand von der Stahlbetondecke thermisch getrennt werden kann, ist es optimal, die gesamte Wärmedämmschicht über der Decke anzuordnen. Je höher das thermisch trennende Element und je kleiner dessen Wärmeleitfähigkeit, desto kleiner wird der Wärmebrückenverlust bei diesem Bauteilübergang. In der Praxis werden die statischen Kriterien über die Einsatzmöglichkeit solcher Elemete bestimmen (z. B. Thermur, Ytong Thermofuss, Foamglas-Perinsul o. ä.).

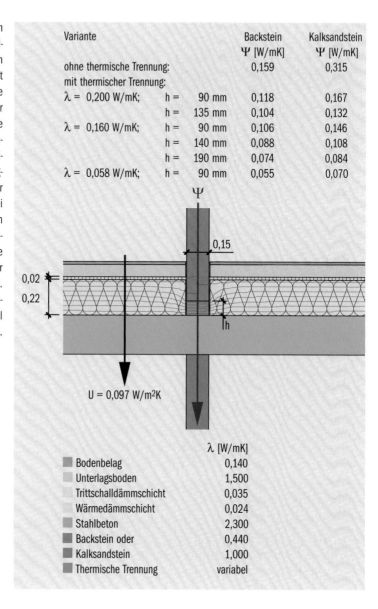

Variante			Backstein Ψ [W/mK]	Kalksandstein Ψ [W/mK]
ohne thermische Trennung:			0,159	0,315
mit thermischer Trennung:				
λ = 0,200 W/mK;	h =	90 mm	0,118	0,167
	h =	135 mm	0,104	0,132
λ = 0,160 W/mK;	h =	90 mm	0,106	0,146
	h =	140 mm	0,088	0,108
	h =	190 mm	0,074	0,084
λ = 0,058 W/mK;	h =	90 mm	0,055	0,070

Ψ

0,15

0,02
0,22

h

U = 0,097 W/m²K

	λ [W/mK]
Bodenbelag	0,140
Unterlagsboden	1,500
Trittschalldämmschicht	0,035
Wärmedämmschicht	0,024
Stahlbeton	2,300
Backstein oder	0,440
Kalksandstein	1,000
Thermische Trennung	variabel

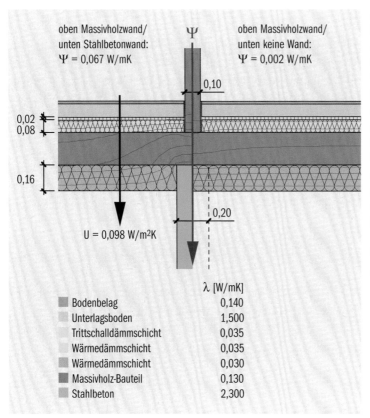

oben Massivholzwand/
unten Stahlbetonwand:
Ψ = 0,067 W/mK

Ψ

oben Massivholzwand/
unten keine Wand:
Ψ = 0,002 W/mK

0,10

0,02
0,08

0,16

U = 0,098 W/m²K

0,20

	λ [W/mK]
Bodenbelag	0,140
Unterlagsboden	1,500
Trittschalldämmschicht	0,035
Wärmedämmschicht	0,035
Wärmedämmschicht	0,030
Massivholz-Bauteil	0,130
Stahlbeton	2,300

Abbildung 2.51: Bei der Massivholzdecke führt die durchdringende Massivholzwand zu keinem relevanten Wärmebrückenverlust. Die Stahlbetonwand, welche die untere Wärmedämmschicht durchdringt, führt jedoch zu einem Wärmebrückenverlust, den es zu berücksichtigen gilt. Optimaler wäre bei dem Bauteilübergang mit Stahlbetonwand, wenn beim Boden die gesamte Wärmedämmschicht oben angeordnet würde.

Wärmebrücke beim Dachrand

In der heutigen Baupraxis sind im Bereich des Dachrands immer noch Tragbleche üblich, welche die Wärmedämmschicht durchdringen. Dabei entsteht aber ein ψ von 0,217 W/m K – für Minergie-P ist der daraus resultierende Energieverlust zu gross (Abbildung 2.52, Variante 1). Durch thermisch entkoppelt montierte Bleche lässt sich der Wärmebrückenverlust massiv verringern. Wird zwischen Blech und Deckenstirne beispielsweise ein 3 cm dicker Wärmedämmstoffstreifen eingefügt (Variante 2), verringert das den Wärmebrückenverlust um 67 % auf ψ = 0,071 W/m K.

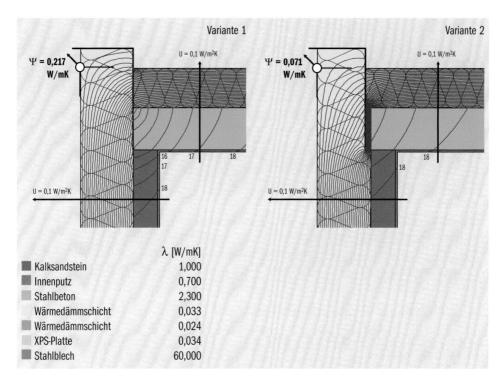

Abbildung 2.52: Bei der konstruktiven Ausbildung von Dachrändern werden oft durchgehende Tragbleche verwendet, die zu hohen Wärmebrückenverlusten führen. Durch thermisch entkoppeltes Montieren der Tragbleche (z. B. mit 30 mm dicken, druckfesten Wärmedämmstoffen) lässt sich der Wärmebrückenverlust um rund zwei Drittel verringern.

Wärmebrücke bei Attikabrüstung

Für die Attikabrüstung wurden drei Varianten rechnerisch untersucht (Abbildung 2.53).

▮ Variante 1 ist sozusagen die Ausgangssituation: Die Attikabrüstung aus Kalksandsteinmauerwerk durchdringt die Wärmedämmschicht. Ein hoher Wärmebrückenverlust von 0,252 W/m K ist die Folge.

▮ Die übliche Reaktion auf dieses Problem ist, die Brüstung zu überdämmen (Variante 2). Damit kann der Wärmebrückenverlust wohl auf $\psi = 0,092$ W/m K reduziert werden. Für Minergie-P-Bauten ist das aber immer noch hoch.

▮ Als Ideallösung wäre deshalb anzustreben, den Wärmedämmperimeter «direkt» zu schliessen. Dies lässt sich durch eine thermisch entkoppelt aufgemauerte Attikabrüstung erreichen, wie sie in Variante 3 skizziert ist. Mit einem Perinsul-Element und einer etwa alle 1,6 m angeordneten Vertikalarmierung (punktförmiger Wärmebrückenverlust von 0,033 W/K berücksichtigt) kann der Wärmebrückenverlust auf insgesamt 0,04 W/m K reduziert werden.

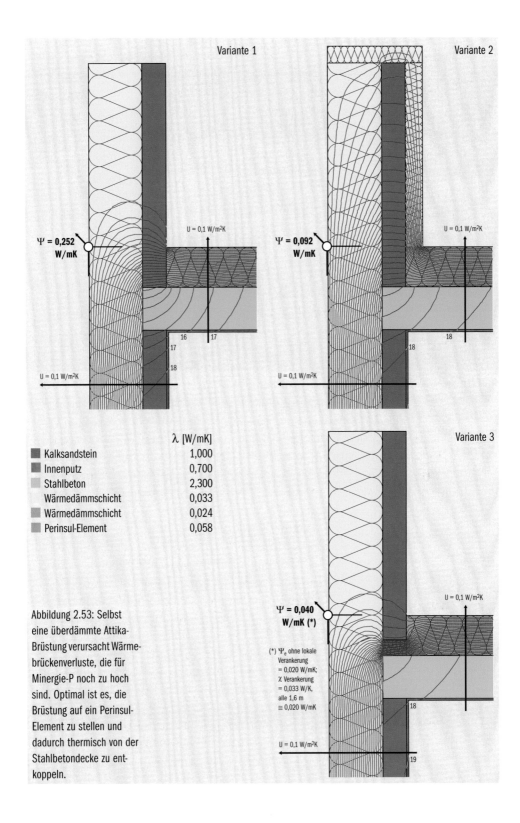

Variante 1

$\Psi = 0{,}252$ W/mK

U = 0,1 W/m²K

U = 0,1 W/m²K

16 17
17
18

Variante 2

$\Psi = 0{,}092$ W/mK

U = 0,1 W/m²K

18
18

U = 0,1 W/m²K

Variante 3

$\Psi = 0{,}040$ W/mK (*)

(*) Ψ_e ohne lokale
Verankerung
= 0,020 W/mK;
χ Verankerung
= 0,033 W/K,
alle 1,6 m
≅ 0,020 W/mK

U = 0,1 W/m²K

18

U = 0,1 W/m²K

19

	λ [W/mK]
Kalksandstein	1,000
Innenputz	0,700
Stahlbeton	2,300
Wärmedämmschicht	0,033
Wärmedämmschicht	0,024
Perinsul-Element	0,058

Abbildung 2.53: Selbst eine überdämmte Attika-Brüstung verursacht Wärmebrückenverluste, die für Minergie-P noch zu hoch sind. Optimal ist es, die Brüstung auf ein Perinsul-Element zu stellen und dadurch thermisch von der Stahlbetondecke zu entkoppeln.

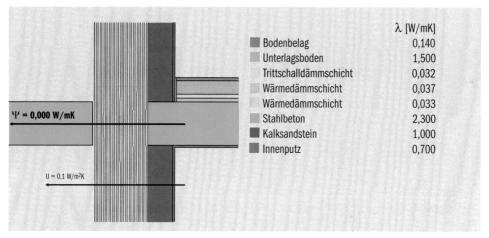

	λ [W/mK]
■ Bodenbelag	0,140
■ Unterlagsboden	1,500
■ Trittschalldämmschicht	0,032
■ Wärmedämmschicht	0,037
■ Wärmedämmschicht	0,033
■ Stahlbeton	2,300
■ Kalksandstein	1,000
■ Innenputz	0,700

Ψ = 0,000 W/mK

U = 0,1 W/m²K

Abbildung 2.54: Für Minergie-P kommen eigentlich nur separat abgestützte Balkone in Frage, die zu einer wärmebrückenfreien Lösung führen. Konventionelle Kragplattenanschlüsse verursachen Wärmebrückenverluste im Bereich von 0,3 W/mK. Mit Speziallösungen (faserverstärkte Kunststoffe/VIP-Wärmedämmstoff) kann der Wärmeverlust über die Kragplatte etwa um den Faktor 3 reduziert werden.

Wärmebrücke beim Balkon

Thermisch optimal sind separat abgestützte Balkone (Abbildung 2.54). Wenn das Baugesetz dies nicht erlaubt – etwa weil die Balkone über die Baulinie hinaus ragen – bleibt quasi nur der Anschluss mit Kragplatten. In diesem Fall beschränkt sich der Optimierungsspielraum auf die Güte des Anschlusselementes. Variiert werden kann beispielsweise die Qualität des Stahls oder es können Elemente mit faserverstärkten Kunststoffen eingesetzt werden. Realistisch ist für konventionelle Kragplattenanschlüsse ein ψ-Wert um etwa 0,3 W/m K, der durch den Einsatz von Elementen mit faserverstärkten Kunststoffen etwa um einen Faktor 3 reduziert werden kann. Fazit: Balkone sollten wenn immer möglich mit separater Tragstruktur realisiert werden.

Wärmebrücken beim Fenstereinbau

Selbst bei Holzbauten, wo es in der Regel möglich ist, fast wärmebrückenfrei zu bauen, führt der Fenstereinbau immer zu zusätzlichem Wärmeverlust. Stellvertretend auch für die Wärmebrückenverluste beim Fenstereinbau im Brüstungs- bzw. Schwellenbereich und beim Sturz (wo noch weitere Einflussfaktoren wie z. B. die Sturznische dazukommen) wird im folgenden nur auf den seitlichen Fensteranschluss in die Aussenwand eingegangen. Für die Beurteilung des Einflusses auf den Transmissionswärmeverlust bzw. das Erreichen des Minergie-P Standards (Abbildung 2.46) werden für ein fiktives Holz-Metall-Fenster die Auswirkung von zwei unterschiedlichen Einbauvarianten in eine Kompaktfassade berücksichtigt (Abbildung 2.55).

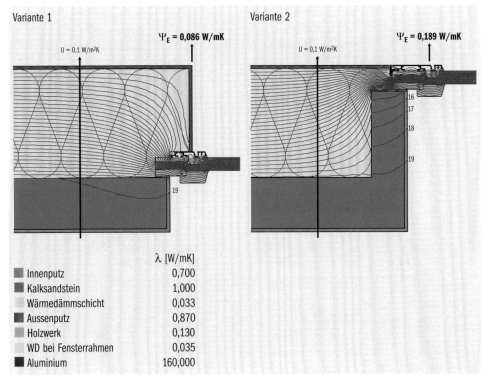

Abbildung 2.55: Aussen, flächenbündig eingebaute Fenster verursachen einen etwa doppelt so hohen Wärmebrückenverlust wie der energetisch optimierte Anschlag auf der Innenseite der Wärmedämmschicht (vgl. auch Beispiele in Abbildung 2.56).

▌In Variante 1 ist das Fenster innen angeschlagen und überdämmt. Selbst in diesem Fall verursachen Aluminiumteile, die in den Warmbereich eingreifen, einen zusätzlichen Wärmebrückenverlust von 0,086 W/mK.

▌Noch viel schlechter sieht es bei Variante 2 aus. Hier ist das Fenster aussen flächenbündig eingebaut. Das sieht wohl schick aus und liegt im Trend. Man handelt sich aber mit 0,189 W/mK einen mehr als doppelt so grossen ψ-Wert ein – bezogen auf dieselbe Bezugsebene wie bei der überdämmten Variante! Dies hat entscheidende Folgen auf den U-Wert des Fensters unter Berücksichtigung des Einbaus und damit auf den Transmissionswärmeverlust des ganzen Gebäudes. Kommt noch hinzu, dass solche Lösungen auch bezüglich des Sonnenschutzes problematisch sein können. Was auf der Nordseite ohne äusseren Sonnenschutz noch funktionieren kann, führt bei besonnten Fassaden mit Sicherheit zu Überhitzungsproblemen.

Der Einfluss des Fenstereinbaus zeigt auch die Abbildung 2.56 für den Holzbau (Holzrahmenbau) und den Massivbau (Aussenwärmedämmung, verputzt oder mit hinterlüfteter Bekleidung). Es wurde dasjenige Fenster berücksichtigt (Eiger Isolar), das im Fenstervergleich bezüglich des Wärmebrückenverlustes beim Einbau am besten abgeschnitten hat (vgl. 2.3 «Transparente Bauteile von Minergie-P-Bauten»). Der seitliche Fensteranschlag führt dann zum kleinsten Wärmeverlust und somit auch zum kleinsten Wärmebrückenverlust für den Fenstereinbau, wenn dieses im Mittenbereich der Holzbaukonstruktion bzw. im inneren Bereich der Aussenwärmedämmung von massiven Aussenwänden angeschlagen wird (ψ_E = 0,097 bzw. 0,049 W/mK). Beim Holzbau wird der Wärmebrückenverlust deshalb grösser als beim Massivbau, weil der statisch-konstruktiv erforderliche Holzrahmen im Leibungsbereich den Wärmebrückenverlust beeinflusst. Beim ganz aussen angeschlagenen Fenster sind die Energieverluste am grössten, wobei sich dies wegen der veränderten Bezugsebenen nicht zwangsläufig im ψ_E-Wert manifestiert. Auch das ganz innen angeschlagene Fenster ist energetisch ungünstiger als das im «Mittenbereich» angeordnete Fenster; diese Anschlagsart führt jedoch zu einem kleineren Wärmeverlust als das ganz aussen angeschlagene Fenster und zudem sind die raumseitigen Oberflächentemperaturen bei dieser Detailausbildung optimal hoch.

Weil die Differenzen bei den Wärmebrückenverlusten sehr gross sein können, je nach Fenster, konstruktiven Randbedingungen, Lage des Fensters und Detailausbildung (Leibung, Sturz, Brüstung) sollten die effektiven Wärmebrückenverluste jeweils objektspezifisch rechnerisch ermittelt werden.

Wärmebrücken bei wärmetechnischen Sanierungen

Was bei Neubauten noch als relativ schwierig gilt, ist bei der wärmetechnischen Sanierung von bestehenden Gebäuden oft unmöglich: Wärmebrücken können teilweise kaum vermieden oder auf ein vertretbares Minimum reduziert werden. Insbesondere das Durchdringen der Wärmedämmschicht mit tragenden Bauteilen lässt sich beim Sockel oder bei Innenwänden kaum vermeiden. Bei Bauteilen, die nicht zur Haupttragstruktur gehören, wie Vordächer, Brüstungen, Balkone u. ä., drängt sich bei Sanierungen im Minergie-P-Standard ein Rückbau auf, damit eine möglichst wärmebrückenfreie Lösung realisiert werden kann.

Das Beispiel in den Abbildungen 2.57 bis 2.59 zeigt deutlich, in welche Richtung es bei solch wärmetechnischen Sanierungen gehen muss: Dem bestehenden Gebäude wird eine neue, hochwärmegedämmte Gebäudehülle «übergestülpt»; mit einer Innenwärmedämmung ist es undenkbar, den Minergie-P-Standard zu erreichen.

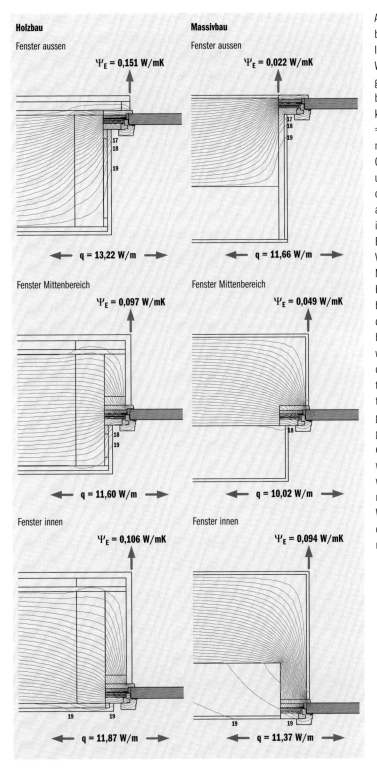

Holzbau

Fenster aussen

$\Psi_E = 0{,}151$ W/mK

17
18
19

q = 13,22 W/m

Fenster Mittenbereich

$\Psi_E = 0{,}097$ W/mK

18
19

q = 11,60 W/m

Fenster innen

$\Psi_E = 0{,}106$ W/mK

19   19

q = 11,87 W/m

Massivbau

Fenster aussen

$\Psi_E = 0{,}022$ W/mK

17
18
19

q = 11,66 W/m

Fenster Mittenbereich

$\Psi_E = 0{,}049$ W/mK

18

q = 10,02 W/m

Fenster innen

$\Psi_E = 0{,}094$ W/mK

19   19

q = 11,37 W/m

Abbildung 2.56: Wärmebrückenverlust beim seitlichen Fensteranschlag und Wärmeverlust über den gesamten Detailperimeter bei Holz- und Massivbaukonstruktion (Wand mit U = 0,1 W/m²K; Fensterrahmen mit U_f = 0,91 W/m²K; Glas mit U_g = 0,5 W/m²K und Ψ_g = 0,05 W/mK), für den Fensteranschlag ganz aussen, ganz innen oder im Mittenbereich. Beim Holzbau sind die Verlust höher als beim Massivbau, weil der Holzrahmen im Leibungsbereich der Aussenwand den Wärmebrückenverlust beeinflusst. Beim Holzbau wie beim Massivbau führt der Fenstereinbau im Mittenbereich zu den kleinsten Energieverlusten. Beim ganz aussen angeschlagenen Fenster sind die Energieverluste am grössten, wobei sich dies wegen der veränderten Bezugsebenen nicht zwangsläufig im Ψ_E-Wert manifestiert. q = Wärmestrom über berechnetes Detail

▌Ausgangspunkt für die Diskussion von Sanierungen im Minergie-P-Standard ist eine bestehende Gebäudehülle mit 30 cm dickem, verputztem Verbandmauerwerk (Abbildung 2.57). Diese steht stellvertretend auch für andere Baukonstruktionen mit U-Werten um 0,6 bis 1,0 W/m² K, so z. B. Aussenwände mit Innenwärmedämmungen von geringer Dicke und Vormauerungen. Es wird jeweils der Energieverlust und der Wärmebrückenanteil über eine Fassade von 1,5 Geschossen gezeigt, wobei der Fassadenschnitt mit und ohne Fenster unter die Luppe genommen wird (ohne Wärmeverlust über den Boden über dem nicht beheizten Untergeschoss). Vor der Sanierung beträgt der Energieverlust über die Fassade mit den Fenstern 278,5 W/m, wovon der Anteil der Wärmebrücken (Sockel, Deckenauflager/Sturz, Fenstereinbau) 23,8 % beträgt. Bei der Fassade ohne Fenster beträgt der Energieverlust 171,6 W/m, wovon 11,5 % auf die Wärmebrücken (Sockel, Deckenauflager) entfallen.

▌Abbildung 2.58 zeigt die Auswirkungen einer Sanierung mittels Aussenwärmedämmung (verputzt oder mit hinterlüfteter Bekleidung) im Minergie-P-Standard. Dies stellt wohl die effektivste oder sogar einzige Möglichkeit dar, ein bestehendes Gebäude in wärmetechnisch-energetischer Hinsicht derart grundlegend zu verbessern. Gegenüber dem Ist-Zustand kann der Wärmeverlust um 76,7 % auf 64,8 W/m reduziert werden (Fassadenschnitt mit Fenster) bzw. um 89,6 % auf 17,9 W/m (Fassadenschnitt ohne Fenster). Der Wärmebrückeneinfluss ist mit 21,8 % bis 34,4 % sehr gross, wobei nur der Sockel und der Fenstereinbau relevant sind.

▌Im Kontext Minergie-P wird wohl niemand ernsthaft in Erwägung ziehen, ein Gebäude mittels Innenwärmedämmung (z. B. mit Vakuum-Panels) zu sanieren (Abbildung 2.59). Durch den Wärmebrückeneinfluss (Sockel, Deckenauflager, Sturz) von 62,3 % bis 73,4 % hält sich der Erfolg einer Verbesserung des Wärmeschutzes in Grenzen. Beim Fassadenschnitt mit Fenster kann der Wärmeverlust zwar um 60,1 % auf 111,2 W/m reduziert werden und beim Schnitt ohne Fenster um 69,3 % auf 52,7 W/m. Trotz analoger Bauteilkennwerte ist der Wärmeverlust gegenüber der aussen wärmegedämmten Gebäudehülle jedoch um 71,6 % bis 194,4 % grösser und bietet mit Sicherheit nicht die Möglichkeit, den Minergie-P-Standard zu erreichen.

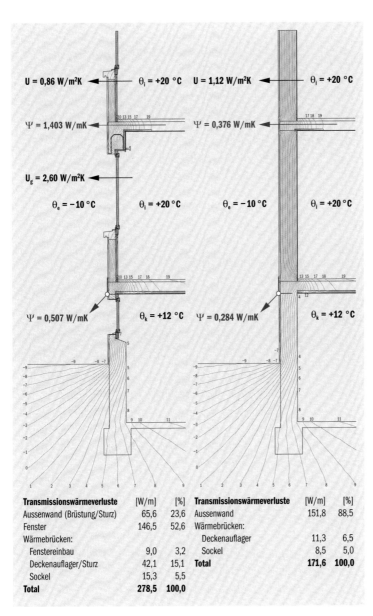

$U = 0,86\ W/m^2K$ $\theta_i = +20\ °C$ $U = 1,12\ W/m^2K$ $\theta_i = +20\ °C$

$\Psi = 1,403\ W/mK$ $\Psi = 0,376\ W/mK$

$U_g = 2,60\ W/m^2K$

$\theta_e = -10\ °C$ $\theta_i = +20\ °C$ $\theta_e = -10\ °C$ $\theta_i = +20\ °C$

$\Psi = 0,507\ W/mK$ $\theta_k = +12\ °C$ $\Psi = 0,284\ W/mK$ $\theta_k = +12\ °C$

Abbildung 2.57: Bestehende Gebäudehülle mit 30 cm dickem, verputztem Verbandmauerwerk, als Basis für die Diskussion von Sanierungen im Minergie-P-Standard. Am Energieverlust von 278,5 W/m über den Fassadenschnitt bei den Fenstern (1,5 Geschosse, ohne Boden über dem Untergeschoss) haben die Wärmebrücken (Sockel, Deckenauflager/Sturz, Fenstereinbau) einen Anteil von 23,8 %. Beim Fassadenschnitt ohne Fenster tragen die Wärmebrücken (Sockel, Deckenauflager) 11,5 % zu den 171,6 W/m Energieverlust bei.

Transmissionswärmeverluste	[W/m]	[%]
Aussenwand (Brüstung/Sturz)	65,6	23,6
Fenster	146,5	52,6
Wärmebrücken:		
Fenstereinbau	9,0	3,2
Deckenauflager/Sturz	42,1	15,1
Sockel	15,3	5,5
Total	**278,5**	**100,0**

Transmissionswärmeverluste	[W/m]	[%]
Aussenwand	151,8	88,5
Wärmebrücken:		
Deckenauflager	11,3	6,5
Sockel	8,5	5,0
Total	**171,6**	**100,0**

Abbildung 2.58: Für Sanierungen im Minergie-P-Standard ist die Aussenwärmedämmung (verputzt oder mit hinterlüfteter Bekleidung) wohl die effektivste Möglichkeit. Gegenüber dem Ist-Zustand (Abbildung 2.57) kann der Wärmeverlust um 76,7 % auf 64,8 W/m reduziert werden (Fassadenschnitt mit Fenster) bzw. um 89,6 % auf 17,9 W/m (Fassadenschnitt ohne Fenster). Der Wärmebrückeneinfluss ist mit 21,8 % bis 34,4 % gross, wobei primär der Sockel und der Fenstereinbau relevant sind.

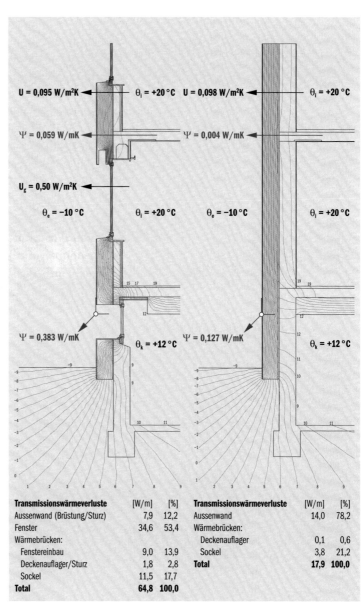

Transmissionswärmeverluste	[W/m]	[%]
Aussenwand (Brüstung/Sturz)	7,9	12,2
Fenster	34,6	53,4
Wärmebrücken:		
Fenstereinbau	9,0	13,9
Deckenauflager/Sturz	1,8	2,8
Sockel	11,5	17,7
Total	**64,8**	**100,0**

Transmissionswärmeverluste	[W/m]	[%]
Aussenwand	14,0	78,2
Wärmebrücken:		
Deckenauflager	0,1	0,6
Sockel	3,8	21,2
Total	**17,9**	**100,0**

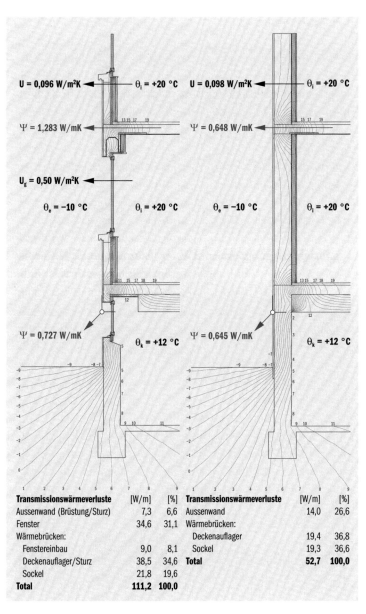

Abbildung 2.59: Zugegeben, im Kontext Minergie-P wird wohl niemand ernsthaft in Erwägung ziehen, ein Gebäude mittels Innenwärmedämmung (z. B. mit VIP-Panels wie in diesem Beispiel) zu sanieren. Durch den Wärmebrückeneinfluss (Sockel, Deckenauflager, Sturz) von 62,3 % bis 73,4 % hält sich der Erfolg in Grenzen. Beim Fassadenschnitt mit Fenster kann der Wärmeverlust um 60 % auf 111,2 W/m reduziert werden und beim Schnitt ohne Fenster um 69,3 % auf 52,7 W/m. Trotz analoger Bauteilkennwerte ist der Wärmeverlust gegenüber der aussen wärmegedämmten Gebäudehülle (Abbildung 2.58) um 71,6 % bis 194,4 % grösser.

Transmissionswärmeverluste	[W/m]	[%]
Aussenwand (Brüstung/Sturz)	7,3	6,6
Fenster	34,6	31,1
Wärmebrücken:		
Fenstereinbau	9,0	8,1
Deckenauflager/Sturz	38,5	34,6
Sockel	21,8	19,6
Total	**111,2**	**100,0**

Transmissionswärmeverluste	[W/m]	[%]
Aussenwand	14,0	26,6
Wärmebrücken:		
Deckenauflager	19,4	36,8
Sockel	19,3	36,6
Total	**52,7**	**100,0**

2.5 Bauteilkatalog: Energie und Bauökologie

Für viele Auftraggeber sind bauökologische und gesundheitliche Aspekte von Gebäuden alles andere als Marginalien. Entsprechend wichtig sind verlässliche Systeme zur Bewertung und zur Optimierung von ganzen Gebäuden oder einzelnen Bauteilen. Das Webangebot www.bauteilkatalog.ch ermöglicht sowohl eine energetische als auch bauökologische Beurteilung eines Bauteils in einem Arbeitsgang. Eine Mehrfacheingabe von Daten erübrigt sich. Das erleichtert dem Gebäudetechniker und der Architektin die Evaluation von Konstruktionen, beispielsweise aufgrund von Varianten sowie entsprechende Nachweise wie SIA 380/1, Minergie, Minergie-Eco oder eine Ökobilanz des Gebäudes. Im Planungsbüro ersetzt das Angebot die SIA-Dokumentation D0123 «Hochbaukonstruktionen nach ökologischen Gesichtspunkten» sowie den bewährten Bauteilkatalog in Print-Form des Bundesamts für Energie, BFE [1].

[1] Bauteilkatalog für Neubauten und Sanierungen, Bundesamt für Energie BFE, Bern 2002 www.bauteilkatalog.ch

Auf einen Blick erkennbar

Der webbasierte Bauteilkatalog listet die wesentlichen energetischen und bauökologischen Werte eines Bauteiles in einer übersichtlichen Tabelle auf. Insgesamt sind im Katalog 60 Bauteile der Gebäudehülle und weitere 40 Konstruktionen für Innenbauteile, für den Ausbau und die Umgebung enthalten. Für jedes Bauteil liefert die Tabelle eine Beschreibung zum Aufbau mit der Dicke, den Lambda-Werten, der Lebensdauer und der Masse der einzelnen Schichten sowie deren Einstufung als «ökologisch interessant»

Abbildung 2.60: Die Umweltbelastung einer Aussenwand, über die gesamte Lebensdauer von 100 Jahren gerechnet, in Umweltbelastungspunkten (UBP) pro m² Bauteilfläche. Die Grafiken sind der Website www.bauteilkatalog.ch entnommen.

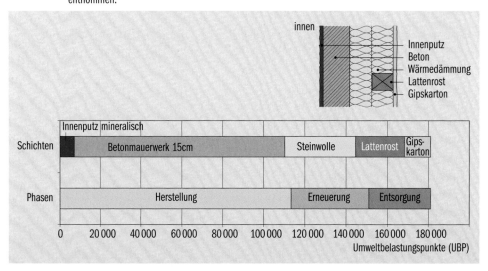

respektive «bedingt interessant» nach öko-devis [2]. Die bauökologischen Daten sind nach den Phasen Herstellung, Erneuerung und Entsorgung differenziert. So lässt sich in einer Matrix die ökologische Relevanz eines Bauteils sowohl den einzelnen Schichten als auch den Phasen zuordnen. Nutzer der Website erkennen im dazugehörigen Balkendiagramm die Potenziale buchstäblich auf einen Blick (Abbildung 2.60). U-Wert und Gesamtrelevanz des Bauteils sind in der Zusammenfassung enthalten. Im Konfigurator lässt sich zudem die Dicke einzelner Schichten sowie Wärmedämmmaterialien wählen und dadurch individuell optimierte Bauteile zusammenstellen. Die online generierten Daten stehen Anwendern im PDF-Format, beispielsweise für den Ausdruck, und im XML-Format für den Export in SIA-380/1-Berechnungsprogramme zur Verfügung.

[2] Ökologische Leistungen: Download von Merkblättern unter www.eco-bau.ch → Planungswerkzeuge

Erneuerungen subsummiert

Die generierten Daten der Umweltbelastung beziehen sich auf eine einheitliche Lebensdauer der Bauteile von 100 Jahren. Selbstverständlich bedeutet das bei vielen Bauteilen mit kürzerer Lebensdauer auch Erneuerungen. Falls sich aufgrund einer vergleichsweise kurzen Restlebensdauer ein Ersatz oder eine Instandsetzung der entsprechenden Bauteilschichten nicht lohnt, entfällt dieser Aufwand konsequenterweise. Beispiel: Während den 100 Jahren Lebensdauer sind nach der Erstausrüstung ein zweimaliger Fensterersatz notwendig, da diese Bauteile nur 30 Jahre halten. In den verbleibenden 40 Jahren gibt es keine neuen Fenster.

Das Beispiel eines Aussenwandsystems (Abbildung 2.60) zeigt die grafische Umsetzung der Resultate. Der Löwenanteil der Umweltbelastung (UBP) entfällt auf das Betonmauerwerk, die Wärmedämmung und der Lattenrost sind aber keineswegs vernachlässigbar. Die Variation der Schichtdicken oder der Materialisierung erlaubt eine bauökologische Optimierung. Beispielsweise sinkt die Umweltbelastung um gut 7 %, falls die Konstruktion mit Cellulosefasern statt mit Steinwolle gedämmt ist. Fast 18 % mehr UBP ergeben sich dagegen bei einer um 5 cm dickeren Betonwand. Mit einigen Klicks – und dem nach wie vor nötigen Sachverstand – kommt der Planer zum ökologischen Bauteil.

Bauökologische Bewertungen

Umweltbelastungspunkte, UBP, quantifizieren die Belastung der Umwelt durch die Herstellung und den Rückbau der Baustoffe nach dem Prinzip der «ökologischen Knappheit», normiert auf ein

Jahr des Lebenszyklus und 1 m² der Bauteilfläche. Die Bewertung anhand der UBP stellt eine dynamische Methode dar, welche Umweltbelastungen entsprechend den heute gültigen Umweltstandards, beispielsweise Grenzwerte und gesetzliche Vorschriften gewichtet. Die UBP beinhalten auch die Teilbewertungen nach den Kriterien der Grauen Energie und des Treibhauseffektes; insofern bilden UBP eine Gesamtbewertung.

Die graue Energie quantifiziert den kumulierten Energieaufwand von Bauteilen und Materialien an fossilen und nuklearen Energien sowie an Wasserkraft für die Herstellung und den Rückbau entsprechend der für eco-devis und SIA D0200 SNARC relevanten Definition.

Der Treibhauseffekt subsummiert Emissionen an Treibhausgasen, bezogen auf die Leitsubstanz CO_2. Diese Teilbewertung ist nicht gleichzusetzen mit dem standortgebundenen CO_2-Ausstoss.

Datengrundlage: Ecoinvent

Gemeinsame Datengrundlage für die drei Bewertungssysteme UBP, Graue Energie und Treibhauseffekt bilden die Stoff- und Energieflüsse von Ecoinvent und Empa. Eine handliche Zusammenstellung von Daten und Anwendungsbeispielen bietet – nebst der wichtigsten Links – die Empfehlung KBOB/eco-bau/IPB 2007/1 [3]. Diese Publikation bildet die Grundlage des Bauteilkatalogs.
www.bauteilkatalog.ch
(Othmar Humm)

[3] Empfehlung KBOB/eco-bau/IPB 2007/1: Download unter kbob.ch → Publikationen → Empfehlungen Nachhaltiges Bauen

Im Haus Gebhardstrasse in Liebefeld, BE-001-P-ECO
(Christine Blaser)

Kapitel 3

Haustechnik für P-Häuser

Othmar Humm
Benno Zurfluh

Bezüglich der energiepolitischen Relevanz ist die Wahl des Heizsystems in einem Minergie-P-Bau nachrangig. Das zeigen Untersuchungen über die Umweltwirkungen von Energiestandards. Dies gilt aber nicht für den Komfort und die Betriebssicherheit der Systeme. Insofern ist die Heizung und die Lufterneuerung auch im P-Haus von entscheidender Bedeutung.

3.1 Heizung

Grundsätzlich ist jedes Heizsystem für einen Minergie-P-Bau geeignet. Allerdings ermöglichen Wärmepumpen und Holzheizungen im Berechnungsmodus einen Bonus und erleichtern damit die Erfüllung der P-Anforderungen (Gewichtete Energiekennzahl). Dazu ist anzufügen, dass die Anforderung an den Heizwärmebedarf bei Minergie-P-Bauten in der Regel ein ebenso kritisches Kriterium ist wie die gewichtete Energiekennzahl (Endenergieverbrauch).

▌ In Minergie-P-Häusern sollte es trotz den oftmals knapp bemessenen Wärmeerzeugern und Abgabesystemen zu keiner Unterversorgung der Räume mit Wärme kommen. Denn die Berechnung der Heizleistung respektive Wärmeleistung nach der gültigen Norm SIA 384.201 berücksichtigt die internen und solaren Wärmegewinne nicht.

▌ Fossile Heizungen setzen in Wohnbauten nach Minergie-P in der Regel eine Sonnenkollektoranlage, mindestens zur Wassererwärmung, oder einen Wärmepumpenboiler voraus. (Der Gewichtungsfaktor von 1,0 macht sich bemerkbar.)

▌ Heizungen mit Einzelöfen bringen wenig Wärme in periphere Räume. Im Bad kann das ein Problem sein. Eine Lösung besteht darin, den Einzelofen mit einem wasserführenden Register, einem sogenannten Absorber, auszurüsten, um diese Räume mit Wärme zu alimentieren.

▌ Falls ein Holzkessel auf den Leistungsbedarf der Wassererwärmung dimensioniert ist, muss ein technischer Wärmespeicher installiert werden. Denn die verfügbare Kesselleistung ist dann grösser als die Grundlast der Heizung.

▌ Ein P-Einfamilienhaus braucht nur geringe Mengen an Pellets pro Jahr, was nur ein kleines Schüttvolumen erfordert. Das mindert auch die Gefahr von Feuchteschäden an Pellets.

Abbildung 3.1: Anteile der Energieträger respektive der Systeme an der Gesamtzahl der Wärmeerzeuger in Minergie-P-Bauten. Quelle: HTA Luzern

Abbildung 3.2: Anteile der Wärmeverteilsysteme an der Gesamtzahl der Systeme in Minergie-P-Bauten. Quelle: HTA Luzern

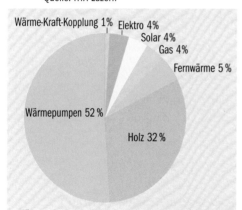

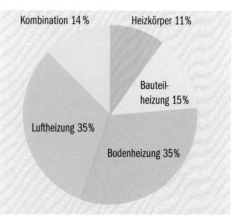

Anmerkung zur Abbildung 3.2: Unter der Rubrik «Kombination» sind entweder Anlagen gemeint, die mehrere Systeme nutzen oder Punktwärmequellen (Holzofen, etc.).

Tabelle 3.1: Erneuerbare Energien passen gut ins Minergie-P-Haus – die gebräuchlichsten Heizsysteme.

Minergie-P: die Heizsysteme	
Elektrizität: Wärmepumpe mit Nutzung von	Erdwärme (Sonde)
	Aussenluft
	Grundwasser
	Wohnungsabluft
Holz	Heizkessel für Stückholz oder Pellets
	Einzelofen für Stückholz oder Pellets
	Blockheizkraftwerk (Stirling)
Solarstrahlung: Kollektoranlage	Wassererwärmung
	Wassererwärmung + Raumheizung
Heizöl, Erdgas	Gaskessel
	Ölkessel
	Blockheizkraftwerk

▮ Aufgrund des Gewichtungsfaktors, der für Holzbrennstoffe 0,5 beträgt, kann der effektive Wärmebedarf von holzbeheizten Häusern deutlich über dem Minergie-P-Grenzwert für die Energiekennzahl liegen. (Die Primäranforderung an den Heizwärme bedarf gilt unverändert.)

▮ Bei einem Nahwärmeverbund, beispielsweise bei Reiheneinfamilienhäusern, sollten die Verteilleitungen innerhalb des Dämmperimeters liegen und speziell gut gedämmt sein.

3.2 Die Holzheizung im Minergie-P-Haus

Infrage kommen für Niedrigenergiehäuser Kachel- und Pelletsöfen. Für eine bessere Wärmeverteilung eignen sich auch Lösungen mit Satelliten oder Absorbertechnik.

Heinrich Huber (3.2)

▮ Als besonders geeignet für Minergie-P-Häuser erweisen sich Aggregate mit einem relativ grossen Speicheranteil. Denn die Gefahr der Überhitzung ist gross. Der Speicher gibt die Wärme über einen längeren Zeitraum ab und mindert dadurch die Überhitzungsgefahr. Gute Erfahrungen sind mit den Produkten T-One und T-Loft gemacht worden (Tonwerk Lausen).

▮ Für Einzelofenheizungen innerhalb der Wohnung ist eine separate Verbrennungsluftzufuhr einzuplanen. Auf www.minergie.ch ist ein Merkblatt zu diesem Thema verfügbar (Download).

Empfehlung zum Betrieb

Falls beim Anfeuern Rauchgeruch wahrnehmbar ist, soll auch in einem Minergie-P-Haus kurz ein Fenster geöffnet werden. Beim Beschicken und Nachlegen entsteht immer ein Druckausgleich zwischen Feuerraum und Wohnung. Abhängig von den Witterungsverhältnissen kann dabei Rauch in die Wohnung gelangen. Auch in diesen Situationen hilft meistens ein kurzeitiges Fensteröffnen. Verbrennungsluft-Zufuhr und Rauchgasklappen sind bei Nichtbetrieb der Feuerung immer zu schliessen.

Heizsystem	Ganzhausheizung mit Holzofen	Wärmepumpen-Kompaktgerät
Heizenergieverbrauch (ohne Warmwasser und Strom für die Lüftung)	2 bis 3 Ster Holz pro Jahr. (Einfamilienhaus)	1300 kWh bis 1800 kWh Elektrizität pro Jahr.
Arbeitsaufwand	Am kältesten Tag ca. 15 kg Holz.	–
Wärmeverteilung	Freie Verteilung, allenfalls Ergänzung mit Satellit oder Absorber. Je nach Lösung Temperaturunterschiede zwischen den Räumen.	Luft- oder Bodenheizung (Luftheizung nur bis max. 10 W/m^2). Relativ gleichmässige Temperaturverteilung in allen Räumen.
Wärmeabgabe	Hoher Anteil an komfortabler Wärmestrahlung.	
Leistungsreserve	Genügend hohe Leistung. Auch bei tiefsten Aussentemperaturen kann eine Raumtemperatur von deutlich über 20 °C erreicht werden.	Meist kleine Leistung der WP. Zusätzlicher Elektro-Heizeinsatz für Spitzenlasten. Bei tiefen Aussentemperaturen oft nur ca. 20 °C Raumtemperatur möglich.
Ferienabwesenheit	Bei Pelletöfen kein Problem. Energieverbrauch für Temperierung mit einem Elektroofen in einer Februar-Woche: ca. 200 kWh.	Kein Problem.
Wassererwärmung	Z. B. Solaranlage mit einem Deckungsgrad von mindestens 60 %. Besonders bei Pellet möglichst Unterstützung durch Holzofen.	Mit Wärmepumpe. Im Winter in der Praxis teilweise mit Elektroheizeinsatz (siehe auch Leistungsreserve).
Projektierung	Systementscheid muss in der frühen Planungsphase erfolgen.	Keine besonderen Anforderungen.
Gebäudehülle, bauliche Massnahmen	Das Haus muss geeignet sein für eine freie Wärmeverteilung.	Bei Luftheizung: kompakter Grundriss.
Wohneigentum, Verkauf und Miete	Die Bewohner müssen den Holzofen akzeptieren.	Keine Einschränkung.

Tabelle 3.2: Vergleich von Ganzhausheizungen mit Holzofen und Wärmepumpen-Kompaktgeräten für ein Minergie-P-Reihen-Einfamilienhaus mit 200 m^2 Energiebezugsfläche

3.3 Wassererwärmung

Im Minergie-P-Haus braucht die Wassererwärmung oft gleichviel oder gar noch mehr Wärme als die Raumheizung, die ja anforderungsgemäss wenig braucht. Insofern sind schon aus gesamtkonzeptionellen Gründen hocheffiziente Systeme zur Wassererwärmung sehr wichtig.

▌ Die Leistung des Wärmeerzeugers ist in einem MFH nach Minergie-P wesentlich durch die Wassererwärmung bestimmt.

▌ Der Warmwasserverbrauch ist eher grösser als dies die SIA-Norm 380/1 vorgibt.

▌ Verteilleitungen: gut dämmen und innerhalb des Dämmperimeters verlegen.

▌ Spararmaturen sparen Wasser und Energie.

▌ Bei tiefen Warmwassertemperaturen: Legionellengefahr beachten.

3.4 Abwasser

Übliche Abwasserfallstränge werden über Dach entlüftet; ein allfälliger Unterdruck aufgrund des Wasserablaufes wird über diese Entlüftung ausgeglichen. Sonst würden die Siphons leergesogen. Mit dieser Entlüftung schafft der Planer indessen eine Riesenwärmebrücke, die bis zu jährlich einigen hundert kWh Wärme verliert. Mit dem Einbau von Rohrbelüftungsventilen lässt sich dies, zumindest teilweise, beheben. Bei Unterdruck öffnen diese Ventile selbsttätig. Hie und da führen diese Ventile zu Geruchs- und Geräuschbelästigungen. Sorgfältige Planung ist also wichtig!

Wärmerückgewinnung aus Abwasser: Das häusliche Abwasser ist mit einer durchschnittlichen Temperatur von 23 °C eine ideale Wärmequelle für eine Wärmepumpe zur Wassererwärmung oder – seltener – zur Raumheizung. In einigen Siedlungen wurde das System Feka mit Erfolg eingesetzt. Zu beachten ist, dass für die Abgabe des Abwassers an die Kanalisation Mindesttemperaturen gelten, zum Beispiel 5 °C. Nach Angaben der Herstellerfirma lässt sich mit einer Abwassertemperatur von 23 °C und einer Warmwassertemperatur von 60 °C eine Jahresarbeitszahl (JAZ) der Wärmepumpe von 4,0 erreichen. Über die JAZ setzt die Firma auch den Reinigungsrhythmus fest, denn die Verschmutzung des Wärmetauschers reduziert naturgemäss die Effizienz. www.feka.ch.

Generell sind die Wasserleitsätze des SVGW/SSIV «Liegenschaftsentwässerung» zu beachten (SN592000/2002).

Abbildung 3.3: Montage eines Wärmetauschers zur Nutzung von Wärme aus Abwasser für ein Grossobjekt. (Feka)

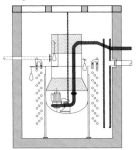

Abbildung 3.4: Schematische Darstellung eines Abwasserbehälters mit einliegendem Wärmetauscher.

3.5 Wärmeverteilung

Systemvergleich Wärmeverteilung

Soweit möglich basiert der Vergleich auf konkreten Werten und Fakten. In diversen Punkten bleibt der Vergleich aber rein qualitativ, da aufgrund der Tatsache, dass das Gebäude und das Gebäudetechnikkonzept einen grossen Einfluss auf die Eigenschaften des

Kriterium	Luftheizung	Heizkörper
System		
Wärmeerzeugung	Alle Systeme möglich, COP bei WP relativ schlecht	Alle Systeme möglich, COP bei WP mittelmässig
Wärmeverteilung	Kein zusätzlicher Platzbedarf; Risiko von Undichtheiten; Wärmeverluste aufgrund hoher Medientemperaturen und grosser Kanaloberflächen relativ hoch; evt. aber gewollt.	Geringer Platzbedarf für Wasserleitungen, relativ hohe Vorlauftemperaturen, aber hohe Energidichte und somit kleine Oberfläche der Leitungen (Wärmeverluste!)
Wärmeabgabe	100 % Konvektion, beim Lufteinlass lokal warme, trockene Luft möglich (tiefes φ), Lufteinlässe sind richtig zu positionieren, geringer Einfluss auf Möblierungsfreiheit.	Heizkörper mit gewissem Platzbedarf, Positionierung mehr oder weniger egal, kleiner Einfluss auf Möblierungsfreiheit, lokal hohe Strahlungstemperaturen möglich.
Kombination mit kontrollierter Wohnungslüftung	Problemlos, es ist darauf zu achten, dass der Luftwechsel nicht für die Heizung erhöht wird.	Problemlos
Bauliches		
Bauliche Anforderungen	Evt. grössere Deckenstärke durch zusätzliche Dämmung der Lüftungskanäle	Keine
Installation Wärmeverteilung	Kein zusätzlicher Platzbedarf	Kleiner Platzbedarf
Regelung		
Regelung, thermische Speichermasse	Keine ausgeprägte Nutzung der thermischen Speichermasse; kein Selbstregeleffekt; flinkes System da hoher konvektiver Anteil, Einzelraumregelung möglich aber aufwändig (und nicht Standard, obwohl gesetzlich vorgeschrieben).	Keine ausgeprägte Nutzung der thermischen Speichermasse, kein Selbstregelungseffekt; relativ flinkes System, Strahlung und Konvektion gemischt, Einzelraumregelung einfach möglich.
Komfort		
Komfort und Behaglichkeit	Im Auslegefall hohe Zulufttemperaturen; Raumlufttemperatur aufgrund der fehlenden Strahlungsflächen tendenziell höher als bei den anderen Systemen, daher etwas trockenere Luft (relative Feuchte).	Hohe Behaglichkeit, lokal sind Strahlungsasymmetrien möglich.

Systems haben, eine quantitative Beurteilung nicht möglich ist.
Im Weiteren werden für den Vergleich folgende Annahmen
getroffen:

❚ Die Wärmeverteilsysteme werden in Minergie-P- bzw. Passivhäusern eingesetzt.

❚ Alle Wärmeverteilsysteme sind ergänzend zu einer einfachen
Lüftungsanlage.

Fussboden-, Decken- / Bauteilheizung	Punktwärmequelle
Alle Systeme möglich, COP bei WP gut bis sehr gut	Wärmeerzeugung integriert, nicht wählbar
Geringer Platzbedarf für Wasserleitungen, tiefe Vorlauftemperaturen und somit geringe Verluste.	Keine; Wärmeabgabe direkt in einen Raum
Primär über Strahlung im Niedertemperaturbereich, System nicht sichtbar, kein Einfluss auf Möblierungsfreiheit.	Primär über Strahlung, hohe Temperaturen, Wärmeabgabe nur in den Raum mit der Wärmequelle.
Problemlos	Problemlos
Evt. grössere Deckenstärke bei Tabs, eher kein Teppich als Bodenbelag	Keine Steigzonen nötig; keine Unterzüge oder hohe Türstürze, da sonst Warmluftzirkulation beeinträchtigt.
Kleiner Platzbedarf	Keine Wärmeverteilung
Mittlere bis hohe Nutzung der thermischen Masse, hoher Selbstregelungseffekt, an und für sich träges System (wird aber durch Selbstregelungseffekt kompensiert), Einzelraumregelung erschwert.	Nutzung der thermischen Speichermasse des Gebäudes mindert Problem der Überhitzung; Regelung sehr schwierig.
Sehr hohe Behaglichkeit als Folge ausgeglichener Oberflächentemperaturen.	Hohe Strahlungsasymmetrien, grosse Temperaturunterschiede zwischen den einzelnen Räumen, Gefahr der Überhitzung.

Bei Luftheizungen mit Zulufttemperaturen über 40 °C sind die Brandschutzbestimmungen (VKF) zu beachten (Kunststoffrohre).

COP: Coefficient of Performance, thermischer Wirkungsgrad von Wärmepumpen

Tabs: Thermoaktive Bauteilsysteme

Kriterium	Luftheizung	Heizkörper
Leistung und Betrieb		
Leistung	In Niedrigstenergiebauten ausreichend, aber keine Reserven vorhanden, exponierte Zonen evt. kritisch; Bad kritisch/ Zusatzheizung eventuell nötig.	Bei richtiger Dimensionierung unkritisch, Reserven vorhanden
Energiebedarf	Flinkes System, daher Energiebedarf im normalen Rahmen	Flinkes System, daher Energiebedarf im normalen Rahmen, allenfalls Mehrbedarf wenn erhöhte Transmissionsverluste infolge Heizkörper an Aussenwand.
Betrieb, Wartung, Unterhalt	Kein Aufwand	Kein Aufwand
Fehlertoleranz		
Fehlertoleranz Dimensionierung, andere Nutzung	Gering, keine Reserven vorhanden	Gross
Fehlertoleranz Betrieb	Betreffend Temperaturverteilung im Gebäude fraglich (offene Türen...)	Mittel, über Thermostatventil schnell korrigierbar
Aufwand		
Planungsaufwand	Hoch	Gering
Investitionskosten (ohne Planung)	Tief (bei Verzicht auf Einzelraumregulierung)	Mittel

Eine **selbstregulierende Bodenheizung** ermöglicht konstante Oberflächen- und Vorlauftemperaturen um 23 °C. Das führt zu ausgezeichneten Jahresarbeitszahlen bei der Wärmepumpe, insbesondere in Verbindung mit einer Erdsonde. Einziger Nachteil: Das Bad lässt sich nicht mit zusätzlicher Heizwärme alimentieren, denn die für die Bodenheizung sinnvolle Vorlauftemperatur bringt am Handtuchradiator im Bad nicht den gewünschten Effekt.

Übliche Bodenheizungen und Niedertemperaturradiatoren ermöglichen dagegen Einzelraumregulierungen. In Minergie-P-Häusern müssen Heizkörper nicht unter dem Fenster platziert werden, weil in diesen Bauten entlang von Fenstern kein Kaltluftabfall feststellbar ist (abgesehen von mehrgeschossigen Verglasungen).

Badezimmer: Sowohl mit einer selbstregulierenden Bodenheizung als auch mit einer Luftheizung steigt das Thermometer im Bad bei Auslegetemperatur nicht über 20 °C oder 21 °C. Zwei Lösungen sind praktikabel:

▌ In Mehrfamilienhäusern mit Luftheizung ist der Lufterhitzer innerhalb der Wohnung installiert. Das bedeutet, dass die hydraulische Heizwärmeverteilung bis an die Wohnung gezogen ist. In

Fussboden-, Decken-/Bauteilheizung	Punktwärmequelle
Bei richtiger Dimensionierung unkritisch, Reserven vorhanden	Leistungsdichte lokal eher zu hoch, Gefahr der Überhitzung
Selbstregeleffekt ist flink, daher Energiebedarf im normalen Rahmen (oder tendenziell leicht höher, bei temporärer Überhitzung um ein paar K).	Schwierig zu regulieren, grosse Überhitzungsgefahr, Mehrbedarf zu erwarten
Kein Aufwand	Grosser Aufwand, korrekte Bedienung anspruchsvoll
Gross	Mittel, Wärmeverteilprobleme sind kaum lösbar
Hoch, da hoher Selbstregelungseffekt	Gering, Fehler in Bedienung führt schnell zu Überhitzung
Gering	Mittel
Mittel	Mittel

Tabelle 3.3: Systemvergleich der Heizsysteme. Quelle: Luftheizung. Studie der HTA Luzern im Auftrag des Vereins Minergie, Horw 2006.

diesen Fällen ist der Aufwand für einen zusätzlichen Radiator im Bad vertretbar. Die Lösung hat allerdings den Nachteil, dass dadurch eine hydraulische Heizwärmeverteilung installiert werden muss.

▌ Ein elektrisch beheizter Handtuchhalter ist aus Komfortgründen in vielen Minergie-P-Häusern installiert. Eine Schaltuhr und ein Thermostat verhindern, dass daraus ein Dauer-Stromfresser wird. Adrian Tschui hat untersucht, wie sich die Struktur des Heizwärmebedarfes ändert, wenn in einem 4 m² grossen Badezimmer eines Einfamilienhauses (Energiebezugsfläche 210 m²) zur Erhöhung der Raumlufttemperatur eine Elektroheizung in Betrieb ist. Naturgemäss ist der Verbrauch weit überproportional zur Fläche des Badezimmers! Bei einem 24-stündigen Betrieb der Badheizung und einer Erhöhung um 3 K werden fast 50 % des Wärmebedarfs der Wohneinheit über die (elektrische!) Heizung im Badezimmer gedeckt. (Diplomarbeit HTA Luzern, 2006)

▌ Innenliegende Bäder ohne Aussenwände sind thermisch bevorzugt. In der Regel ist das Bad in der Kernzone auch aus installationstechnischen Gründen anzustreben.

3.6 Luftheizung

Siehe auch Positionspapier von Minergie zur Luftheizung (www.minergie.ch).

Luftheizungen sind für Bauten mit hoher Belegung besser geeignet. In diesen Häusern ist die zu den Bewohnern proportionale Zuluftrate, bezogen auf die beheizte Fläche, hoch. Tendenziell sind das weniger die grosszügigen Einfamilienhäuser als kleinere Familienwohnungen in Mehrfamilienhäusern. Hier wird auch ein Unterschied zum bundesdeutschen Passivhaus deutlich. Die guten Erfahrungen von Bewohnern mit Luftheizungen in deutschen Passivhäusern ist wohl zu einem grossen Teil durch die in der Regel deutlich geringere spezifische Wohnfläche bestimmt. Denn in Einfamilienhäusern führen Luftheizungen oft zu Komfortproblemen.

▌ In Büros sind die Zuluftraten ebenfalls hoch. Allerdings besteht ein Konflikt zwischen Lüftung und Heizung: Während der Arbeitszeit braucht es einen Luftaustausch, aber wegen der internen Lasten kaum Heizung. Nachts und am Wochenende sind dagegen Wärmeeinträge nötig, nicht aber eine Lufterneuerung. Falls die Lüftung am Wochenende mit reduzierter Leistung läuft, besteht naturgemäss am Montagmorgen ein Komfortproblem. Für Bürobauten ist die Luftheizung kaum geeignet.

▌ In Mietwohnungen bewährt sich die (ungeschriebene) Regel, wonach die Bewohner die Möglichkeit zur Beeinflussung der Heizung, nicht aber der Lufterneuerung haben sollten. Die Luftheizung durchbricht diese Regel.

▌ Einzelraumregulierung ist nur mit grossem Aufwand möglich.

▌ Während sich bei der reinen Lüftung das Kaskadenprinzip bewährt (Zuluft in Schlafräume, Überströmung in Wohnbereich, Abluft in Küche und Nasszellen), führt dieses Prinzip in Kombination mit einer Luftheizung zu erhöhten Temperaturen im Schlafbereich und tiefen Temperaturen in den Nasszellen – beides eher unerwünscht.

▌ In Zeiten mit sehr tiefer absoluter Feuchte und Temperatur der Aussenluft muss die Zuluft auf ein relativ hohes Niveau erwärmt werden (40 °C). Dadurch sinkt die relative Feuchte der Zuluft bis auf 10 %. Falls nun zusätzlich aufgrund tiefer Aussentemperatur grosse Zuluftraten wirksam sind, ergeben sich naturgemäss sehr tiefe relative Raumluftfeuchten (unter 25 %).

▌ Den Anforderungen gemäss beträgt der Wärmeleistungsbedarf in einem Minergie-P-Haus um 10 W/m². Das ist in jedem Fall ein Mittelwert, sodass exponierte Räume mit einem höheren Bedarf bei flächenproportionaler Zuluftrate tendenziell unterversorgt sind.

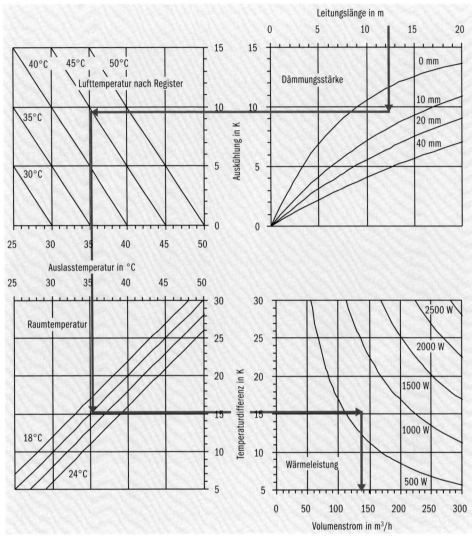

Ablesebeispiel Abbildung 3.5: 12,5 m Rohre mit einer Dämmung vom 6 mm haben 10 K Temperaturreduktion zur Folge. Mit einer Lufttemperatur nach dem Erhitzer von 45 °C resultiert somit beim Auslass in den Raum eine Zulufttemperatur von 35 °C. Bei einer Raumlufttemperatur von 20 °C bleiben somit noch 15 K für die Wärmezufuhr in den Raum zur Verfügung. Bei einem Heizleistungsbedarf für die Wohneinheit von 650 W wird ein Volumenstrom von etwa 135 m³/h benötigt.

Abbildung 3.5: Nomogramm für die Ermittlung des Volumenstroms von Luftheizungen anhand der Wärmeleistung. Die Systemgrenze für die Betrachtung dieses Nomogramms ist eine Wohneinheit. Die Verluste der Wärmeverteilung wurden zu 50 % als Nutzenergie der Wohneinheit eingerechnet. (Quelle: HTA Luzern)

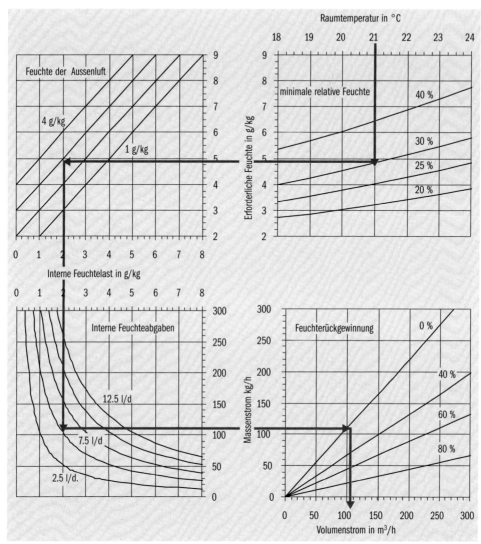

Abbildung 3.6: Nomogramm zur Ermittlung des maximal zulässigen Volumenstroms von Luftheizungen anhand des minimal zulässigen Feuchtegehalts der Raumluft. Die Systemgrenze für die Betrachtung dieses Nomogramms ist eine Wohneinheit. (Quelle HTA Luzern)

▌ Luftheizungen haben generell höhere Heiztemperaturen (Vorlauf) als Flächenheizungen. Dadurch ergeben sich höhere Verluste in der Verteilung und schlechtere Jahresarbeitszahlen bei den eingesetzten Wärmepumpen.

▌ Weitere Informationen zur Luftheizung sind im Faktor Haustechnik, Nummer 3/2006, enthalten. Die Studie der HTA Luzern zur Luftheizung ist auf www.minergie.ch verfügbar.

3.7 Lufterneuerung

Ein Minergie-P-Haus ist eigentlich ohne mechanische Lüftung gar nicht realisierbar, weil die Lüftungswärmeverluste, berechnet mit dem Standardluftwechsel für Fensterlüftung nach SIA 380/1, die Energiebilanz sprengen würden.

Allgemeine Anforderungen:

▌ Generell sind die Informationen des SIA-Merkblattes 2023 zu beachten (Lüftung in Wohnbauten).

▌ Dichte Luftverteilleitungen, mindestens Dichtigkeitsklasse B.

▌ Reinigung der Leitungen muss möglich sein, mit einfachen Mitteln, alle zehn bis 15 Jahre.

▌ Aussenluftfassung sorgfältig wählen («Kurzschlüsse» vermeiden).

▌ Wärmerückgewinnung mit Platten- oder rotierenden Wärmetauschern vorsehen. Damit lässt sich rund 80 % der Wärme zurückgewinnen.

▌ Geräte mit rotierenden Tauschern respektive entsprechende Plattentauscher gewinnen ausser Wärme noch Feuchte zurück. Dann sinkt die relative Raumfeuchte nicht unter 30 %.

▌ Nach SIA-Norm 382/1 müssen Komfortlüftungsanlagen mit Filtern der Klasse F7 oder höher ausgerüstet sein (siehe Tabelle 3.4).

▌ Alle Filter sind ein- bis viermal pro Jahr zu wechseln, auch jene in den Ablufteinlässen und in der Aussenluftfassung.

▌ Auf die Schalldämmung zwischen den Räumen ist bei erhöhten Anforderungen besonders zu achten (Musikzimmer).

Luftförderung

Zur Minimierung des Leistungs- und Energiebedarfs für die Luftförderung enthält die SIA 382/1 Einzelanforderungen an die Druckverluste der verschiedenen Anlagetypen, an die Luftgeschwindigkeiten in den Kanälen und Apparaten und an die Gesamtwirkungsgrade der Ventilatoren. In den Systemanforderungen sind die auf den Anlagetyp bezogenen spezifischen Leistungen der Ventilatoren definiert (Tabelle 3.3).

Anlagetypen	Spezifische Ventilatorleistung in W pro m³/h			
	Zuluftventilator		Abluftventilator	
	Grenzwert	Zielwert	Grenzwert	Zielwert
Einfache Lüftungsanlage	0,14	0,083	0,14	0,083
Lüftungsanlage mit Lufterwärmung	0,20	0,14	0,14	0,083
Lüftungsanlage mit Lufterwärmung und Luftbefeuchtung	0,20	0,14	0,14	0,083

Tabelle 3.3: Spezifische Leistung der Ventilatoren Quelle: SIA 382/1

Filterung

Generelle Empfehlung für Filterwahl: Zuluft F7, Abluft G4, bei Motor F5.

Die Art der Filterung muss der spezifischen Situation angepasst sein und die örtliche Belastung der Aussenluft mit Staub und anderen Luftverunreinigungen, die Betriebszeit der Anlage, die Anforderungen an die Raumluftqualität, die Emissionen im Raum und die Randbedingungen des Systems selber berücksichtigen. Dazu werden die entsprechenden Filterklassen empfohlen (Tabelle 3.4). Die Norm SIA 382/1 «Lüftungs- und Klimaanlagen» sowie das SIA Merkblatt 2023 «Lüftung in Wohnbauten» ist zu beachten.

Zusätzlich zu diesen Anforderungen präzisiert die Norm SIA 382/1 unter anderem auch die Vorgaben bezüglich Befeuchtung, Wärmedämmung der Anlage, Wärmerückgewinnung und Abwärmenutzung sowie die Anordnung von Aussenluftfassungen und Fortluftöffnungen.

Für Anlagen mit rotierendem Wärmerückgewinnungselement sind mindestens Filter der Klasse F5 vorzusehen (Schutz des Motors).

Qualität der Aussenluft	Filterklassen pro Filterstufe je nach Qualität der Raumluft (RAL)			
	RAL 1: speziell	RAL 2: hoch	RAL 3: mittel	RAL 4: niedrig
sauber	F9	F8	F7	F6
Staub	F7 + F9	F6 + F8	F6 + F7	G4 + F6
Gase	F7 + F9	F8	F7	F6
Staub + Gase	F7 + F9	F6 + F8	F6 + F7	G4 + F6
sehr hohe Konzentration	F6 + GF* + F9	F6 + GF* + F9	F6 + F7	G4 + F6
*GF = Gasfilter (Aktivkohle) respektive chemischer Filter RAL = Raumluft				

Tabelle 3.4: Empfohlene Filterklassen pro Filterstufe (Definition nach EN 779) Quelle: SIA 382/1

Lüftung: Die wichtigsten Systeme

Einzelwohnungsgeräte mit Wärmerückgewinnung (WRG) zwischen Abluft und Zuluft:

▌ Für Einfamilienhäuser und Eigentumswohnungen geeignet.

▌ Die Geräte müssen nicht zwingend innerhalb der Wohnung installiert sein, um die Wartung durch externe Fachleute zu vereinfachen. Sie sollten aber innerhalb des Dämmperimeters situiert sein.

Einzelwohnungsgeräte mit WRG und nachgeschalteter Wärmepumpe zur Wassererwärmung respektive zur Zulufterwärmung:

▌ Die Geräte sind unter dem Begriff Kompaktgeräte im Handel.

▌ Diese Geräte sind vorteilhafterweise mit einem Erdluftregister ergänzt (diese vermeiden eine Vereisung der WP und halten die Luftfilter trocken).

▌ Bei den meisten Kompaktgeräten zur Lufterneuerung und zur Heizung ist die Heizleistung auf 1200 W bis 1500 W beschränkt. Bei einem spezifischen Heizbedarf von 10 W/m² ergibt sich eine beheizbare Fläche von 120 m² bis 150 m² – für EFH kann dies knapp sein.

▌ Kompaktgeräte haben im besten Fall Arbeitszahlen zwischen 2,5 und 3,0. In vielen Fällen mutieren aufgrund des künftigen Einsatzes des Elektroregisters diese Geräte zu Stromfressern.

Zentrale Geräte mit Wärmerückgewinnung für mehrere Wohnungen in einem Mehrfamilienhaus:

▌ Fallweise ergänzt mit einer Wärmepumpe zur Wassererwärmung respektive Zulufterwärmung.

▌ In der Regel sind die spezifischen Kosten von zentralen Anlagen pro Wohnung niedriger als bei Einzelwohnungsgeräten, vor allem bei Mehrfamilienhäusern mit mehr als acht Wohnungen. Zentrale Anlagen kommen deshalb in Mietwohnungen häufig zum Einsatz.

Einzelraumgeräte mit WRG zwischen Abluft und Zuluft: Mit Einschränkungen, vor allem für Sanierungen, geeignet. Für Minergie-P-Bauten nur bedingt geeignet.

Einzelraum-Zuluftgeräte in Kombination mit einer zentralen Abluftführung und Wärmepumpe zur Wassererwärmung respektive Zulufterwärmung oder andere Niedertemperaturheizsysteme:

▌ Vor allem für Sanierungen geeignet, denn häufig ist die Infrastruktur zur Führung der Abluft in Altbauten bereits vorhanden.

▌ Für Minergie-P-Bauten kaum geeignet.

Einzelraum- und Fassadengeräte

▌ Die Dämmschicht wird verletzt durch die Aussenluftzuführung. Bei Minergie-P-Bauten ist der Einbau von derartigen Wärmebrücken nicht ideal.

▌ Schallpegel in Wohn- und Schlafräumen fallweise zu hoch. (Die SIA-Norm 181 verlangt maximale Schallpegel unter 28 dB (A), bei erhöhten Anforderungen sogar 25 dB (A).

▌ Die Wartung ist nicht ganz einfach: Entweder nehmen die Bewohner diese wahr oder ein Serviceman muss Zutritt zu den Wohnungen haben. Dies ist in zunehmendem Mass schwierig, weil die Bewohner ganztags aushäusig sind. In der Quintessenz obliegt dem Bewohner also die Reinigung und der Filterwechsel, ein Anspruch, der nicht immer erfüllt wird.

▌ Filter tendieren zu Vernässung aufgrund der geringen Distanz zur Aussenluft. Dadurch ist mit hygienisch schwierigen Filterbelastungen zu rechnen.

3.8 Erdluftregister

Vorteile

▌ einfacher Vereisungsschutz
▌ weniger Feuchte und Kondensat im Lüftungsgerät und damit längere Lebensdauer
▌ höhere Zulufttemperatur im Winter und damit je nach Zuluft-Durchlässen besserer thermischer Komfort und kleiner, aber sinnvoller zusätzlicher Wärmegewinn
▌ im Sommer geringfügiger Kühleffekt

Zusätzlich halten Lufterdregister (LER) die Filter durch die Vorwärmung trockener und damit in hygienisch besserem Zustand. Damit Erdreichwärmetauscher im Sommer eine maximale Kühlleistung bringen, kann die WRG bei einigen Geräten mit einem Bypass umfahren werden. Bei Luftvolumenströmen, wie sie bei der kontrollierten Wohnungslüftung üblich sind, ist der Mehrnutzen allerdings gering.

Abbildung 3.7: möglicher Wasserstau in starren Leitungen

möglicher Wasserstau

Leitungsmaterialien

Für kleine Anlagen haben sich Kunststoffrohre bewährt, beispielsweise Polyethylen (PE). Aus Gründen der Materialökologie soll kein PVC gewählt werden. Die Rohre müssen dicht sein, damit weder Wasser noch Radon eindringen können, bei PE ist dies der Fall.

Gefälle und Entwässerung

Damit ein LER richtig entwässert werden kann, muss es ein Gefälle haben. Besteht es aus starren Rohren und wird es in gewachsenes Terrain gelegt, sind mindestens 2 % erforderlich. Aber selbst dann kann sich an Stössen und Steckmuffen von starren Rohren noch Wasser stauen.

Wird das LER in aufgeschüttetem Terrain verlegt und besteht es aus flexiblen Rohren, sind etwa 5 % Gefälle erforderlich. Grundsätzlich muss bei Aufschüttungen immer mit Senkungen gerechnet werden. Deshalb muss das Gefälle so stark sein, dass auch dann keine «Säcke» entstehen. Vorzugsweise erhält das LER ein Gefälle in Richtung Gebäude. Damit ermöglicht man dem Wasser, mit statt gegen die Strömungsrichtung der Luft zu fliessen. Im Gebäude bildet ein Siphon den Abschluss. Empfehlenswert ist hierfür ein transparenter Kunststoffschlauch; so lässt sich einfach kontrollieren, ob Wasser im Siphon steht.

Länge und Formstücke

Damit der Druckverlust nicht unnötig steigt und die Reinigung nicht erschwert wird, sollten LER keine 90°-Bögen haben. Besser sind zwei 45°-Bögen. Aus denselben Gründen sollte ein einzelnes Rohr nicht länger als 30 m sein. Bei Bedarf lässt sich der gesamte Volumenstrom auf parallele Rohre aufteilen.

Abstände und Tiefe

Wegen der Frostgefahr soll das LER nicht direkt an Wasserleitungen vorbeigeführt werden. Die Rohre sollten unterhalb der Frostgrenze liegen – bei frost- oder druckempfindlichen Rohren ist dies zwingend. Idealerweise liegen sie rund 1 m von der Kellerwand entfernt. Dies verhindert unkontrollierten Wärmeabfluss aus dem Untergeschoss.

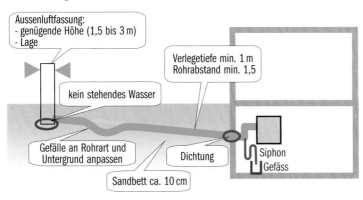

Aussenluftfassung:
- genügende Höhe (1,5 bis 3 m)
- Lage

kein stehendes Wasser

Verlegetiefe min. 1 m
Rohrabstand min. 1,5

Gefälle an Rohrart und
Untergrund anpassen

Dichtung

Siphon
Gefäss

Sandbett ca. 10 cm

Abbildung 3.8: Merkpunkte
für Lufterdregister

Dimensionierung von Lufterdregistern

Der Dimensionierung eines LER soll die höchste Lüftungsstufe zu Grunde gelegt werden, die sich für Dauerbetrieb noch eignet, also nicht die «Partylüftung». Der Druckverlust des LER soll höchstens 30 Pa erreichen. Damit wird der zusätzliche Wärmegewinn mindestens 15- bis 20-mal grösser als der zusätzliche Energieverbrauch der Ventilatoren.

Die Länge des LER richtet sich nach der erforderlichen Luftvorwärmung. Wie erwähnt, soll die Eintrittstemperatur so hoch sein, dass die WRG nicht vereist. Bei Gegenstrom-Wärmetauschern mit 85 % Rückwärmzahl sind hierfür etwa minimal $-3\,°C$ erforderlich. Abluftwärmepumpen benötigen je nach Konzept und Fabrikat mindestens $0\,°C$ bis $+3\,°C$. Wenn der Wärmeertrag oder die minimale Austrittstemperatur sehr wichtig sind, muss das LER mit einem geeigneten PC-Programm gerechnet werden. Empfehlenswert ist etwa das Programm WKM von Arthur Huber, das unter Mitwirkung der Empa und des Fraunhofer Institutes entwickelt wurde. www.hetag.ch

Beispiel: Auslegung eines LER für den Vereisungsschutz

Eine Komfortlüftung im schweizerischen Mittelland hat einen Nennluftvolumenstrom von 150 m³/h. Die WRG erreicht 80 % Rückwärmzahl. Das LER wird in feuchtem Erdreich verlegt. Weil das LER in erster Linie dazu dient, die WRG vor Vereisung zu schützen, werden die Rohre auf eine minimale Austrittstemperatur von $-3\,°C$ ausgelegt. Folgende drei Varianten sind möglich:

Variante	A	B	C
Nenndurchmesser	DN 110	DN 150	DN 200
Anzahl paralleler Rohre	3	2	1
Volumenstrom pro Rohr [m³/h]	50	75	150
Minimale Länge pro Rohr [m]	7,5	10,5	16

Tabelle 3.5: Auslegung LER für Vereisungsschutz

Beispiel: Wärmegewinn und Mehrverbrauch Ventilatorenergie

Für die Anlage gemäss dem Beispiel «Auslegung eines LER für den Vereisungsschutz» betragen die Werte für Variante B gemäss Tabelle 3.5.

	pro Rohr	gesamt
Luftvolumenstrom [m³/h]	75	150
Bruttoertrag [kWh/a]	350	700
Nettoertrag (WRG 80 %) [kWh/a]	70	140
Mehrverbrauch Ventilatorenergie [kWh/a]	2,2	4,4
ETV	32	

Tabelle 3.6: Wärmegewinn und Ventilatorenergie LER

Der zusätzliche Wärmegewinn des LER deckt also nur rund 3 % der Lüftungswärmeverluste. Da der zusätzliche Energieverbrauch der Ventilatoren aber sehr gering ist, wird trotzdem ein sehr guter ETV erreicht.

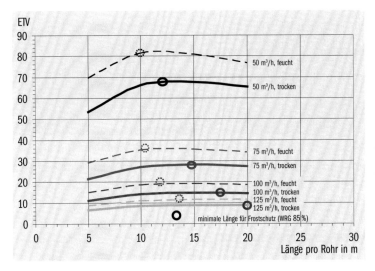

Abbildung 3.9: ETV von LER-Rohren DN 150 mit verschiedenen Luftvolumenströmen:
▌ 0,75 m/s
▌ 1,1 m/s
▌ 1,5 m/s
▌ 1,9 m/s

Empfehlungen für die Auslegung von Lufterdregistern
Bei Komfortlüftungen mit WRG im schweizerischen Mittelland sollen LER-Rohre folgendermassen ausgelegt werden:
Verlegetiefe min. 1,5 m
Abstand von der Kellerwand min. 1 m
Rohrabstand min. 1 m

Innendurchmesser [mm]	100	150	200
Volumenstrom pro Rohr [m³/h]	30 – 45	50 – 100	80 – 160
Optimale Länge [m]			
bei min. Volumenstrom	8	12	16
bei max. Volumenstrom	10	17	25

Tabelle 3.7: Empfehlung für die Dimensionierung von LER-Rohren

(Quelle: Huber, Heinrich und Mosbacher, René: Wohungslüftung, Faktor Verlag, Zürich 2006.)

3.9 Lüftungsunabhängige Aussenluftzufuhr

Massnahmen bei der Lüftungsanlage und Küchenabluft

Eine erste Reihe von empfohlenen Massnahmen betrifft nicht direkt das Cheminée oder den Holzofen, sondern die Lüftungsanlage und die Küchenabluft:

▮ Bei einer Küchenentlüftung mit Ablufthaube soll eine Drucküberwachung eingesetzt werden. Bei einer Umlufthaube ist dies nicht erforderlich.

▮ Das Lüftungsgerät soll folgende Funktionen aufweisen: Der Abluftventilator schaltet bei einer Störung des Zuluftventilators automatisch aus. Für den Vereisungsschutz der Wärmerückgewinnung darf der Zuluftventilator nicht ausschalten. Eine automatische Regelung hält den Luftvolumenstrom konstant, was bei Geräten mit EC-Motoren meistens möglich ist. Falls ein Lüftungsgerät ohne die genannten Funktionen eingesetzt wird, soll die Lüftung durch eine Unterdrucküberwachung des Ofens gesperrt werden können.

▮ Die Komfortlüftung ist sorgfältig einzuregulieren, sodass der gesamte Zu- und Abluftvolumenstrom in der Wohnung gleich gross sind. Der Lüftungsinstallateur hat dies mit einem Protokoll nachzuweisen. Bemerkung: Aus Sicht der Feuerung wäre ein Überdruck vorteilhaft, dies ist aber bauphysikalisch sehr heikel und könnte im Extremfall zu Bauschäden führen.

Massnahmen beim Feuerungsaggregat

Beim Cheminée respektive Ofen werden folgende Massnahmen empfohlen:

▮ Produkte mit dem Qualitätssiegel von Holzenergie Schweiz einsetzen.

▮ Die Verbrennungsluft direkt in den Feuerraum führen.

▮ Die Verbrennungsluftzuleitung ist mit einer dicht schliessenden Klappe auszurüsten. Die Klappe sollte möglichst nahe beim Dämmperimeter eingebaut sein (z. B. bei der Aussenwand).

▮ Um Kondenswasserprobleme zu vermeiden muss die Verbrennungsluftleitung gedämmt sein. Dies gilt auch für Leitungen, welche in der Betondecke geführt werden.

▮ Eine Abgasklappe verhindert das Auskühlen des Ofens und des Kamins vor und nach dem Abbrand.

▮ Cheminéefenster und Feuerraumtüren weisen eine hohe Luftdichtheit auf. Heute sind Heizeinsätze und Ofentüren erhältlich, die auch für die Scheibenspülung keine Raumluft benötigen.

▎ Je nach Lüftungsgerät und Küchenablufthaube: Unterdrucküberwachung als Zubehör zum Ofen.

Raumluftunabhängige Holzfeuerung?

Eine direkte Verbrennungsluft-Zufuhr bedeutet nicht, dass ein Aggregat raumluftunabhängig ist! Gerade bei Holzöfen (auch Pellet) können bei Unterdruck durch die Feuerraumtür, Aschetür und andere Öffnungen, Gase in die Wohnung gelangen, auch wenn eine separate Verbrennungsluftzufuhr vorhanden ist. Der Begriff «raumluftunabhängig» darf nur für speziell geprüfte Feuerungen (in der Regel Gasthermen) verwendet werden.

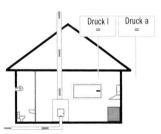

Abbildung 3.10: Ofen mit raumluftunabhängiger Verbrennungsluftzufuhr. Gebäude druckneutral.

Drucküberwachung

Unterdruck lässt sich auf verschiedene Arten verhindern:

▎ Küchenablufthaube mit integrierter Drucküberwachung: Wenn bei eingeschalteter Haube ein Unterduck festgestellt wird, erscheint zuerst eine visuelle Warnung. Nach zirka drei Minuten schaltet der Ventilator aus.

▎ Fensterkontaktschalter: Die Küchenablufthaube wird über einen elektrischen Fensterkontakt verriegelt. Bei geschlossenem Fenster wird der Ventilator gesperrt.

▎ Elektrischer Fensterantrieb: Über ein Signal der Küchenablufthaube (Lieferant fragen) wird ein automatischer Fensterantrieb angesteuert. Beim Einschalten der Küchenablufthaube öffnet das Fenster. Da die Fensterantriebsteuerung manuell ausgeschaltet werden kann, ist diese Variante nur eine Hilfe für die Bewohner, aber keine eigentliche Überwachung.

▎ Drucküberwachung zum Ofen: Einige Hersteller bieten als Ofenzubehör Unterdruck-Überwachungsschalter an. Wenn bei Betrieb des Ofens zwischen Feuerraum und Wohnung eine ungenügende Druckdifferenz gemessen wird, dann werden die Lüftung und die Küchenablufthaube gesperrt. Selbstverständlich sind Geräte zu wählen, die geeignete Steuerungseingänge haben. Diese Unterdruck-Überwachungsschalter sind teurer als die oben beschriebenen Varianten. Zudem ist der Aufwand für Planung und Koordination nicht zu unterschätzen.

▎ Kombinationen: Der elektrische Fensterantrieb lässt sich mit den anderen Varianten kombinieren. So wird gleichzeitig ein hoher Bedienungskomfort und eine gute Sicherheit erreicht. Damit sich die verschiedenen Produkte nicht gegenseitig blockieren, sind die Lieferanten zu konsultieren und die Verdrahtung ist von einer Fachperson auszuführen.

Verbrennungsluft

Die Dimensionierung der Verbrennungsluftzuleitung erfolgt mit dem Ofenberechnungsprogramm Kachel-Basic oder sie wird bei Serienprodukten vom Lieferanten vorgegeben. Es ist zu beachten, dass einige Aussenluftgitter-Typen grosse Druckverluste verursachen. In beheizten Räumen sind Verbrennungsluftleitungen zu dämmen. Beispiel: Ein Speicherofen mit 10 kg Füllmenge benötigt rund 100 m³/h Verbrennungsluft. Bei einer runden Leitung wäre ein Innendurchmesser von rund 150 mm erforderlich.

3.10 Kühlung

Die wichtigste Massnahme, um behagliche Raumtemperaturen während Hitzeperioden zu garantieren, ist eine konsequente Beschattung von transparenten Bauteilen. (Dieser konsequente Sonnenschutz sollte sich allerdings nur auf die Sommerperiode beschränken.) Ein Beitrag zur Kühlung liefert ein Lufterdregister (LER), wenn auch nur ein geringer. Je nach Objekt und LER fällt dieser Kühlbeitrag unterschiedlich aus, liegt aber in der Regel um 1 bis 2 K Raumtemperaturunterschied.

Als wirkungsvoller erweist sich eine Schaltung in Verbindung mit einer Erdsonde zur Alimentierung einer Wärmepumpe. Zwischen

Abbildung 3.11: Funktionsweise: Der Sole-Kreislauf sammelt die Erdwärme mittels Sole-Erdkollektor (1) oder Erdsonde. Ein dem Lüftungsgerät vorgeschalteter Wärmetauscher (2) gibt die gesammelte Wärme an die angesaugte Aussenluft ab. Zusammen mit der Wärmerückgewinnung im Lüftungsgerät (3) ergibt sich dadurch eine angenehmere Zulufttemperatur für mehr Behaglichkeit im Haus. Blau: Zuluft, rot: Abluft. (Zehnder Comfosystems)

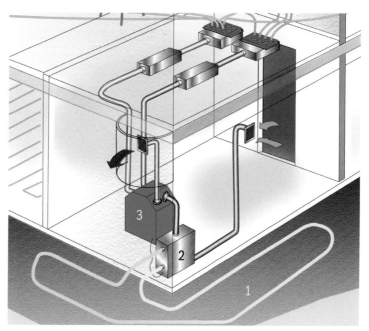

dem Sondenkreislauf und der Aussenluftführung wird ein – ebenfalls hydraulischer – Kreislauf unterhalten, der Kälte aus der Sonde auf die Zuluft überträgt. Alternativ zur Erdwärmesonde lässt sich der Sole-Kreislauf auch als Erdkollektor – zum Beispiel in Form einer in der Baugrube verlegten Sole-Leitung – konzipieren. Diese Variante drängt sich bei Lösungen ohne Erdwärmesonde zur Wärmeerzeugung auf. Mit diesen Sole-Kreislauf-Varianten erübrigt sich ein Erdluftregister. Sowohl Hoval als auch Zehnder Comfosystems bieten diese Installationen an.

3.11 Geräte

Die Elektrizitätsverbräuche von Haushalt- und Bürogeräten sind an sich schon erheblich, im Kontext mit Minergie-P wirken diese Zahlen vollends als Stilbruch. Die Installation von Geräten der Effizienzklassen A und A+ von Kühlgeräten ist zudem eine Anforderung von Minergie-P. Die für Minergie-P geeigneten Geräte sind auf der Website www.topten.ch aufgelistet.

Der Stellenwert von energieeffizienten Geräten und Leuchten im «Minergie-P-Haushalt» lässt sich schon daran erkennen, dass der Stromverbrauch für Licht und Gerätschaften höher ist als jener für die Wassererwärmung und Beheizung des Hauses mit einer Wärmepumpe.

3.12 Beleuchtung

Auf der Website www.toplicht.ch sind Minergie-Leuchten aufgelistet, die neben einer hohen Lichtausbeute auch strenge Anforderungen an die Blendwirkung erfüllen.

Kapitel 4

Berechnungsverfahren und Zertifizierung

4.1 Nutzen und Anforderung einer Zertifizierung

Mit einer erfolgreichen Zertifizierung erhält das Gebäude das Label «Minergie-P». Damit wird bestätigt, dass das Gebäude einen tiefen rechnerischen Energiebedarf aufweist sowie ein ausgezeichnetes Komfortniveau bezüglich Luftqualität und thermischer Behaglichkeit hat. Damit verbunden ist eine überdurchschnittlich hohe Werterhaltung des Objektes. Das Zertifikat bringt einen Nutzen bei der Veräusserung oder Vermietung des Objektes, kann in der Kommunikation genutzt werden und – das dürfte ein Hauptgrund für eine Zertifizierung sein – es eröffnet die Möglichkeit, Fördergelder des Kantons oder der Gemeinde zu erhalten sowie Hypotheken zu bevorzugten Zinsen zu vereinbaren.

Adrian Tschui

Die Zertifizierungsstelle überprüft die eingereichten Unterlagen, wobei der Schwerpunkt auf den Energieberechnungen, den Baukonstruktionen und dem Haustechnikkonzept liegt. Abgeschlossen wird die Zertifizierung durch die Vor-Ort-Prüfung der Luftdichtigkeit der Gebäudehülle mittels Blower-door-Test durch den Antragssteller.

In mindestens 10 % der zertifizierten Objekte führt die Zertifizierungsstelle während der Bauphase oder nach Fertigstellung stichprobeweise Kontrollen durch, um zu überprüfen, ob das Objekt so ausgeführt wurde, wie es im Zertifizierungsantrag dokumentiert ist.

Die Erfahrung zeigt: Sind die Grundvoraussetzungen wie Standort und Gebäudeausrichtung erfüllt, kommt es nur in den seltensten Fällen vor, dass ein konsequent geplantes Objekt nicht zertifiziert werden kann. Manchmal kann es vorkommen, dass aufgrund einzelner Details eine Zertifizierung nicht möglich ist – dann gilt der Satz: «Ein Minergie-P-Haus ist ein gutes Haus, aber nicht jedes gute Haus ist zwingend ein Minergie-P-Haus.»

4.2 Ablauf der Zertifizierung

Um das Minergie-P-Label zu erhalten, ist die Einhaltung aller Anforderungen für die jeweilige Gebäudekategorie erforderlich. Die vier Schritte einer Zertifizierung sind auf den nächsten Seiten beschrieben (Abbildung 4.1).

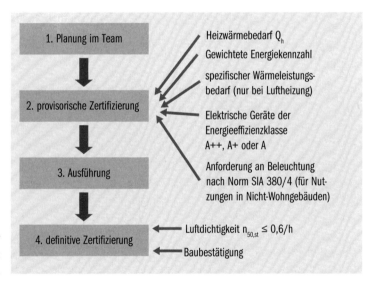

Abbildung 4.1: Die vier Schritte zum definitiven Zertifikat.

Schritt 1
Das Projekt ist auf Stufe Vorstudie oder Konzept im interdisziplinären Team zu entwickeln. Zu diesem Team gehören: Bauherrschaft, Architekt, Bauphysiker, Haustechnikplaner (Heizung, Lüftung, Elektro) und allenfalls Bauingenieur, Lichtplaner etc. Gemeinsam werden die ersten Abklärungen zu Gebäudehülle und Gebäudetechnik gemacht (siehe Kapitel 4.7, Minergie-P-Kompass auf Seite 193):
▮ Abklärung betreffend Fördergelder respektive Ausnutzungsboni (Kanton, Gemeinde)
▮ Abklärung betreffend Bankhypotheken zu bevorzugten Konditionen

▮ Gebäudeform (Kompaktheit) und Ausrichtung der Hauptfassaden festlegen

▮ Wärmedämmperimeter und Luftdichtigkeitsebene um das ganze Haus ziehen

▮ Definition der opaken Bauteile (Aufbau, Konstruktion; Einfluss Erdreich beachten)

▮ Wärmebrücken eruieren und Optimierungsmassnahmen in die Wege leiten

▮ Fenster und Fensterrahmen definieren (zentraler Punkt im Minergie-P-Konzept!)

▮ Vermeidung von grossen fixen Verschattungen

▮ Gebäudetechniksystem auf das Gebäude und die Umgebung abstimmen

▮ Sinnvolles Zusammenspiel von Wärmeerzeugung für Heizung und für Warmwasser beachten

Schritt 2

Eingabe der Projektdaten (Gebäudegeometrie, Kennwerte Gebäudehülle, Gebäudetechnik) in die Berechnungsinstrumente (Norm SIA 380/1 [1], Minergie-P-Nachweisformular [2]). Ergänzend dazu können verschiedene Hilfsinstrumente zur Berechnung der b-Werte, der U-Werte, der Wärmebrücken, der Jahresarbeitszahlen etc. verwendet werden.

Meist werden die Anforderungen nicht beim ersten Entwurf erfüllt. In einem Optimierungsprozess, an welchem sich im Idealfall das gesamte Planungsteam beteiligt, ist das Projekt zu überarbeiten, bis sämtliche Anforderungen erfüllbar sind. Anschliessend wird das Antragsdossier fertig gestellt.

▮ Eine strukturierte Zusammenstellung des Antragsdossiers schafft Übersicht über den aktuellen Projektstand und erleichtert die Arbeit der Zertifizierungsstelle. Der Antrag wird anhand der Checkliste von Minergie zusammengestellt (siehe www.minergie.ch → Dokumente für Zertifizierung):

▮ Antragsformular; unterschrieben von Antragsteller, Bauherrschaft und Fachplanern

▮ Berechnung nach Norm SIA 380/1 inkl. Unterschrift des Verfassers von Nachweis und Wärmedämmprojekt

▮ U-Wert-Berechnung der opaken Bauteile inkl. Deklaration der vorgesehenen Wärmedämmstoffen

▮ Ermittlung der Wärmebrücken gemäss Wärmebrückenkatalog [3] oder – besser, da auf die spezifischen Situationen zugeschnitten – mit einem Wärmebrückenberechnungsprogramm

[1] Norm SIA 380/1 «Thermische Energie im Hochbau», Schweizerischer Ingenieur- und Architektenverein, aktuelle Ausgabe: 2007; EDV-Tools sind auf dem Markt erhältlich.
[2] www.minergie.ch

b-Wert: Reduktionsfaktor zur Berechnung der Wärmeverluste gegen unbeheizte Räume respektive gegen das Erdreich

[3] Wärmebrückenkatalog, Bundesamt für Energie BFE

▌ U-Wert-Berechnung der Fenster mit Berücksichtigung von Rahmen, Glasverbund und Glas (Kennwerte Glas nach EN 673)
▌ Situationsplan der Umgebung
▌ Gebäudepläne (Grundriss mit Wärmedämmperimeter und ausgezogener Energiebezugsfläche, Fassaden mit nachvollziehbaren Bauteil- und Flächenzuordnungen, diese müssen mit der Berechnung nach Norm SIA 380/1 korrespondieren, eindeutige Bezeichnung der verschiedenen Fenster)
▌ Pläne der Konstruktionsdetails
▌ Datenblätter (Lüftung, Heizung, Wassererwärmung, Fenster)
▌ Haustechnikschema (Heizung mit den eingesetzten Komponenten und Lüftung mit Luftmengen und Leitungsführung z. B. über Erdregister etc.)

Der Antrag wird bei der kantonalen Energiefachstelle eingereicht, welche ihn an die Zertifizierungsstelle Minergie-P weiterleitet. In einigen Kantonen und Gemeinden ersetzt der Minergie-P-Antrag den behördlichen Energienachweis und erspart den Planenden einen zusätzlichen Berechnungsgang.
Die Zertifizierungsstelle Minergie-P prüft die eingereichten Unterlagen (Vollständigkeit der Unterlagen, Korrektheit der Berechnungen, Funktionalität der gewählten Lösungen) und stellt bei Erfüllung der ersten vier Anforderungen (Primäranforderung an den Heizwärmebedarf, Wärmeleistungsbedarf, gewichtete Energiekennzahl sowie energieeffiziente Geräte) ein provisorisches Zertifikat inkl. Zertifizierungsnummer aus. Ab diesem Moment darf das Objekt als Minergie-P-Objekt bezeichnet werden.

Schritt 3

Das Gebäude kommt in die Realisierung, wobei auch in dieser Phase den hohen Zielsetzungen Rechnung zu tragen ist. Wichtiger Punkt in dieser Phase ist die Qualität der Ausführung, vor allem auch betreffend der geforderten hohen Luftdichtigkeit und der Vermeidung von Wärmebrücken.
Im Weiteren sind folgende Punkte besonders zu beachten:
▌ Information und Sensibilisierung der Handwerker betreffend Minergie-P, vor allem betreffend Anforderungen an die Luftdichtheit der Gebäudehülle
▌ Überprüfung der eingesetzten Materialien und der Dämmstärken
▌ Ausfüllen aller relevanten Hohlräume mit Dämmmaterial
▌ Überprüfen der Luftdichtigkeit an den Stössen und Fugen (sämtliche Bauteile begutachten)

▮ Allenfalls notwendige Ausführungsänderungen vorgängig mit dem Planungsteam besprechen (z. B. Durchdringungen des Wärmedämmperimeters und der Luftdichtigkeitsschicht)
▮ Führen eines Baujournals

Schritt 4

Die Hülle der einzelnen Nutzungseinheiten (z. B. Wohnungen) wird mit einer Luftdichtigkeitsmessung auf ihre Dichtheit geprüft (Blower-door-Test). Das Verfahren, die Gebäudepräparation und auch der richtige Zeitpunkt für die Messung sind in der «Richtlinie für Luftdurchlässigkeitsmessungen bei Minergie-P- und Minergie-Bauten» [4] ausführlich beschrieben. Die Erfüllung der hohen Anforderung an die Luftdichtigkeit ist Bestätigung für eine hohe Ausführungsqualität der Gebäudehülle. Warum nicht dies – anstelle der Aufrichte – mit einem Fest für alle Beteiligten feiern? Bei erfolgreichem Blower-door-Test und nach Abschluss des Baus werden das Messprotokoll und die Baubestätigung der Zertifizierungsstelle Minergie-P zugestellt. Mit ihrer Unterschrift auf der Baubestätigung versichern der Antragssteller, die Bauherrschaft sowie die ausführenden Unternehmer (für Gebäudehülle, Lüftung und Heizung), dass sämtliche Vorgaben von Minergie-P gemäss Zertifizierungsantrag umgesetzt wurden. Damit kann das Gebäude definitiv zertifiziert werden und der Zertifizierungsprozess ist abgeschlossen.

[4] Richtlinie für Luftdurchlässigkeitsmessungen bei Minergie-P und Minergie-Bauten (2007), Dübendorf: QC Experts (siehe www.minergie.ch)

Stichprobenkontrolle

Mindestens 10 % der Objekte werden in der Ausführungsphase oder nach Abschluss der Arbeiten einer Stichprobenkontrolle unterzogen. Werden im Rahmen dieser Kontrolle Unstimmigkeiten zum Antrag festgestellt, sind diese entweder in einem neuen Nachweis zu berücksichtigen oder aber zu beheben. Ansonsten drohen Sanktionen wie der Entzug des Zertifikates respektive eine Konventionalstrafe.

Nutzerinformation

Nutzer und Betreiber des Gebäudes sind betreffend der Eigenheiten und speziellen Komponenten eines Minergie-P-Gebäudes zu informieren [5]. Verschiedene Studien zeigen, dass der reale Energieverbrauch zwischen 50 % und 400 % des berechneten Energiebedarfs aufweisen kann. Oft liegen die Gründe für diese Unterschiede im Verhalten der Nutzenden.

[5] «Jetzt wohnen Sie in einem Minergie-Haus», siehe: www.minergie.ch

4.3 Berechnungsverfahren Minergie-P

Das Berechnungsverfahren nach Minergie-P wurde in starker Anlehnung an das Berechnungsverfahren von Minergie und Bezug nehmend auf die in der Schweiz gültigen SIA-Normen entwickelt. Wesentliches Element ist dabei die Wärmebedarfsberechnung gemäss der Norm SIA 380/1 [6].

[6] Norm SIA 380/1 «Thermische Energie im Hochbau», Schweizerischer Ingenieur- und Architektenverein, aktuelle Ausgabe: 2007; EDV-Tools sind auf dem Markt erhältlich.

Zwei Berechnungsgänge

Die Berechnung des Heizwärmebedarfs nach der Norm SIA 380/1 wird zweimal durchgeführt: einmal mit Standard-Eingabedaten und einmal mit projektspezifischen Eingabedaten. Beim ersten Durchgang werden die Standardnutzungswerte nach der Norm SIA 380/1 verwendet.

∎ Aus diesem ersten Berechnungsdurchgang resultiert der Heizwärmebedarf, welcher mit der «Primäranforderung Gebäudehülle» verglichen wird. Damit wird die thermische Qualität der Gebäudehülle bewertet (Abbildung 4.2).

∎ Der zweite Durchgang dient der Beurteilung des Energiebedarfs auf Stufe gewichtete Endenergie (d. h. inkl. Berücksichtigung der Gebäudetechnik und der eingesetzten Energieträger). Für die ob-

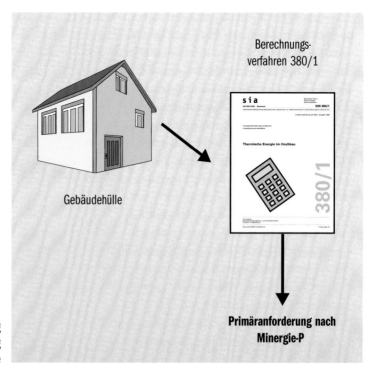

Abbildung 4.2: Berechnung der Primäranforderung Gebäudehülle

jektspezifische Berechnung wird – im Gegensatz zum ersten Durchgang – der effektive thermisch wirksame Aussenluftwechsel (gemäss dem Minergie-P-Nachweis) eingesetzt (Abbildung 4.3).
▎ Diese beiden Berechnungsgänge werden von den meisten auf dem Markt erhältlichen EDV-Programmen gleichzeitig berechnet.
▎ Der Heizwärmebedarf aus dem zweiten Berechnungsdurchgang wird anschliessend mit der Raumhöhenkorrektur korrigiert, mit dem Nutzungsgrad η für die Wärmeerzeugung (Ölbrenner, Holzfeuerung etc.) und dem Gewichtungsfaktor g für den entsprechenden Energieträger (Elektrizität, Gas, Holz etc.) bewertet. Analog wird auch der Energiebedarf für Wassererwärmung, Lüftungsanlage und Hilfsbetriebe mit Gewichtungsfaktoren berechnet. Die Summe dieser gewichteten Endenergien wird dann dem Minergie-P-Grenzwert gegenübergestellt (Abbildung 4.3).

Abbildung 4.3: Berechnung des Minergie-P-Grenzwertes (Nutzungsgrad η und Gewichtungsfaktor g)

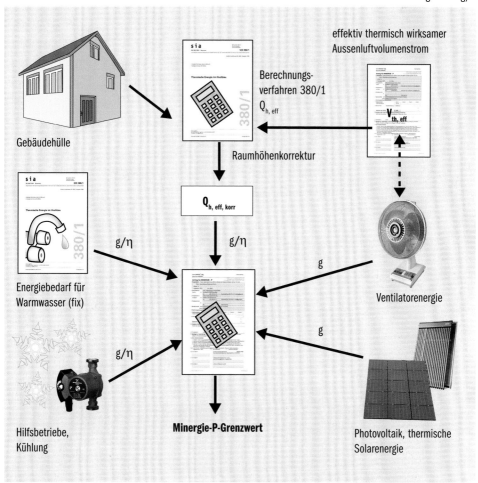

▍ Ein Wort noch zu den von Minergie vorgegebenen Nutzungs-
graden und Gewichtungsfaktoren: Diese haben einen grossen Einfluss auf die Frage, ob ein Gebäude die Anforderung erfüllt oder
nicht. Entsprechend heftig werden diese Faktoren auch diskutiert.
Die Gewichtungsfaktoren sind eine Mischung aus wissenschaft-
lich begründbaren Primärenergie- und energiepolitisch motivierten
Faktoren. Die vorgegebenen Nutzungsgrade im Berechnungspro-
gramm von Minergie entsprechen dem aktuellen Stand der Technik. Kann vom Antragssteller ein besserer Nutzungsgrad glaubhaft
nachgewiesen werden, lässt sich für die Zertifizierung der bessere
Wert einsetzen.

Unterschied zwischen Minergie und Minergie-P

Der grosse Unterschied im Berechnungsverfahren zwischen
Minergie und Minergie-P wurde auf Anfangs 2008 ausgemerzt.
Die beiden Standardnutzungswerte «thermisch wirksamer Aussen-
luftvolumenstrom V_{th}» und «Wärmegewinn Elektrizität Q_e» wer-

System	Nutzungsgrad η resp. JAZ der Wärmeerzeugung	
	Heizung	Warmwasser
Ölfeuerung, mit oder ohne Wärmeverbund	0,85	0,85
Ölfeuerung kondensierend	0,91	0,88
Gasfeuerung, mit oder ohne Wärmeverbund	0,85	0,85
Gasfeuerung kondensierend	0,95	0,92
Holzfeuerung, mit oder ohne Wärmeverbund	0,75	0,75
Pelletsfeuerung	0,85	0,85
Elektrische Direktheizung	1,00	–
Elektro-Wassererwärmer	–	0,90
JAZ von Wärmepumpen $T_{VL} \leq 45\,°C$ Aussenluft monovalent	2,30	2,30
Erdsonden	3,10	2,70
Grundwasser, indirekt	2,70	2,70
Solaranlage (Heizung + WW)	0	0
Photovoltaik	0	0

Tabelle 4.1: Nutzungsgrad η nach Minergie (Stand Dezember 2007)

Energieträger oder Energiequelle	Gewichtungsfaktor g
Sonne, Umweltwärme, Geothermie	0
Biomasse (Holz, Biogas, Klärgas)	0,5
Fossile Energieträger (Öl, Gas)	1,0
Elektrizität	2,0

Tabelle 4.2: Gewichtungs-faktor g nach Minergie (Stand Dezember 2007)

den nun nach SIA 380/1 eingesetzt. Damit entfernt sich die Berechnungsweise geringfügig von der Realität. Die Angleichung von Minergie und Minergie-P bei der Berechnungsweise hat viele Vorteile. Was die Anforderungen betrifft hat diese Anpassung allerdings keinen erheblichen Einfluss, jedenfalls nicht für übliche Bauweisen und Gebäudeformen. Die Anforderung für die Kategorie Wohnen EFH ist weniger streng, da sich gezeigt hat, dass der geforderte Grenzwert der Primäranforderung Gebäudehülle sehr schwer zu erreichen war.

Spezifischer Wärmeleistungsbedarf bei einer Luftheizung

Wird ein Gebäude teilweise oder ganz über die mechanische Lufterneuerung beheizt, darf der spezifische Wärmeleistungsbedarf nicht mehr als 10 W/m² betragen. Mit dieser Vorgabe wird sichergestellt, dass der Luftwechsel nicht – zum Heizen – über den hygienisch notwendigen Luftwechsel angehoben wird. Die 10 W/m² ergeben sich aus einer Zulufttemperatur von 45 °C und einem etwa 0,4-fachen Luftwechsel.

Achtung! Der Wärmeleistungsbedarf wird bei Minergie-P berechnet, indem auch die solaren Gewinne und ein Teil der internen Wärmegewinne berücksichtigt werden. Dieses Berechnungsverfahren darf deshalb nicht zur Dimensionierung der Wärmeabgabe und der Wärmeerzeugung verwendet werden.

Abbildung 4.4: Heizwärmebedarf dreier Gebäude (Gebäude beschrieben in Abschnitt 4.5), nach Minergie-P 2007 sowie nach Minergie-P 2008. Der Grenzwert der Nutzung Wohnen EFH wurde durch Anpassung per 1. Januar 2008 leicht angehoben, die Anforderungen an die Nutzungen Wohnen MFH und Verwaltung bleiben auf dem bisherigen Niveau.

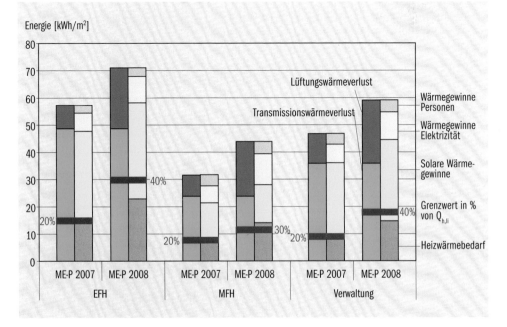

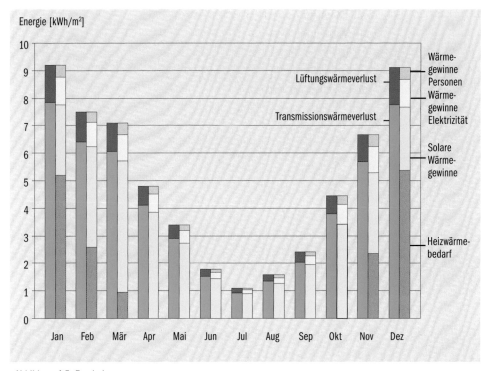

Abbildung 4.5: Ergebnisse einer Heizwärmebedarfsberechnung nach Minergie-P (Monatswerte). Gut ersichtlich, dass sich die Heizperiode über etwa 4 bis 5 Monate erstreckt.

Hinweis: Wird über die Hälfte der Leistung (nicht der Energie) über ein selbstregulierendes, wassergeführtes Wärmeverteilsystem abgegeben, welches gleichmässig auf die gesamte Wohnung bzw. das gesamte Objekt verteilt ist, ist die Erfüllung der Anforderung betreffend Wärmeleistungsbedarf (10 W/m²) nicht nötig.

4.4 Berechnungsverfahren Norm SIA 380/1

Das Berechungsverfahren nach der Norm SIA 380/1 basiert auf Monatsbilanzen nach der europäischen Norm EN13790 «Wärmetechnisches Verhalten von Gebäuden – Berechnung des Heizenergiebedarfs».
Die Energiebilanzierung berücksichtigt folgende Energieflüsse:

Verluste	Gewinne	Differenz
Transmissionswärmeverlust Q_T	Solare Wärmegewinne Q_s	Heizwärmebedarf Q_h
Lüftungswärmeverlust Q_V	interner Wärmegewinn Elektrizität Q_{iE}	
	interne Wärmegewinne Personen Q_{iP}	

Die einzelnen Wärmeverluste und Wärmegewinne setzen sich aus folgenden Komponenten zusammen:

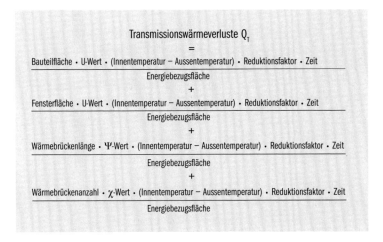

Die Wärmeverluste werden über die thermisch relevante Gebäudehülle berechnet. Der Reduktionsfaktor berücksichtigt die Temperaturunterschiede zwischen der berechneten Aussenlufttemperatur und den effektiven Temperaturen des Erdreichs oder der angrenzenden Räume, welche ausserhalb des Dämmperimeters liegen.

$$
\text{Lüftungswärmeverlust } Q_V = \text{Flächenbezogener Aussenluftvolumenstrom} \cdot \text{Dichte} \cdot \text{Wärmekapazität} \cdot (\text{Innentemp.} - \text{Aussentemp.}) \cdot \text{Zeit}
$$

Der Lüftungswärmeverlust beschreibt den Verlust aufgrund des thermisch wirksamen Aussenluftvolumenstroms. Der Aussenluftvolumenstrom ist für die Primäranforderung Minergie-P gemäss der Norm SIA 380/1 für jede Gebäudekategorie fix definiert. Bei der Berechnung des Heizwärmebedarfs für die gewichtete Endenergie (Minergie-P-Grenzwert) entspricht der Aussenluftvolumenstrom dem Objektwert.

$$
\text{Solare Wärmegewinne } Q_S = \frac{\text{Fensterfläche} \cdot \text{Gesamtenergiedurchlassgrad} \cdot \text{Glasanteil} \cdot \text{Verschattungsfaktoren} \cdot \text{Strahlung} \cdot \text{Zeit}}{\text{Energiebezugsfläche}}
$$

> **Interne Wärmegewinne Elektrizität Q_{iE}**
> =
> Elektrizitätsverbrauch pro Jahr und Fläche · Reduktionsfaktor Elektrizität

> **Interne Wärmegewinne Personen Q_{iP}**
> =
> $$\frac{\text{Wärmeabgabe pro Person} \cdot \text{Präsenzzeit pro Tag} \cdot \text{Zeit}}{\text{Personenfläche}}$$

Die internen Gewinne von Personen und elektrischen Geräten sind Standardnutzungswerte aus der Norm SIA 380/1, welche weder von den Bauteilkonstruktionen noch von der Architektur beeinflusst werden.

> **Ausnutzungsgrad für Wärmegewinne η_g**
> =
> Funktion aus: Wärmespeicherfähigkeit, Wärmegewinn-Verlust-Verhältnis,
> Wärmespeicherfähigkeit, Wärmeverlustkoeffizient, Zeitkonstante des Gebäudes

Der Ausnutzungsgrad reduziert den gesamten monatlichen Wärmegewinn (interne und externe Gewinne) auf den zur Raumerwärmung nutzbaren Teil. Der Ausnutzungsgrad wird von folgenden Faktoren beeinflusst:

▎ Verhältnis Gewinne zu Verluste (je grösser die Gewinne, desto weniger davon lässt sich nutzen).
▎ Gebäudemasse (speicherwirksame Masse, wie gut können die Gewinne über eine gewisse Zeit gespeichert werden?)
▎ Wärmeverlustkoeffizient (wie schnell kühlt das Gebäude ohne Wärmezufluss aus?)

Die entsprechenden Energiebilanzen werden monatsweise erstellt und übers Jahr aufsummiert.

> **Heizwärmebedarf Q_h**
> =
> Transmissionsverluste + Lüftungsverluste
> –
> Ausnutzungsgrad · (Solare Gewinne + Gewinne Elektrizität + Gewinne Personen)

Der Berechnungsgang zeigt, wo die Optimierungsmöglichkeiten betreffend Heizwärmebedarf liegen:

▎ Erhöhung der solaren Wärmegewinne
▎ Verminderung der Transmissionswärmeverluste
▎ Wahl des Lüftungssystems inkl. Wärmerückgewinnung (nur für Berechnung des Minergie-P-Grenzwertes)

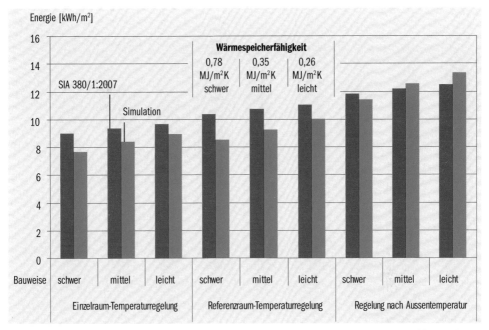

Abbildung 4.6: Vergleich des Monatsverfahrens nach SIA 380/1 mit einer thermischen Raumsimulation für ein Minergie-P-Einfamilienhaus; Berechnungen für verschiedene Bauweisen und verschiedene Temperaturregelungen.

Immer wieder wird die Frage gestellt, wie genau diese Berechnungen, basierend auf einem Monatsverfahren, überhaupt mit der Realität übereinstimmen. Dazu wurden in einer Studie [7] die Ergebnisse der Berechnung gemäss Norm SIA 380/1 mit den Ergebnissen einer thermischen Raumsimulation verglichen – beides für ein typisches Minergie-P-Einfamilienhaus. Der Vergleich zeigte, dass die Ergebnisse der beiden Berechnungsmethoden eine sehr gute Übereinstimmung aufweisen (Abbildung 4.6).

Weitere Informationen zur Berechnung sind der Norm SIA 380/1 [8] sowie der zugehörigen Dokumentation SIA D 0221 [9] zu entnehmen.

[7] Tschui, A. (2006). Diplomarbeit: Simulationen für Minergie-P (06-DV-15). Horw: HTA Luzern.
[8] SIA 380/1:2007. Thermische Energie im Hochbau. Zürich: SIA.
[9] SIA D 0221:2007. Anpassung an die Norm SIA 380/1 Ausgabe 2007 bzw. SIA D 0170:2001. Leitfaden zur Anwendung der Norm SIA 380/1 Ausgabe 2001 (Dokumentation). Zürich: SIA.

4.5 Wesentliche Parameter des Heizwärmebedarfs

Kompakte Bauweise

Landläufig ist bekannt, dass eine gute Dämmung der Gebäudehülle eine wichtige Massnahme für energieeffizientes Bauen ist. In diesem Zusammenhang ist aber weniger bekannt, dass der Formfaktor – quantifiziert durch die Gebäudehüllzahl nach SIA 380/1 (Gebäudeoberfläche zu Energiebezugsfläche A_{th}/A_E) – einen ebenso grossen Einfluss auf die Energieeffizienz hat. Anschaulich dargestellt findet sich dieser Sachverhalt auch in Abbildung 1.9, Seite 32.

Bei gleicher Qualität der Bauhülle sinkt mit wachsendem Volumen des Gebäudes der Heizwärmebedarf steiler als der Grenzwert der Norm SIA 380/1. Diese Tatsache gilt sowohl bei Minergie als auch abgeschwächt bei Minergie-P. Damit die Primäranforderung an die Gebäudehülle bei sehr grossen Gebäuden nicht gegen unerreichbar tiefe Werte sinkt, ist diese bei mindestens 15 kWh/m²a festgelegt. Dieser Wert ist dann gültig, wenn der objektspezifische Wert von 30% $Q_{h,li}$ bzw. 40% $Q_{h,li}$ unter diesen 15 kWh/m²a liegt. Bbei der Gebäudekategorie Wohnen MFH ist dies bei einer Gebäudehüllzahl um etwa 1,1 der Fall. Damit ist es möglich, bei sehr grossen, kompakten Gebäuden die Primäranforderung an die Gebäudehülle mit tendenziell schlechteren U-Werten bei Konstruktionen oder geringerem Solargewinn zu erreichen.

Fazit: Die Grossform im Wohnungsbau hat grosse energetische und in der Konsequenz volkswirtschaftliche Vorteile. Denn die Effizienzverbesserung erfolgt ja ohne zusätzliche Investitionen – im Gegenteil. Grossformen weisen tiefere spezifische Kosten auf. Neben der Grösse des Objektes hat auch dessen Zergliederung grossen Einfluss auf die Gebäudehüllzahl und damit auf den Energiebedarf.

Tabelle 4.3: Die drei verglichenen Gebäude.

EFH in Emmenbrücke	MFH B1 der Siedlung Werdwies in Zürich	Geschäftshaus Bionstrasse
Das Objekt wurde als Gebäude mit sehr kleinem Energieverbrauch geplant. Gegenüber den Originalplänen werden leichte Änderungen am Gebäude und den Konstruktionen vorgenommen.	Das gewählte Mehrfamilienhaus wurde unter dem Aspekt «Massnahmen für den Minergie-P-Standard in der Siedlung Werdwies in Zürich» untersucht. Eine genauere Projektbeschreibung ist auch im Kapitel 5 «Beispiele» enthalten.	Erstes gebautes Minergie-P Gewerbe- und Verwaltungsgebäude in St. Gallen. Mit den Massnahmen an der Gebäudehülle wurde mehr erreicht als mit kostenintensiver Haustechnik.
A_{th}/A_E: 1,98 A_E: 284 m²	A_{th}/A_E: 0,73 A_E: 4632 m²	A_{th}/A_E: 0,76 A_E: 6561 m²

Sensibilitätsanalyse: Vergleich der Nutzungen Wohnen EFH, Wohnen MFH und Verwaltung

In den folgenden Beispielen werden drei reale Objekte (siehe Tabelle 4.3) betreffend des Heizwärmebedarfs Q_h verglichen und dabei jeweils an einem Parameter Veränderungen vorgenommen (unter sonst gleichen Umständen). Die rote Linie markiert dabei den Grenzwert von 40 % $Q_{h,li}$ für Wohnen EFH, 30 % $Q_{h,li}$ für Wohnen MFH und von 40 % für Verwaltung respektive 15 kWh/m², die Punkte den jeweiligen Heizwärmebedarf. Diese Vergleiche zeigen die Wirkung der einzelnen Einflussfaktoren.

Wärmespeicherfähigkeit

Die Wärmespeicherfähigkeit eines Gebäudes zeigt auf, wie viel Energie, also Wärmespitzen, in der Gebäudemasse zwischengespeichert werden können. Dies hat im Winter wie auch im Sommer den positiven Effekt eines ausgeglichenen Raumklimas.

In der Berechnungsmethode der SIA 380/1 dient die Wärmespeicherfähigkeit im Verhältnis des Wärmeverlustes zur Berechnung der Zeitkonstante. Die Zeitkonstante wiederum wird für die Berechnung des Ausnutzungsgrads für Wärmegewinne verwendet. Für die Wärmespeicherfähigkeit pro Energiebezugsfläche C/A_E können die angenäherten Werte der Tabelle 4.4 verwendet werden. Genauere Werte der Wärmespeicherfähigkeit können nach EN ISO 13786 berechnet werden. Auf www.energycodes.ch steht ein Tool für die Berechnung der Wärmespeicherfähigkeit eines Raumes zur Verfügung. Zur Berechnung der Wärmespeicherfähigkeit des Gebäudes sind typische Räume zu berechnen und gewichtet zu mitteln.

Es zeigt sich, dass im Bereich des massiven Baus wie auch der Holzblockbauweise die Wärmespeicherfähigkeit nur einen Einfluss um 10 % hat. Wird das Gebäude als reiner Ständerholzbau erstellt, steigt der Heizwärmebedarf schon erheblich.

Bauweise	Beispiele	C/A_E
schwer	▌ mindestens zwei der drei thermisch aktiven Elemente (Decke, Boden, alle Wände) massiv und ohne Abdeckung	0,5
mittel	▌ mindestens eines der thermisch aktiven Elemente (Decke, Boden oder alle Wände) massiv und ohne Abdeckung ▌ Holzbau: Blockbauweise	0,3
leicht	▌ Holzbau: Ständerbauweise	0,1
sehr leicht	▌ Industrie-Stahlbau	0,05

Tabelle 4.4: Wärmespeicherfähigkeit bezogen auf die Energiebezugsfläche C/A_E in MJ/(m²K); (Rechenwerte) Quelle: SIA-Norm 380/1

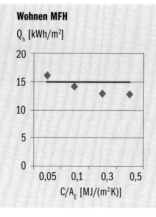
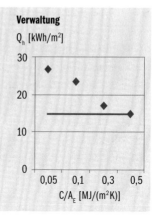
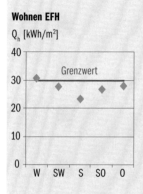
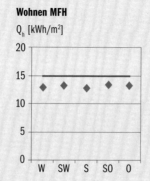
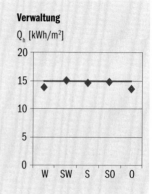

Abbildung 4.7: Heizwärmebedarf bei den jeweils vier Standardwerten der Wärmespeicherfähigkeit gemäss SIA-Norm 380/1.

Abbildung 4.8: Heizwärmebedarf der drei Gebäude in Abhängigkeit der Ausrichtung der Hauptfassade.

Ausrichtung der Hauptfassade

Die Ausrichtung der Hauptfassade ist ein wesentlicher Punkt in der Konzeption eines Minergie-P-Gebäudes. Der Gewinn im Winter aufgrund einer geschickten Ausnutzung der solaren Gewinne ist sehr gross. Gross kann aber auch der Verlust von verglasten Flächen einer Nordfassade ohne kompensierende Wärmegewinne sein.

In den drei Beispielen zeigt sich dies vor allem beim Einfamilienhaus. Wird das Gebäude mit der Hauptglasfront mit Ausrichtung Süd nach West oder Ost gedreht so hat dies eine Erhöhung des Heizwärmebedarfs um fast 50 % zur Folge: Nicht die Verluste werden grösser, sondern die Gewinne durch Abdrehen der Hauptglasfläche sehr stark reduziert (siehe Abbildung 4.8).

Das Mehrfamilienhaus weist nach allen vier Seiten ähnlich grosse Glasflächen aus (bzw. Süden ist noch etwas stärker verschattet). Somit hat ein Drehen des Gebäudes keinen grossen Einfluss. Das Gewerbegebäude hat ebenfalls durch die vierseitige Glasfassade eine

annähernd ausgeglichene Bilanz und gegen Süden eine verhältnis-
mässig kleine Glasfläche.

Bei vollflächigen Glasfassaden muss neben sehr guten Gläsern (Behaglichkeit im Winter durch hohe Oberflächentemperaturen)
zwingend auch der Sommerfall genau betrachtet werden, beispielsweise durch eine thermische Simulation.

Feste Verschattung

Die Verschattung hat ebenfalls einen grossen Einfluss auf den Ener-
giehaushalt. So können die solaren Wärmegewinne durch ein un-
bedarftes Anbringen von festen Verschattungen ungewollt halbiert
werden. Da stellt sich die Frage: lässt sich für den Balkon eine geeignete Position finden? Der sommerliche Wärmeschutz sollte
dafür mit gesteuerten Storen im behaglichen Bereich gehalten
werden.

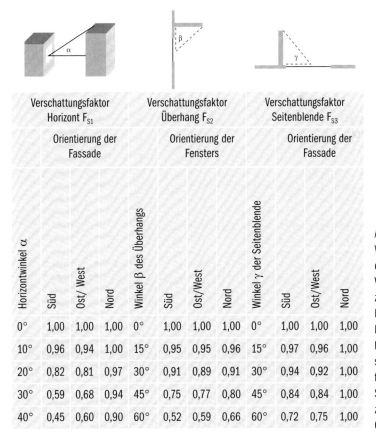

Verschattungsfaktor Horizont F_{S1}			Verschattungsfaktor Überhang F_{S2}				Verschattungsfaktor Seitenblende F_{S3}			
Orientierung der Fassade				Orientierung der Fensters				Orientierung der Fassade		
Horizontwinkel α	Süd	Ost/West	Nord	Winkel β des Überhangs	Süd	Ost/West	Nord	Winkel γ der Seitenblende	Süd	Ost/West	Nord
0°	1,00	1,00	1,00	0°	1,00	1,00	1,00	0°	1,00	1,00	1,00
10°	0,96	0,94	1,00	15°	0,95	0,95	0,96	15°	0,97	0,96	1,00
20°	0,82	0,81	0,97	30°	0,91	0,89	0,91	30°	0,94	0,92	1,00
30°	0,59	0,68	0,94	45°	0,75	0,77	0,80	45°	0,84	0,84	1,00
40°	0,45	0,60	0,90	60°	0,52	0,59	0,66	60°	0,72	0,75	1,00

Abbildung 4.8: Die drei Verschattungsfaktoren der Fenster (Achtung: Der Verschattungsfaktor Horizont kann fassadenweise bestimmt werden. Der Horizontwinkel wird bezüglich der Fassadenmitte bestimmt. Die Verschattungsfaktoren von Überhang und Seitenblende werden einzeln je Fenster bestimmt.) Quelle: SIA-Norm 380/1

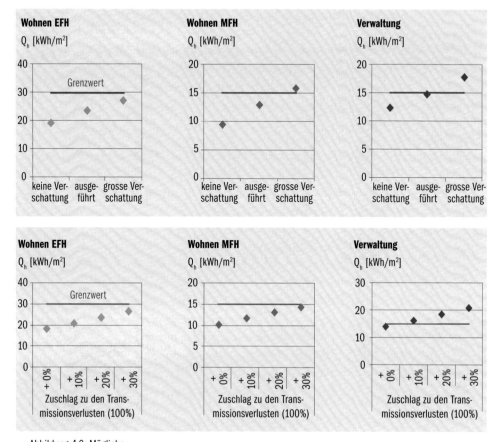

Abbildung 4.9: Mögliche Verschattungszenarien für die drei Objekte und deren Auswirkung auf den Heizwärmebedarf. Die grosse Verschattung stellt eine Variante mit doppelt so grossen Überhängen und Seitenblenden wie beim realen Objekt dar.

Abbildung 4.10: Heizwärmebedarf der drei Gebäude in Abhängigkeit des Wärmebrückenzuschlages.

Wärmebrücken

Naturgemäss ist ein Wärmebrückenzuschlag von 0 % kaum realistisch. Bei üblichen Minergie-P-Bauten dürfte sich der Zuschlag im Bereich von 10 % bis 20 % bewegen. Die Abbildung 4.10 erhellt, wie prioritär die Wärmebrücken in der Energiebilanz eines Gebäudes sind.

4.6 Gebäudetechnik im Berechnungsgang Minergie-P

Für die im Abschnitt 4.5 betrachteten Objekte wird auch eine Analyse betreffend möglicher Energiesystemen gemacht. Es wird untersucht, mit welchen Systemen unter welchen Bedingungen (Nutzungsgrad, Arbeitszahl) der Minergie-P-Grenzwert erreicht werden kann. Für die Berechnung der gewichteten Energiekennzahl wird die Gebäudehülle angepasst, damit der Heizwärmebedarf die Primäranforderung von Minergie-P gerade noch

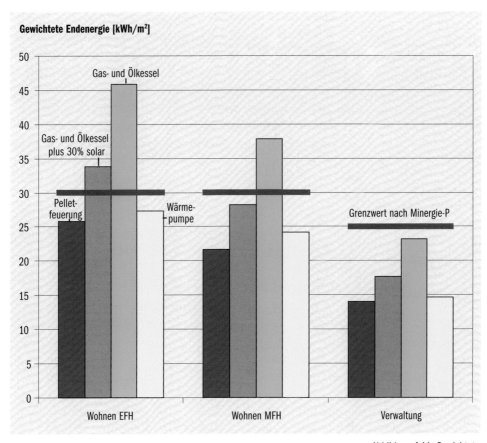

Gewichtete Endenergie [kWh/m²]

Gas- und Ölkessel

Gas- und Ölkessel
plus 30% solar

Pellet-
feuerung

Wärme-
pumpe

Grenzwert nach Minergie-P

Wohnen EFH   Wohnen MFH   Verwaltung

erfüllt. In die Berechnung eingesetzt wurde dann der Heizwärmebedarf unter Berücksichtigung des thermisch effektiv wirksamen Aussenluftvolumenstroms.

Die berechneten Werte wurden mit den exemplarischen Erzeugungskombinationen und -systemen gemäss Tabelle 4.6 erreicht. Beim Einfamilienhaus liegt die gewichtete Endenergie von drei Haustechnikvarianten nahe dem Grenzwert. Bei diesem Haus könnte bei der kombinierten Wärmeerzeugung mittels Öl- oder Gaskessel sowie Solaranlage eine Verbesserung der Gebäudehülle das Erreichen des Grenzwertes sichern. Bei der reinen fossilen Wärmeerzeugung wird dies nicht reichen.

Die grosse Knacknuss zur Erreichung von Minergie-P (Stand Jahr 2007) beim Einfamilienhaus war bisher die Anforderung an die Gebäudehülle. Mit der leichten Erhöhung des Grenzwertes und mit dem jetzt gültigen Berechnungsgang (Minergie-P 2008) sind nun beide Grenzwerte – Primäranforderung und gewichtete Energiekennzahl – von Anfang an zu beachten.

Abbildung 4.11: Gewichtete Energiekennzahl (Endenergie) der drei Beispielbauten (siehe Abschnitt 4.5). Darin enthalten ist der Aufwand für die Beheizung, für die Wassererwärmung, für die Lufterneuerung sowie für die Hilfsbetriebe wie Pumpen etc.

Zur Beachtung: Der Heizwärmebedarf der Objekte entspricht genau den Anforderungen nach Minergie-P.

Wird die Energiebezugsfläche wie beim Mehrfamilienhaus grösser (die Gebäudehüllzahl wird kleiner), nimmt der spezifische Heizenergiebedarf ab, der Energiebedarf für die Warmwasserbereitstellung bekommt – bei gleichen absoluten Werten – einen höheren Anteil. Dies hat umso mehr Bedeutung, da der Wärmebedarf für Warmwasser im Berechnungsgang für Minergie-P auf dem Standardnutzungswert der SIA-Norm 380/1 basiert (ist also nicht beeinflussbar). Somit gewinnt der Warmwasserwärmebedarf an Gewicht. So wird in diesem Fall für Minergie-P nicht die Primäranforderung sondern wiederum auch der Minergie-P-Grenzwert zur Herausforderung. Das Verwaltungsgebäude, welches dank der kompakten Gebäudeform einen tiefen Heizwärmebedarf und aufgrund der Nutzung fast keinen Wärmebedarf Warmwasser aufweist, könnte hier rein fossil beheizt werden.

Fazit: Mit rein fossiler Wärmeerzeugung kann der Minergie-P-Grenzwert kaum erreicht werden, der Einsatz erneuerbarer Energien ist fast immer zwingend. Der Minergie-P-Grenzwert ist mit einer Luft-Wasser-Wärmepumpe mit schlechten Jahresarbeitszahlen (Aussenluft monovalent; nach Minergie bei 2,3) schwierig zu erreichen. Mit Wärmepumpen (Sole oder Grundwasser) oder mit dem Einsatz erneuerbarer Energien (Holz, Sonne) kann der Minergie-P-Grenzwert normalerweise gut erreicht werden. Es muss aber bei der Berechnung der Gebäudehülle auch immer der Wert der gewichteten Endenergie des Gebäudes im Vergleich zum Grenzwert Minergie-P im Auge behalten werden. Eine gute Gebäudehülle mit einer suboptimalen Wärmeerzeugung ist häufig nicht gut genug.

Zur Beachtung: Bei Minergie-P muss jeweils für den Minergie-P-Grenzwert auch der Strombedarf der Hilfsbetriebe der Gebäudetechnik (z. B. Umwälzpumpen) berücksichtigt werden. Die Hilfsenergie wird mit dem Faktor 2,0 gewichtet (Gewichtungsfaktor Elektrizität).

JAZ: Jahresarbeitszahl

Wärmeerzeugung	Deckungsanteil	JAZ (η)	Gewichtung
Pelletsfeuerung	Heizung: 100 %	0,85	0,5
	Warmwasser: 100 %	0,85	0,5
Gas- oder Ölkessel	Heizung: 100 %	0,85	1
	Warmwasser: 100 %	0,85	1
Gas- oder Ölkessel	Heizung: 70 %	0,85	1
	Warmwasser: 70 %	0,85	1
Solaranlage: 30 % des Wärmebedarfs	Heizung: 30 %	–	–
	Warmwasser: 30 %	–	–
Wärmepumpe	Heizung: 100 %	3,5	2
	Warmwasser: 100 %	2,8	2

Tabelle 4.6: Varianten der Wärmeerzeugung

4.7 Minergie-P-Kompass

Der Minergie-P-Kompass soll einfach aufzeigen, ob das geplante Objekt schon in einem sehr frühen Planungsstadium
dem Minergie-P-Standard entspricht oder ob es sich um ein sehr
schwierig zu zertifizierendes Gebäude handelt.

↗ Zum Erreichen von Minergie-P optimal ⬂ Führt zu Problemen

Ausrichtung

Die Hauptausrichtung der (grossen) Fenster ist
Süden, Südwest oder Südost. (Unter Berücksichtigung des sommerlichen Wärmeschutzes:
bauliche Massnahmen gemäss Norm SIA 382/1;
automatisierter Sonnenschutz). ↗

Die grossen Fensterflächen sind nach Norden
ausgerichtet. ⬂

Kompaktheit

Das Gebäude ist kompakt. Einschnitte und auskragende Gebäudeelemente im Wärmedämmperimeter sind nicht oder nur vereinzelt vorhanden. ↗

Verschiedene Einschnitte oder Auskragungen
erhöhen das A_{th}/A_E-Verhältnis und führen zu
Wärmebrücken. ⬂

Opake Fassade

Baukonstruktionen mit U-Werten unter
0,13 W/m²K. ↗

Baukonstruktionen mit U-Werten über
0,15 W/m²K. ⬂

Fenster

Fenster mit U-Wert (Rahmen, Glasverbund und
Glas) unter 0,85 W/m². Glas-U-Wert (nach EN-
Norm gemessen!) unter 0,6 W/m²K ↗

Glas U-Wert über 0,9 W/m²K. ⬂

Verschattung

Balkone neben den Fensterfronten oder maximal
1 m tief. Horizont auf 10° bis 15° gegen Süden
frei. ↗

Balkone vor den grossen Fensterflächen. Umgebende Häuser oder Horizont höher als 20°. ⬂

Wärmebrücken

Fensterrahmen sind bestmöglich überdämmt.
Balkone wie auch Dachränder sind thermisch
getrennt. ↗

Thermische Trennungen aus statischen Gründen
nicht möglich. Fensterrahmen nicht überdämmt. ⬂

Wärmedämmperimeter

Ganzes Gebäude innerhalb des Dämmperimeters. ↗

Räume ausserhalb des Dämmperimeters verhindern eine kompakte Form und führen zu
Wärmebrücken. ⬂

Gebäudetechnik

Verwendung von erneuerbaren Energien (Holz,
Sonne) oder Erdwärme. ↗

Wärmepumpe mit schlechter Arbeitszahl, Wassererwärmung mit Elektro-Wassererwärmer,
fossile Brennstoffe ohne Ergänzung mit erneuerbaren Energien. ⬂

4.8 Thermisches Verhalten im Sommer

[10] SIA 382/1:2007. Lüftungs- und Klimaanlagen – Allgemeine Grundlagen und Anforderungen. Zürich: SIA.

Das Minergie-P-Label ist gemäss den aktuell zur Zertifizierung geforderten Berechnungen grundsätzlich nur eine Energiebetrachtung des Winterhalbjahres. Aber auch Minergie fordert die Berücksichtigung des thermischen Verhaltens des Gebäudes im Sommer. Unterstützend dazu sind in der SIA-Norm 382/1:2007 [10] auch die aktuellen Bedingungen für den sommerlichen Wärmeschutz und den Bedarf an eine Kühlung aufgezeigt. Dabei sind vor allem die in der Norm definierten g-Werte der Fassade und Mindestanforderungen an die Wärmespeicherfähigkeit im Kontext von Minergie-P wichtig, insbesondere hinsichtlich einer erwünschten oder notwendigen Kühlung. Minergie stellt neben den erwähnten Punkten ab 1. Januar 2008 konkrete Anforderungen an das thermische Verhalten von Gebäuden im Sommer. Diese sind auf www.minergie.ch zu finden.

Ein Kühlenergiebedarf ist bei der Berechnung der gewichteten Energiekennzahl nach Minergie-P zu berücksichtigen. Bei Freecooling ist der Bedarf entsprechender Pumpen und Stellmotoren einzubeziehen.

4.9 Hilfsmittel

Diese Zusammenstellung soll aufzeigen, was es für die Zertifizierung nach Minergie-P an Hilfmitteln und Berechnungstools gibt. Die direkten Links finden sich auch auf der Faktor- oder Minergie-Website.

Bild rechts: Green Offices Givisiez, FR-001-P-ECO

Name	Beschreibung	Web
380/1 Programme	Liste der aktuell zertifizierten 380/1 Planungswerkzeuge und Vollzugshilfen	www.energie.zh.ch www.bfe.admin.ch
Minergie-P-Nachweisformular	Berechnungsformular für den Minergie-P-Nachweis	www.minergie.ch
Checkliste Minerige-P	Checkliste im praktischen 12er Registerformat für den Antrag	www.minergie.ch
Fensterberechnung	Praktisches Excelblatt für die Berechnung des Fenster-U-Wertes aus Rahmen, Glas und Glasrand	www.energie.tg.ch
Lüftung/Kältetool	Berechnung des thermisch effektiven Luftvolumenstromes für grosse Lüftungsanlagen	www.minergie.ch
b-Wert	Praktisches Excelblatt für die Berechnung des b-Wertes gegen Erdreich	www.energie.tg.ch
JAZ	Berechnung der Jahresarbeitszahl von Wärmepumpen	www.minergie.ch

Kapitel 5
Beispiele

Die Angaben zum Energieverbrauch, zum Heizwärmebedarf sowie zum thermisch relevanten Aussenluftvolumenstrom basieren auf dem Berechnungsgang sowie auf den Anforderungen gemäss Minergie-P bis 2007. Ab 1. Januar 2008 gelten andere Berechnungsverfahren und andere Anforderungen.

5.1 Massiv gebaut

Objekt
Siedlung Konstanz,
Rothenburg

**Bauherrschaft,
Architektur**
Anliker AG, Emmenbrücke

**Energieplanung,
Energieberatung**
Partnerplan AG, Littau
HTA Luzern, Zentrum für
interdisziplinäre Gebäude-
technik, Horw

Bauphysik
Ragonesi, Strobel &
Partner AG, Luzern

Fenster
Kronenberger AG, Ebikon

In Rothenburg, nur wenige Minuten von Luzern entfernt, steht die Siedlung Konstanz. Die Überbauung besteht aus verschiedenen Häusertypen mit 116 Wohnungen unterschiedlicher Grösse. 7 der insgesamt 13 Mehrfamilienhäuser sind nach Minergie-P gebaut. In vier dieser Bauten (Typ A) befinden sich je eine 3½- und eine 4½-Zimmer-Wohnung auf jeder der vier Etagen. Die drei anderen Minergie-P-Häuser (Typ C) sind viergeschossige Loftbauten mit insgesamt 12 Lofts. Wer eine der Loft-Wohnungen mit einer Nettowohnfläche von 170 m² erwirbt, besitzt gleich ein ganzes Stockwerk. Die Siedlung wurde in zwei Etappen erstellt: Die Lofthäuser sind seit Mai 2003 bezogen, das letzte der restlichen Minergie-P-Häuser (Typ A) wurde im Mai 2004 fertig.

Makellose Gebäudehülle

Auf der Nordwest- und der Nordost-Seite bestehen die Wände der Lofthäuser aus einer (verputzten) Kompaktfassade mit 15 cm Backstein und einer 30 cm dicken Wärmedämmung aus Neopor. Dieser EPS-Hartschaum hat mit einer Wärmeleitfähigkeit (λ-Wert) von 0,033 W/m K die besseren Dämmeigenschaften als übliches Polystyrol.

An den 8-Familien-Häusern ist die Dämmschicht aufgrund des besseren Volumen-Oberflächen-Verhältnisses nur 24 cm stark. An den Südwest- und Südost-Fassaden mit den Terrassen ist die 15 cm dicke Backsteinwand mit einer 28 cm dicken Steinwoll-Schicht gedämmt. Über einer 30 mm breiten Hinterlüftung bildet eine gestrichene 10 mm starke Schichtholzplatte die Verkleidung. Die unterschiedlichen Wandaufbauten haben rein ästhetische Gründe: «Auf den Terrassen, wo die Bewohner in Kontakt mit der Fassade treten, haben wir edles Holz anstatt dem weissen, rauhen Verputz eingesetzt», erklärt Arthur Sigg, der verantwortliche Architekt der Generalunternehmung Anliker AG. Auf die Ausnutzung der Parzelle wirken sich die dickeren massiven Wände in Rothenburg nicht negativ aus: Im Kanton Luzern werden für die anrechenbare Geschossfläche die Aussenwände nicht mitgerechnet.

Aufgrund der Erfahrungen bei der ersten Bauetappe konnten bei den Häusern der zweiten aufwändige Sockeldetails durch den Einsatz von Wärmedämmbeton (Mischung aus Zement und Schaumglasschotter) im Kellerbereich ersetzt werden. Die Fenster mit hochdämmenden 3-fach-Wärmeschutzverglasungen mit einem Gesamt-U-Wert von 0,78 W/m² K an der Nordwest- und Nordost-

Minergie-P-Mehrfamilien-
häuser mit Luftheizung in
der Überbauung Konstanz,
Rothenburg (Anliker AG)

Fassade und sogar 0,72 W/m² K auf der Südwest- und Südost-Seite weisen g-Werte von 0,43 auf.

Luftheizung optimiert

Ein zentrales Lüftungsgerät im Keller jedes Hauses versorgt die Wohnungen mit Zuluft. Die Planer entschieden sich nach einer Vergleichsrechnung für diese Lösung, weil einzelne Lüftungsgeräte in den Wohnungen zu viel Platz in Anspruch genommen hätten. In der ersten Bauetappe wurde die Zuluft in der Betondecke quer durch die Zimmer bis zu den Quellluftauslässen oberhalb der Fenster geführt. Damit wollte man eine möglichst gute Durchströmung und eine grosse Flexibilität bei der Grundrisseinteilung sicher stellen. Dies erforderte aber lange Verteilleitungen mit entsprechenden Kostenfolgen. In der zweiten Bauetappe konnten die Planer die Kosten für die Verteilung optimieren: Mittlerweile liegt eine Studie der Hochschule für Technik + Architektur (HTA) Luzern vor, die zeigt, dass Ort und Art der Lufteinlässe kaum Einfluss auf den Wohnkomfort haben. Folgerichtig ersetzten die Planer die Quellauslässe durch einfache Lüftungsgitter oberhalb der Türen. Das Resultat waren deutlich kürzere Zuluftstränge.

Die Lüftung versorgt die Räume auch mit Wärme. Nur in den Badezimmern ist aus Komfortgründen ein Radiator installiert, um

Gebäudedaten (Lofthaus Typ C)	
Zertifikat	LU-002-P
Baujahr	2003
Anzahl Wohnungen	4
Rauminhalt nach SIA 416 (Haus C1)	4578,5 m³
Energiebezugsfläche A_{E0}	816 m²
Energiebezugsfläche A_E (korrigiert)	868,4 m²
Gebäudehüllfläche	1148 m²
Gebäudehüllziffer	1,28
Anteil Fenster und Türen an der Gebäudehüllfläche	16 %

Situation: dunkelrot die drei Lofthäuser vom Typ C.

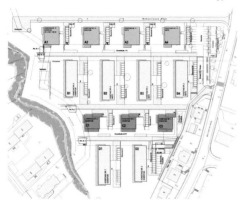

Heizwärmebedarf	
Grenzwert SIA 380/1 ($Q_{h,li}$)	54,2 kWh/m²
Minergie-P-Anforderung an die Gebäudehülle (0,2 $Q_{h,li}$ oder 10 kWh/m²)	10,8 kWh/m²
Objektwert mit Minergie-P-Standardluftwechsel ($Q_{h\text{-}MP}$)	10,8 kWh/m²
effektiven Werten ($Q_{h,eff}$)	9,7 kWh/m²
Thermisch relevanter Aussenluftvolumenstrom (V_{th})	0,22 m³/m²h

Energiebilanz	
Transmissionswärmeverlust (Q_T)	27,3 kWh/m²
Lüftungswärmeverlust (Q_V)	6,0 kWh/m²
Interne Wärmegewinne (Q_i) (Elektrizität und Personen)	11 kWh/m²
Solare Wärmegewinne (Q_s)	21,3 kWh/m²
Ausnutzungsgrad für Wärmegewinne (η_g)	0,60

Bedarfsdeckung	
Gaskessel Nutzungsgrad (JAZ)	95 %
Zugeführte Energie (ungewichtet)	22,2 kWh/m²
Bedarfsdeckung Warmwasser	56,5 %
Bedarfsdeckung Heizung	100 %
Thermische Solarenergie Absorberfläche	15,6 m²
Zugeführte Energie (ungewichtet)	8,5 kWh/m²
Bedarfsdeckung Warmwasser	43,5 %
Summe	30,7 kWh/m²

Gewichtete Energiekennzahl nach Minergie-P	
Strombedarf Lüftung und Hilfsbetriebe (Gewichtung 2)	6,4 kWh/m²
Gaskessel (Gewichtung 1)	22,2 kWh/m²
Gewichtete Energiekennzahl	28,6 kWh/m²
Grenzwert	30 kWh/m²

Konstruktion (U-Werte)	
Fenster (Werte am Beispiel eines Fenstermasses von 208 cm auf 141 cm)	
gesamt (U_w)	0,75 W/m²K
gesamt eingebaut (U_w eingebaut)	0,90 W/m²K
Verglasung (U_g)	0,50 W/m²K
Rahmen (U_f)	1,0 W/m²K
g-Wert	43 %
Aussenwand (Kompaktfassade)	0,104 W/m²K
Aussenwand mit hinterlüfteter Fassade	0,129 W/m²K
Flachdach	0,076 W/m²K
Boden über Untergeschoss	0,089 W/m²K

höhere Raumtemperaturen zu ermöglichen. Ein Erdregister wärmt die Aussenluft im Winter vor und kühlt sie im Sommer leicht. In den Wintermonaten wird die Zuluft von einem kondensierenden Gaskessel auf 40 bis 50 °C erwärmt. Er erzeugt auch 60 % des Warmwassers, den Rest übernehmen 16 m² Sonnenkollektoren auf dem Dach jedes Hauses.

Wie Messungen ergaben, kühlt die Zuluft in den Häusern der ersten Etappe bei der Passage der langen Verteilleitungen um 10 bis 20 K ab. Obschon sich die Räume auch mit diesen Verlusten noch auf die geforderten Temperaturen heizen liessen, zeigte sich doch, dass die 20 mm Dämmung auf den Rohren knapp bemessen sind. Deshalb wurde die Dämmstärke in der zweiten Bauetappe auf 40 mm erhöht.

Bezüglich der Schallemissionen zeigte eine Bewohnerumfrage Erfreuliches. Kaum jemand gab an, störende Geräusche zu hören. Ein wesentlicher Grund hierfür dürfte sein, dass die Planer grossen Wert auf Schallschutz legten und vor jedem Durchlass einen Schalldämpfer platzierten. Der leistungsfähige Primärschalldämpfer beim Lüftungsgerät tut ein Übriges.

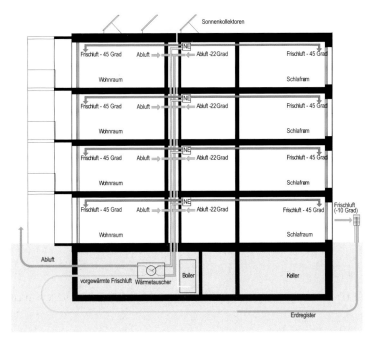

Schnitt durch das Gebäude
(Anliker AG)

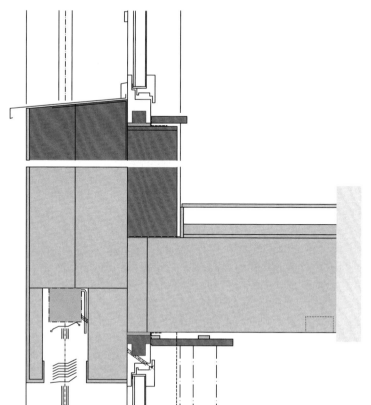

Detail an der Deckenstirne
und am Fenstersturz

Grundriss einer Loft

5.2 Energetisch und klimatisch auf der Höhe

Die vielfältigen Energiequellen wollen genutzt sein. Über 100
Jahre lang wurde das Wasser des Triftbachs durch eine Turbine ge-
leitet. 2005 machte das Kleinkraftwerk mitten in Zermatt Platz für
die Verwaltungszentrale des örtlichen Elektrizitätswerks EWZ. Von
weit her muss die Energie für den Betrieb des neuen Gebäudes
trotzdem nicht geholt werden. Dank grossflächigen Fenstern und
Kollektoren liefert die Sonne den Hauptanteil der Heizwärme. Die
Fotovoltaikanlage auf dem Dach des fünfstöckigen Gebäudes stellt
zudem den Grundstock an elektrischer Energie zur Verfügung, die
mit Strom aus eigener Produktion ergänzt wird. Vor allem aber
sorgt die vorbildliche Bauweise des EWZ-Gebäudes, dass der Bedarf an Energiequellen bescheiden bleibt: Dank einer kompakten
Form und der sehr gut gedämmten Hülle werden die Zielwerte für
Minergie-P sogar unterboten. Die Auszeichnung mit dem Label
war eine Premiere für die Westschweiz und ist es vorläufig noch für
die gesamte Bergregion.
Im Westen wird das Grundstück durch eine markante Felsnase be-
grenzt. Gegen Osten markiert der Lauf des Triftbachs die Grund-
stückgrenze. Um den einengenden Verhältnissen auszuweichen,
haben die Architekten den Aussenraum unter das teilweise schwe-
bende Gebäude gelegt. So dient das halbseitig offene Erdgeschoss
als Pausenplatz und Eingangsbereich. Darüber steht auf Beton-
stützen das erste Obergeschoss, das über sich den in Holz gefassten
zweistöckigen Schultrakt trägt. Zusammen beinhalten diese drei
Obergeschosse acht Schulzimmer. Im gegen Osten herausragen-
den, halbrunden Vorbau befinden sich die Lehrerzimmer, je eines
pro Stock. Gegen oben sind die Schulgeschosse mit einem Vordach
abgetrennt. Darauf steht das leicht zurückversetzte Dachgeschoss
mit den Büroräumlichkeiten des Elektrizitätswerks.

Ausgeglichenes Raumklima

Der Clou beim energieeffizienten Bauen in dieser Höhenlage ist:
Das Raumklima konstant zu halten, ist nicht ganz einfach. Das alpine Klima im Ferienort Zermatt auf 1600 Metern über Meer lässt
die Temperaturen im Jahresverlauf deutlich stärker schwanken als
beispielsweise im Mittelland. Das wirksame Dämmen der Fassade
birgt im Sommer die Gefahr einer Überhitzung im Innern. Dieses
Risiko ist in Zermatt gegeben, da die Sonneneinstrahlung und
folglich der Energieeintrag ins Gebäude wesentlich höher ist als
in tieferen Lagen. Zum einen ist ein guter Sonnenschutz unerläss-

Objekt
Verwaltungsgebäude
Elektrizitätswerk Zermatt
und Schulhaus, Zermatt

Bauherrschaft
Elektrizitätswerk Zermatt,
Zermatt

Architektur
Mooser.Petrig.Lauber
Architekten ETH/EPF,
Zermatt

**Energiekonzept und
Gebäudetechnik**
Lauber IWISA AG, Naters
in Zusammenarbeit mit:
Kaufmann Energieplan
GmbH, Zermatt

Fenster
Zurbriggen & Kreuzer AG
Schreinerei & Fensterbau,
Visp

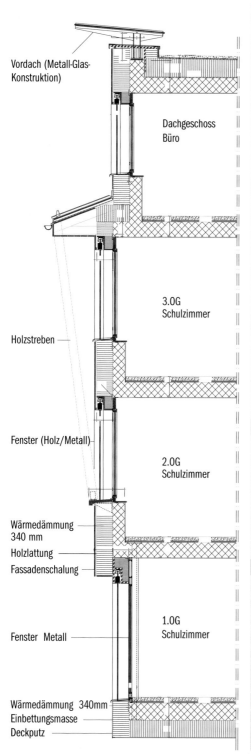

Vordach (Metall-Glas-Konstruktion)

Dachgeschoss
Büro

Holzstreben

3.0G
Schulzimmer

Fenster (Holz/Metall)

2.0G
Schulzimmer

Wärmedämmung
340 mm

Holzlattung

Fassadenschalung

1.0G
Schulzimmer

Fenster Metall

Wärmedämmung 340mm
Einbettungsmasse
Deckputz

Gebäude	
Zertifikat	VS-001-P
Baujahr	2005
Kategorie	Schule/Verwaltung
Rauminhalt (SIA 416)	8983 m³
Energiebezugsfläche A_E (korrigiert)	1974 m²
Gebäudehüllfläche	2295 m²
Gebäudehüllziffer	1,16
Anteil Fenster und Türen an der Gebäudehüllfläche	0,18
Heizwärmebedarf	
Grenzwert SIA 380/1 ($Q_{h,li}$)	60,3 kWh/m²
Minergie-P-Anforderung (0,2 $Q_{h,li}$)	12,2 kWh/m²
Objektwert mit	
Minergie-P-Standardwerten (Q_{h-MP})	11,2 kWh/m²
effektiven Werten ($Q_{h, eff}$)	12,2 kWh/m²
Thermisch relevanter Aussenluftvolumenstrom (V_{th})	0,33 m³/m² h
Energiebilanz	
Transmissionsverluste (Q_T)	56,9 kWh/m²
Lüftungswärmeverluste (Q_V)	15 kWh/m²
Interne Wärmegewinne (Q_i)	22,2 kWh/m²
Solare Wärmegewinne (Q_s)	58,1 kWh/m²
Ausnutzungsgrad für Wärmegewinne (η_g)	0,73
Konstruktion (U-Werte)	
Fenster: gesamt (U_w)	0,9 W/m² K
Fenster: Verglasung (U_g)	0,5 W/m² K
Fenster: Rahmen (U_f)	1,6 W/m² K
Fenster: g-Wert	0,5 W/m² K
Opake Aussenwand	0,12 W/m² K
Dach	0,11 W/m² K
Boden über UG	0,09 W/m² K
Bedarfsdeckung (Anteile %)	
Fortluftwärmepumpe	
Bedarfsdeckung Warmwasser	33 %
Bedarfsdeckung Heizung	100 %
Sonnenkollektoren	
Bedarfsdeckung Warmwasser	57 %
Elektro-Wassererwärmer	
Bedarfsdeckung Warmwasser	10 %
Stromerzeugung	PV-Anlage
Gewichtete Energiekennzahl nach Minergie-P	24,8 kWh/m²

Das Verwaltungsgebäude EW Zermatt wird auch von der Schule genutzt.

lich, etwa vorab bei der fast zur Hälfte mit Fensterflächen besetzten Südfassade. Zum andern braucht es die kühle Nachtluft, die dank automatisch geöffneter Fenster in die Räume des Verwaltungsgebäudes einströmen kann (Nachtauskühlung). In der Nacht und am Tag saugt die kontrollierte Lüftungsanlage kühle Aussenluft an und verteilt sie im Innern (Freecooling). Da die Zuluft aus dem dauerbeschatteten Zwischenraum zwischen der nördlichen Gebäudefassade und einer gegenüberliegenden Felswand angesaugt wird, weist sie in den Sommermonaten jeweils tiefere Temperaturen auf als die Raumluft.

Gemischte Bauweise

Holzkonstruktionen sind für derart hochdämmende Aussenwände speziell geeignet. Die Fassade des südseitigen Schultrakts besteht aus einer Lärchenholzverschalung. Für die Dämmung wurde eine Dicke von 34 cm verwendet.

Das nachhaltige Gebäudekonzept spiegelt sich nicht nur im grosszügigen Einsatz des natürlichen und erneuerbaren Baustoffs Holz, sondern auch in der vom ortsansässigen Architekturbüro Mooser, Petrig, Lauber entworfenen Architektur und Materialisierung wieder. Neben Beton und Holz kommt bei der Gebäudehülle Granitstein zum Zug – als Referenz an die alpine und unmittelbare Umgebung.

Flexible Nutzung und getrennte Strukturen

Der Entscheid, die Lüftungsanlage nicht in die Primärstruktur des Verwaltungsgebäudes einzubauen, kommt einem wichtigen Anliegen für das nachhaltige Bauen nach: Primär- und Sekundärstruktur werden nicht gemischt, was eine gewisse Flexibilität in der Nutzung erlaubt und gleichzeitig einen reversiblen Umgang mit den unterschiedlichen Lebenszyklen der eingesetzten Baustoffe zulässt. Die Bauelemente und Einzelkomponenten können unabhängig voneinander instand gesetzt oder ersetzt werden.

Die Lebenszykluskosten des Minergie-P-Verwaltungsgebäudes in Zermatt lassen sich durchaus mit denjenigen eines konventionellen Gebäudes vergleichen. Das Ingenieurbüro Lauber Iwisa AG hat dazu Wirtschaftlichkeitsstudien erstellt. Demnach liegen die Erstinvestitionen rund 10 % höher als bei herkömmlichen Bauten, «dank dem geringeren Energieverbrauch sind die laufenden Betriebskosten aber deutlich tiefer», sagt Energie- und Haustechnikplaner Matthias Sulzer.

Ein geringer Energieverbrauch hängt neben dem minimalen Verbrauch von Wärmeenergie auch vom Aufwand für den Bau und die spätere Entsorgung des Gebäudes ab. Was die graue Energie betrifft, verbessert der hohe Anteil an Holz die Gesamtenergiebilanz erheblich. (Paul Knüsel)

5.3 Das neue Wohnen

«Hinter den sieben Geleisen» liegt das Eichgut nur aus Sicht des historischen Stadtkerns. Denn das Quartier Neuwiesen entwickelt sich zu einer «Trend Location». Die lebhafte Mischung aus Fachhochschule, Gewerbe mit Beizen und Einkaufsläden sowie Wohnungen ist interessant für ein breites Publikum. Zudem grenzt die Liegenschaft buchstäblich an das Gleisfeld des Intercity-Haltes Winterthur. Die Lage stimmt also. Dies gilt auch für die Architektur. Die Handschrift der prominenten Vorarlberger Architekten Baumschlager und Eberle ist deutlich zu erkennen. Ein drittes Kriterium: Das Gebäude fällt durch eine ausgezeichnete Bauqualität auf, insbesondere hinsichtlich Wärme- und Schallschutz. Die wichtigsten Punkte:

∎ Kompakte Bauweise (Gebäudehüllziffer 0,61)
∎ Sehr gute Wärmedämmung (U-Werte um 0,1 W/m² K)
∎ Hochwertige Fenster (U-Werte um 0,8 W/m² K)
∎ Lufterneuerung mit Wärmerückgewinnung (WRG-Rate 84 %)
∎ Luftdichte Bauweise (Luftwechsel bei Prüfbedingungen: 0,48/h)
Neben den 90 Wohnungen unterschiedlicher Grösse hat es im Eichgut Büros und Dienstleistungsbetriebe.

Gebäudehülle: Dämmstandard und Luftdichtigkeit

Im Eichgut sind die Aussenbauteile auch hinsichtlich des Dämmstandards sehr differenziert gestaltet. Die Unterschiede in der Dimensionierung basieren auf einer Sensitivitätsanalyse, in der Kosten, Dämmwirkung und bauphysikalische Risiken berücksichtigt sind. Das Resultat sieht dann so aus: Im Flachdach sind drei Lagen Polyurethan zu je 14 cm, insgesamt 42 cm, verbaut; der U-Wert liegt bei 0,07 W/m² K. In den Fensterbrüstungen sind «nur» 24 cm Mineralwolle auf der 20 cm starken Betonplatte verlegt (0,14 W/m² K). Mit einem U-Wert von 0,10 W/m² K liegt die übrige Aussenwand zwischen diesen Bauteilen. 34 cm Mineralwolle vor der 20-cm-Betonwand ermöglichen diese Wirkung. Selbstverständlich sind die Wärmebrücken Bestandteil der Analyse. Testweise wurde der durchaus repräsentative Abschnitt A – 12 % des gesamten Gebäudes – mit einer Druckdifferenz von 50 Pa auf Dichtigkeit geprüft. Ergebnis: 0,48/h.

Fenster mit Dreifachverglasung

Über die Faustregel des U-Wertes für die Fenster von 0,8 W/m² K kommt man auf eine Dreifachverglasung. Denn 0,8 W/m² K im

Objekt
Siedlung Eichgut, Winterthur

Architektur
Baumschlager & Eberle
Lochau (A) und Vaduz (FL)

Architektur, Realisation
Senn BPM AG, St. Gallen

HLK-Planung
Nachweise
PGMM Schweiz AG,
Winterthur

Elektro-Planung und Koordination Planung Gebäudetechnik
Bühler und Scherler AG,
St. Gallen

Berechnungstool Lufterdregister
Huber Energietechnik AG,
Zürich

Fenster
Bresga AG, Egnach

gesamten Fenster bedeutet einen Rahmen mit schlechteren U-Wert, was sich nur über eine bessere Verglasung kompensieren lässt. Eingebaut in die Fensterrahmen (1,35 W/m² K) sind Verglasungen mit 0,5 W/m² K; der Gesamt-U-Wert beträgt 0,81 W/m² K. Das äussere und das innere 4-mm-Glas ist beschichtet, das mittlere Glas misst 8 mm, die gesamte Verglasung 36 mm. Die beiden Scheibenzwischenräume (je 10 mm) sind mit Krypton gefüllt und der Abstandhalter im Glasrandverbund ist aus Chrom-Nickel-Stahl. Mit 0,05 W/m K ist der CNS-Wärmebrückenverlustkoeffizient um 22 % niedriger als jener von Aluminium (0,07 W/m K). Der Gesamtenergiedurchlass (g-Wert) beträgt 0,51.

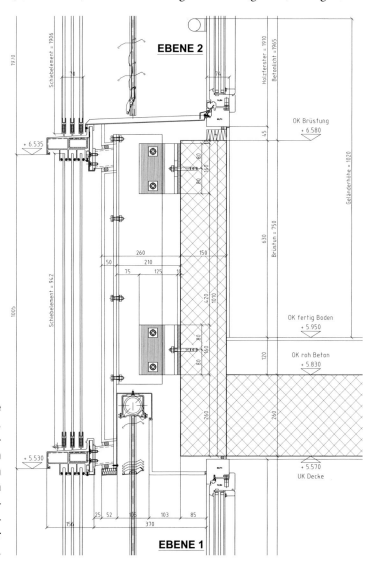

Vertikaler Schnitt durch die Fassade mit den typischen, äusseren Schiebeelementen. An der mit 24 cm Mineralwolle gedämmten Brüstung sind die Konsolen mit Thermostoppern montiert. Zwischen Schiebeelement und Fenster liegt der Rafflamellenstoren.

Spalier stehen vor dem
Eichgut: Urbanes Leben in
angenehmer Umgebung.
(Andreas Wolfensberger)

Trotz der ausgezeichneten Fenstertechnologie entfallen rund zwei
Drittel der Transmissionsverluste auf transparente Bauteile wie Balkontüren und Fenster und weitere 8 % auf Wärmebrücken, die
Fensteranschlüsse betreffen. In Summa gehen 73 % der Transmissionsverluste durch transparente Bauteile, die an der gesamten Hüll-
fläche aber nur 34,3 % ausmachen.
Der Sonnenschutz ist mehrschichtig aufgebaut. Unmittelbar vor
dem Fenster – also in der äusseren Fensternische – ist ein Rafflamellenstoren installiert. Über alle Fassadenteile, opake und transparente, zieht sich eine «Milchverglasung» aus Sicherheitsglas. Die
emaillierten Gläser sind im Siebdruckverfahren mit einem Loch-
blechdekor bedruckt. Vor Fenstern und Türen sind die Gläser ver-
schiebbar und messen 8 mm, die fest montierten in den Brüstungen nur 6 mm.

Gebäude	
Zertifikat	ZH-007-P
Baujahr	2005
Anzahl Wohnungen	90
Gebäudevolumen	63 000 m³
Energiebezugsfläche A_E	11 635 m²
Gebäudehüllziffer	0,61
Energie	
Heizwärmebedarf nach SIA 380/1 bei einem thermisch wirksamen Aussenluftvolumenstrom von	
0,27 m³/h m² (Minergie-P-Standardwert)	10 kWh/m²
0,16 m³/h m² (effektiver Wert)	7,8 kWh/m²
Wärmeleistungsbedarf nach Minergie-P	8,3 W/m²
Wärmebedarf Warmwasser	20,7 kWh/m²
Mittlere Jahresarbeitszahl der Wärmepumpe (Heizung/Warmwasser)	2,9
Elektrizitätsbedarf Lufterneuerung	3,1 kWh/m²
Elektrizitätsbedarf Hilfsbetriebe	1,5 kWh/m²
Elektrodirektheizung	0,4 kWh/m²
Gewichtete Energiekennzahl nach Minergie-P	28,4 kWh/m²
Lufterneuerung	
Nennluftvolumenstrom (Wohnungen)	10 740 m³
Wirkungsgrad der Wärmerückgewinnung	84 %
Spezifische Aussenluftrate	0,92 m³/h m²
Luftwechsel	0,35/h
Lufterdregister	
Rohrlänge	1386,5 m
Rohrdurchmesser	25 cm
Luftvolumenstrom	13 970 m³/h
Heizenergiebeitrag pro Jahr	54 000 kWh
Kühlbeitrag pro Jahr	33 300 kWh
Elektrizitätsbedarf pro Jahr	1183 kWh

Lufterneuerung: dezentrale Geräte

Aussenluft strömt über insgesamt neun Schächte zu den dezentralen Lüftungsgeräten, sogenannte Kompaktgeräte, in denen der 180-Liter-Boiler, die Wärmepumpe (WP) und der Gegenstromwärmetauscher übereinander in einem 230 cm hohen Kasten eingebaut sind. Die Wärmepumpe dient alternierend der Nachwärmung der Zuluft und der Wassererwärmung einer Wohnung. (Damit ist auch die verbrauchsabhängige Heizkostenabrechnung bereits erledigt!) Mittig zwischen jeweils zwei Wohnungen liegen die Zu- und Abluftschächte, angrenzend ans Treppenhaus. Beidseits des Schachtes sind die Lüftungsgeräte installiert; sie sind vom Treppenhaus aus zugänglich. Das hat mindestens zwei Vorteile. Damit sind die Geräte nicht innerhalb der Nutzungseinheit «Wohnung» schallwirksam, sondern im Treppenhaus. Zwischen den beiden Nutzungseinheiten gelten die Anforderungen gemäss SIA 181 «Schallschutz im Hochbau». Zudem lässt sich der Filter im Lüftungsgerät ohne Störung der Wohnungsnutzer wechseln.

Hinsichtlich der Effizienz der Geräte wollten Bauherrschaft und Planer keine Risiken eingehen. In ihrem Auftrag nahm die HTA Luzern eine Plausibilitätsüberprüfung der Firmenangaben vor. Die WRG-Rate wird von den HTA-Experten mit 84 % bestätigt, wobei darin die Ventilatorabwärme nicht berücksichtigt ist. Diese Abwärme von rund 8 % kommt zur «Netto-WRG» hinzu, sodass die gemessene WRG-Rate 92 % beträgt. Zweifelsohne stellen die 84 % ein pessimischer Wert dar, denn die Venti-Abwärme ist ja nicht verloren. Die Berechnungsweise entspricht indessen dem Minergie-P-Nachweis. Bestätigt sind auch die Jahresarbeitszahlen (JAZ) der Wärmepumpe (WP). Danach beträgt die JAZ im Heizbetrieb 2,9 und im Warmwasser-Betrieb 3,1 – jeweils bei einem Volumenstrom von 120 m³/h. Bei beiden Betriebsweisen kommt die Abwärme des WP-Kompressors der Zuluft zugute. Allein daran ist zu erkennen, dass die Herstellerfirma das Gerät im Hinblick auf den deutschen Passivhaus-Markt optimiert hat. Die EC-Gleichstrommotoren der beiden Ventilatoren benötigen zusammen nur 40 W (bei 120 m³/h und 180 Pa). Zwischen 220 W und 340 W schluckt die Wärmepumpe. Innerhalb von 4 Stunden erwärmt die WP das Wasser auf 50 °C. Das oberste Drittel (70 l) wird durch die Enthitzerwärme der Wärmepumpe bis gegen 60 °C erwärmt. Ein zweiter Heizstab im unteren Teil des Boilers schaltet nur einmal wöchentlich ein – zum Schutz vor Legionellen.

Innerhalb der Wohnung erfolgt die Luftverteilung in der Decke. Öffnungen für die Zuluft sind, wie üblich, in den Schlaf- und Wohnräumen, jene für die Abluft in Küche, Bad und WC.

Systemgrenzen beachten

Interessant ist auch die Diskussion über die Wechselwirkung der hintereinander geschalteten drei Komponenten Lufterdregister (Temperaturunterschied), Wärmetauscher im Lüftungsgerät (Wärmerückgewinnungsrate) und Wärmepumpe (Jahresarbeitszahl). Ausschlaggebend für eine Bewertung ist der Ertrag aller Komponenten, also die gesamte Umwelt- und Abwärme. Systemgrenze ist dann die Grundstücksgrenze, wohingegen ein Hersteller durchaus sein eigenes Lüftungsgerät optimieren und dabei vor- oder nachgeschaltete Komponenten als Konkurrenz wahrnehmen kann.

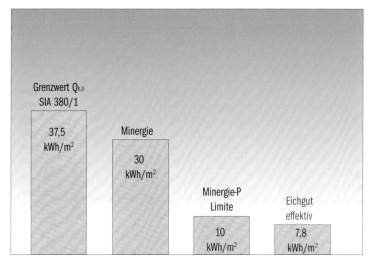

Grenzwert $Q_{h,li}$
SIA 380/1

37,5
kWh/m²

Minergie

30
kWh/m²

Minergie-P
Limite

Eichgut
effektiv

10
kWh/m²

7,8
kWh/m²

Heizwärmebedarf des Eichguts, Rechenwerte gemäss SIA 380/1, in kWh/m². Im Vergleich zum Grenzwert SIA 380/1 benötigt das Eichgut weniger als 20 %.

Notheizung montiert

Es ist weniger die Unsicherheit bezüglich der Planungswerte als vielmehr das Wissen um die subjektive Wahrnehmung von Raumtemperaturen durch die Wohnungsnutzer, die die Bauherrschaft zum Einbau einer «Notheizung» in exponierten Wohnungen bewog. Je ein elektrischer Heizkörper mit 500 Watt ist im Wohnraum und in einigen Tageszimmern installiert. Im Bad hilft ein Handtuchradiator auf die gewünschten 22 °C.

Lufterdregister

Zahlreich sind die Vorteile eines Lufterdregisters (LER); nachteilig sind die Kosten. Ein LER bannt die Frostgefahr, alimentiert das Lüftungssystem mit Wärme und verbessert so die Gesamtbilanz des Lufterneuerungssystems und hat schliesslich eine sommerliche Kühlwirkung, wenn auch nur eine geringe. Die fast 1400 m Rohre verteilen sich auf zwei Sektionen, wobei die eine Sektion zweilagig verlegt ist (vertikaler Abstand: rund 1 m). Die 25-cm-Rohre verlaufen mit einem Gefälle von 2 % in einem Sandbett, umgeben von Kieskoffer. Das Gefälle garantiert die Ableitung des Kondenswassers – immerhin prognostizierte 649 Liter pro Jahr. (Das Bundesamt für Gesundheit bezeichnet Kondenswassersammelstellen von Erdregistern in einer Untersuchung als Gefahrenherd bezüglich Hygiene.) Mit dem Volumenstrom von fast 14 000 m³/h werden ausser den Wohnungen (10 740 m³/h) Büro- und Verkaufräume versorgt. Die LER-Dimensionierung basiert auf einer programmgestützten Rechnung, die minimale Aussenlufttemperaturen nach dem Register von 0 °C prognostiziert. Während Hitzeperioden sind Abkühlungen bis zu 10 K zu erwarten.
(Othmar Humm)

5.4 Eine glückliche Kombination

Im Katalog des energiesparenden Bauens gehört das Haus in Gelterkinden zum Typ des Passivhauses mit tragendem Skelett, leichter, möglichst schlanker und maximal dämmender Hülle und innerer Aussteifung im Perimeterbereich. Das Skelett aus sichtbar belassenem Eisenbeton besteht über dem als Kasten ausgebildeten Untergeschoss aus durchgehenden Deckenplatten und möglichst schlanken, die Platten aussteifenden Stützen. Unten im Erdbereich wurde die Dämmung aus 28 cm XPS dreischichtig überlappend auf die 25 cm starke Kellerwand aufgeklebt und mit 6 cm EPS Filterplatten zusätzlich geschützt. Darüber befindet sich die vorfabrizierte und versetzte Hülle aus fünfschichtigen Fichtenplatten (8 cm), hochdämmender Isolation (20 cm) und hinterlüfteter Lärchenschalung (total 37 cm), die damit den für das beim freistehenden Einfamilienhaus hohe $A_{th}/_{AE}$-Verhältnis notwendigen U-Wert von ca. 0,11 W/m^{2}K erreicht. Die total 45 m^2 Fensterflächen mit 3-fach-Wärmeschutzverglasung, Krypton-Füllung und äusserem Sonnenschutz mit Storen sind auf der Südseite des wegen der Grundstücksform und Hangneigung diagonal gestellten Gebäudes konzentriert. Eine Lüftung mit Erdregister und Wärmerückgewinnung mit Wärmetauscher und Abluftwärmepumpe, eine Kompaktanlage zur solaren Wassererwärmung und ein Holzofen im Wohnbereich vervollständigen das zwar umfangreiche, aber keineswegs exotische Massnahmenpaket. Entstanden ist ein unverkennbares Beispiel schweizerischer Energiespararchitektur, das sich aussen ganz spartanisch und einfach gibt, im Innern aber reich gegliedert und vor allem im Wohnbereich äusserst weiträumig ist. (Aus dem Bericht des Architekten)

Kommentar

Das Minergie-P-Haus in Gelterkinden illustriert in eindrücklicher Art, dass sich ein hoher Wohnkomfort mit tiefem Energieverbrauch kombinieren lässt. Zwar ist die Gebäudehüllziffer des Gebäudes mit über 2 eine schwierige Voraussetzung für P-Qualitäten. Aber in der Kategorie der Einfamilienhäuser schneidet das Prisma sehr gut ab. Interessant ist das Verhältnis von solaren Wärmegewinnen zu den Verlusten respektive zur gesamten Energiebilanz. Der solare Anteil hat keine Dominanz, was darauf verweist, dass in diesem Haus nicht – auch nicht auf Kosten der Behaglichkeit – auf Teufel komm raus Solarenergie gebunkert werden muss. In einem gewissen Sinne steckt dahinter eine defensive Strategie: Wärme-

Objekt
Einfamilienhaus,
Gelterkinden

Bauherrschaft
Felix Jehle, Gelterkinden

Architekt
Ueli Schäfer, Binz

Haustechnikplanung
Otmar Spescha, Schwyz

Fenster
A. und E. Wenger, Wimmis

Zimmermann
Hasler Holzbau AG,
Gelterkinden

**Solaranlage,
Sanitärarbeiten**
Peter Meili, Oltingen

Gebäudedaten	
Zertifikat	BL-013-P
Baujahr	2006
Rauminhalt nach SIA 416	876 m³
Energiebezugsfläche A_{EO}	191 m²
Energiebezugsfläche A_E (korrigiert)	201 m²
Gebäudehüllfläche (korrigiert)	409,1 m²
Gebäudehüllziffer	2,04
Anteil Fenster und Türen an der Gebäudehüllfläche	11 %
Verhältnis von Fenster und Türen zu Energiebezugsfläche	22,5 %
Wärmespeicherfähigkeit (massive Bauweise)	0,5 MJ/m² K

Heizwärmebedarf	
Grenzwert SIA 380/1 ($Q_{h,li}$)	73,3 kWh/m²
Minergie-P-Anforderung an die Gebäudehülle (0,2 $Q_{h,li}$)	14,7 kWh/m²
Objektwert mit Minergie-P-Standardluftwechsel (Q_{h-MP})	14,2 kWh/m²
effektiven Werten ($Q_{h,eff}$)	13,1 kWh/m²
Thermisch relevanter Aussenluftvolumenstrom (V_{th})	0,20 m³/m² h

Energiebilanz	
Transmissionswärmeverlust (Q_T)	34,7 kWh/m²
Lüftungswärmeverlust (Q_V)	7,8 kWh/m²
Interne Wärmegewinne (Q_i) (Elektrizität und Personen)	16,1 kWh/m²
Solare Wärmegewinne (Q_s)	43,1 kWh/m²
Ausnutzungsgrad für Wärmegewinne (η_g)	0,47

Konstruktion (U-Werte)	
Fenster gesamt (U_w, je nach Fenstergrösse)	0,70 – 0,81 W/m² K
Verglasung (U_g)	0,60 W/m² K
Rahmen (U_f)	1,20 W/m² K
g-Wert	0,52
Opake Aussenwand	0,11 W/m² K
Dach	0,09 W/m² K
Boden über Untergeschoss	0,13 W/m² K

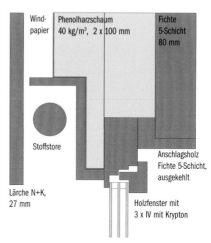

Vertikalschnitt durch den Sturz des Fensters

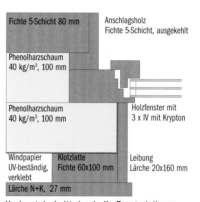

Horizontalschnitt durch die Fensterleibung

Kollektoranlage (Thermische Solarenergie)	
Absorberfläche	4 m²
Bedarfsdeckung Wassererwärmung	61,4 %

Gewichtete Energiekennzahl nach Minergie-P	
Strombedarf Lüftung (Gewichtung 2)	4,4 kWh/m²
Strombedarf Hilfsbetriebe (Gewichtung 2)	2,0 kWh/m²
Wärmepumpe (Gewichtung 2)	6,8 kWh/m²
Holzfeuerung (Gewichtung 0,5)	2,6 kWh/m²
Fussbodenheizung Bad elektrisch (Gewichtung 2)	2,6 kWh/m²
Warmwasser mit Wärmepumpe (Gewichtung 2)	6,4 kWh/m²
Summe	24,8 kWh/m²
Grenzwert Minergie-P	30 kWh/m²

schutz kommt vor Solargewinn – selbstverständlich ohne Verzicht auf die Kraft der Sonne. Auf Komfort weist auch die modulare Haustechnik hin, nämlich Luftheizung über die Lufterneuerungsanlage, Unterstützung durch Holzofen und im Bad eine elektrische Widerstandsheizung. Ist das – 5 km von Kaiseraugst entfernt – erlaubt? Ja! Die Energiebilanz zeigt, dass die geringe Heizleistung für das Bad in den ersten zwei Jahren überhaupt nie abgerufen wurde (Zählerstand: null). Es geht also eher um Sicherheit für die Bauherrschaft. Rein rechnerisch sind für die Bodenheizung 260 kWh veranschlagt.

Das Haus ist in seiner Architektur der Moderne verpflichtet, der zweiten Moderne, wie das neuerdings heisst, und in der Bauqualität greift das Haus weit in die Zukunft – eine ebenso glückliche Kombination. (Othmar Humm)

Das Einfamilienhaus in Gelterkinden von Süden. (Erik Schmidt)

Intelligente und architekturverträgliche Lösung zur Installation der Kollektoranlage. (Erik Schmidt)

Untergeschoss
- Vorrat
- Spielraum
- Gartenraum
- Vorplatz

Erdgeschoss
- Zimmer
- Bad
- Zimmer
- Zimmer
- Balkon

Obergeschoss
- Ofen
- Küche
- Wohnen
- Essen
- Balkon

Dachterrasse
- Wohnen
- Schlafen/ Arbeiten
- Freizeit

Kollektoren
- Dachterrasse (mit 40 cm EPS)
- Holzelemente (20 cm PU)
- Balkone
- Eingang
- Perimeterisolation (28 cm XPS)
- Bodenisolation (50 cm Vetrocell)

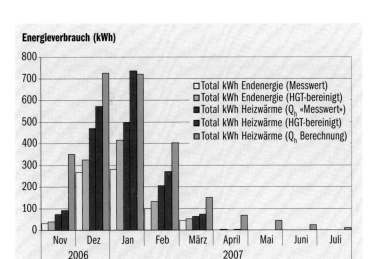

Energieverbrauch für
Heizung und Warmwasser
respektive Heizwärmebe-
darf, jeweils Berechnung,
Messung und klimaberei-
nigt (HGT-bereinigt).

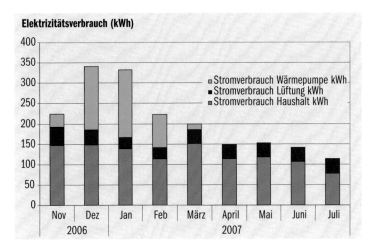

Elektrizitätsverbrauch

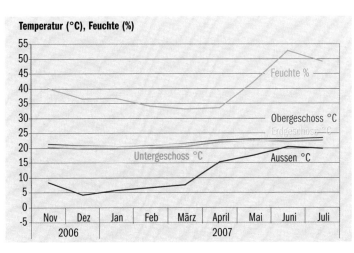

Messwerte der Raumluft-
temperatur und der Raum-
luftfeuchte (Monatsmittel)

5.5 Für Generationen, in mehr als einem Sinn

Objekt
Einfamilienhaus mit Einliegerwohnung, Düdingen

Bauherrschaft
Ursula Schwaller und
Marcel Kaderli, Düdingen

Architektur
Conrad Lutz Architecte,
Fribourg, Ursula Schwaller

Fachplanung
Ingenieurbüro für energie-
effizientes Bauen, Schwyz,
Otmar Spescha
ING Holz AG, Fribourg

Fenster
A. und E. Wenger AG,
Blumenstein

Das erste Minergie-P Gebäude im Kanton Freiburg wurde gleich mehrfach für Generationen konzipiert. Zwei Generationen teilen sich das Einfamilienhaus mit Einliegerwohnung, mit dem Nachwuchs ist eine dritte Generation geplant und auch die vierte Generation soll die Heizkosten zahlen können. Ob mit Gehhilfe, zu Fuss, im Rollstuhl oder mit dem Kinderwagen – der barrierefreie Bau ermöglicht allen die gleichberechtigte Nutzung aller Räume. Urban ist der Standort «Jetschwil» des ersten Minergie-P-Gebäudes im Kanton Freiburg nicht. Zehn Autominuten liegt das Mehrgenerationenhaus vom Freiburger Hauptbahnhof entfernt. Das Zentrum von Düdingen ist nur mit einer kurzen Busfahrt oder mit dem Auto erreichbar. Wo bei der Erreichbarkeit Abstriche gemacht werden, punktet das Panorama. Vom Berner Gantrisch bis zu den Freiburger Alpen reiht sich Gipfel an Gipfel.

Was als Einfamilienhaus mit Einliegerwohnung beschrieben wird, sieht auf den ersten Blick wie ein Doppeleinfamilienhaus aus. Zwei Kuben, verbunden durch einen Wintergarten, stehen auf einer schmalen Parzelle zwischen der Familiengärtnerei und dem ehemaligen Elternhaus der Bauherrschaft. Der Erschliessungsweg zur Gärtnerei wurde auf die Nordseite des Hauses verlegt, was eine 26 Meter lange Fensterfront mit Bergsicht und Sonneneinstrahlung möglich macht. Der Eindruck des Doppeleinfamilienhauses trügt – bewohnt wird das Haus von einem jungen Paar. Im Erdgeschoss liegt die Einliegerwohnung. Das «Stöckli» für die ältere Generation wird zum Bestandteil des Hauses, ohne dass die Generationen «Wand an Wand» leben.

Hülle aus Holz und Altpapier

Der Aufbau des Gebäudes besteht aus vorgefertigten Holzrahmenelementen. Das Haus ist, ausgehend vom Wintergarten, bis zur Mitte des Ostflügels unterkellert. Das restliche Gebäude steht auf Streifenfundamenten. Der Bodenaufbau liegt auf Holzständern mit einer 42 cm Bauhöhe, die mit Dreischichtplatte geschlossen und mit Zellulosefasern gefüllt sind. Die Aussenwände bestehen aus Holzständern der Stärke 30. Sie sind mit einer Weichfaserplatte beplankt und ebenfalls mit Zellulosefasern ausgeblasen. Auf der Weichfaserplatte ist die Luftdichtigkeitsschicht und nochmals eine innere Schicht mit Installationen und Verkabelungen angebracht. Diese Platzierung der Installationen ermöglicht Steckdosen an den Aussenwänden – ohne die Luftdichtigkeitsschicht zu durchstossen. Die hinterlüftete Holzfassade besteht aus einheimischen Fichtenlatten. Auf den Dachelementen, sie sind analog den Bodenelementen konstruiert, liegt ein hinterlüftetes Faserzementdach. Die Rahmen der dominanten Fensterfronten sind aus Holz gefertigt und mit Dreifachverglasungen ausgerüstet. Wie eine schmal geratene Pergola auf Stelzen wirkt der dem Pultdach vorgelagerte Sonnenschutz; dieser sorgt für die Beschattung des Obergeschosses in den Sommermonaten. Mit einer Wetterstation gekoppelte Sonnenstoren ergänzen die Beschattung. Innenwände mit Lehm- und Kalkverputz erhöhen die zur Wärmespeicherung nötige Gebäudemasse.

Luftdichte Pufferzone

Der luftdicht ausgeführte Wintergarten zwischen den zwei Baukörpern dient als klimatische und akustische Pufferzone, Material- und Trainingsraum und als Standort für den automatisch beschickten Pelletsofen. Rund fünf Prozent der Abwärme des Ofens wird an den ansonsten unbeheizten Wintergarten abgegeben. Die restliche Wärme geht direkt in den Kombispeicher im Technikraum. Im Erdgeschoss wird die Raumwärme über Bodenheizungen (30 °C Vorlauf), im Obergeschoss über Wandheizungen abgegeben. Ein-

Die dominante Säulenkonstruktion vor der Südwestfassade bietet Platz für die Sonnenkollektoren und beschattet das Obergeschoss.

zelraumregulierungen tragen den unterschiedlichen Wärmebedürf-
nisse der Bewohnenden Rechnung. Der Grossteil der Wärme für
das Brauchwarmwassers kommt von den knapp 7 m² Sonnenkollektoren auf dem Dach. Auch sie speisen die Wärme in den Kombispeicher. Das Lüftungsgerät versorgt alle Räume über die Zwi-
schendecke mit vorgewärmter Aussenluft.

Im ersten Winter nach Bauabschluss waren die Heizungen kaum
in Betrieb. Trotz der nötigen Bauaustrocknung diente der Pelletsofen fast ausschliesslich dazu, die Sonnenkollektoren bei der Bereit-
stellung von Brauchwarmwasser zu unterstützen.

Das Untergeschoss des Hauses – dies eine Besonderheit – wurde
zur Hälfte gedämmt. Gedämmte Türen, Wände und Böden tren-
nen den Technikraum und den Lift-Vorraum energetisch vom Na-
turkeller. Analog zum Wintergarten dient dieser Technikkeller als
unbeheizte Pufferzone. Der Liftschacht wurde dazu ausbetoniert
und mit Holzelementen eingepackt.

Passiv und barrierefrei

Das Mehrfamilienhaus in Düdingen wird von Menschen bewohnt, die sich zu Fuss und auf rollenden Stühlen fortbewegen.
Die barrierefreie Bauweise war deshalb Pflicht. Die Herausforderungen der Kombination von Minergie-P und Barrierefreiheit liegen im Detail. Gemäss dem «Gesetz zur Gleichstellung behinderter
Menschen» heisst Barrierefreiheit zum Beispiel, dass keine Tür-
schwelle, kein Übergang höher als 25 mm sein darf. Für die Realisierung eines Minergie-P-Hauses ist bereits das eine Knacknuss.
Die Gebäudehülle muss sowohl luftdicht als auch gegen Schlagregen geschützt sein. Schwellen für Terrassentüren, die dem Gleichstellungsartikel entsprechen, Schlagregen abhalten und garantiert
den Minergie-P-Anforderungen entsprechen gibt es nicht. Knapp,
um 1 mm, verpassen die zertifizierten Schwellen den Grenzwert
von 25 mm. Fällt die Anforderung «schlagregentauglich» weg, ist
das Angebot besser. Doch was bedeuten 25 mm im täglichen Leben? Während Fussgängerinnen und Fussgänger auch mit geschlos-
senen Augen kaum über ein solches Hindernis stolpern, stellt es für
Rollstuhlfahrende eine Barriere dar; zum Beispiel eine Tasse Kaffee
ohne zu verschütten auf die Terrasse zu bringen.

Kein Fensterlieferant wollte die Luftdichtheit einer gänzlich eben-
erdigen Schwelle garantieren. Um die Luftdichtheit möglichst wenig zu gefährden, wurde in Düdingen ein stufenweises Vorgehen
gewählt. Die Terrassentüren auf der Wetterseite sind mit schlagre-
gentauglichen Schwellen versehen, während auf der Südseite die

dem Gleichstellungsartikel entsprechenden Schwellen zum Einsatz kommen. Einzig bei der zentral gelegenen Terrassentür auf der Südwestfront ist eine ebenerdige Version mit Magnetdichtungen verbaut worden. Ein bewusst eingegangenes Risiko, stellen doch die Endstellen der Magnete und die Entwässerung eine mögliche Wärmebrücke unbekannter Grösse dar. Beim Blower-door-Test zeigte sich, dass die ebenerdige Schwelle im geforderten Mass luftdicht ist. Mehr noch: Problemlos hätten alle südlichen Terrassentüren völlig barrierenfrei ausgeführt werden können.

Lift im Wintergarten

Ein wichtiger Aspekt beim barrierefreien Bauen ist die Überwindung von Höhenunterschieden. In Düdingen gibt es sowohl einen Personenlift als auch eine Treppe. Damit die Wege zu Fuss und auf Rädern gleich lang ausfallen, sind Lift und Wendeltreppe im Wintergarten platziert. Der Übergang von einem Stockwerk ins andere soll für alle Bewohner und Bewohnerinnen gleich lang ausfallen. Der Lift bedient drei Stockwerke: den unbeheizten Keller, das Erdgeschoss und das Obergeschoss. In den zwei Wohnetagen öffnen sich die Lifttüren zum Wohnraum. Übergänge, die aus energetischer Sicht luftdicht ausfallen müssten. Gemäss den geltenden Brandschutzbestimmungen dürfen Lifttüren jedoch nicht luftdicht sein. Die Lösung der Pattsituation besteht aus parallel zu den Lifttüren platzierten Wohnungstüren. Die unbeheizten Pufferzonen (Technikraum, Wintergarten) lassen mögliche Wärmebrücken zudem weniger ins Gewicht fallen.

Pflicht als Tugend

Zu den Standards der Gebäudeautomation in Düdingen gehört der Internetzugang über die Steckdosen, die Beleuchtung und Beschattung nach Nutzungsszenarien sowie die Netzfreischaltung. Bei der Netzfreischaltung sind alle elektrischen Installationen sternförmig hin zu einem Hauptschalter verlegt. Beschliessen die Bewohnenden nachts zu schlafen oder fahren sie für längere Zeit weg, sind alle elektrischen Geräte mit einem Tastendruck stromfrei (Ausnahmen sind definiert). Die Beleuchtungsszenarien schätzt die Bauherrin Ursula Schwaller besonders, wenn sie ein Bad nehmen will. Ein Knopfdruck und Sonnenstoren bedecken die einsehbaren Fensterfronten. Gleichzeitig wird eine angenehme Badbeleuchtung eingeschaltet und im Hintergrund erklingt die Lieblingsmusik. Als Paraplegikerin verbringt Schwaller bedeutend mehr Zeit im Bad als eine Fussgängerin. Diese Tatsache lässt sich bei der Raum-

Gebäudedaten

Zertifikat	FR-001-P
Baujahr	2006
Anzahl Wohnungen	2
Rauminhalt nach SIA 416 mit Wintergarten	889 m^3
Energiebezugsfläche A$_{E0}$	308 m^2
Energiebezugsfläche A$_E$ (korrigiert)	314,2 m^2
Gebäudehüllfläche	559,8 m^2
Gebäudehüllziffer	1,78
Anteil Fenster und Türen an der Gebäudehüllfläche	33 %

Heizwärmebedarf

Grenzwert SIA 380/1 (Q$_{h,li}$)	70,6 kWh/m^2
Minergie-P-Anforderung an die Gebäudehülle (0,2 Q$_{h,li}$)	14,1 kWh/m^2
Objektwert mit Minergie-P-Standardluftwechsel (Q$_{h-MP}$)	13,3 kWh/m^2
effektiven Werten (Q$_{h,eff}$)	11,7 kWh/m^2
Thermisch relevanter Aussenluftvolumenstrom (V$_{th}$)	0,16 m^3/m^2 h

Energiebilanz

Transmissionswärmeverlust (Q$_T$)	53 kWh/m^2
Lüftungswärmeverlust (Q$_V$)	8,6 kWh/m^2
Interne Wärmegewinne (Q$_i$) (Elektrizität und Personen)	18,6 kWh/m^2
Solare Wärmegewinne (Q$_s$)	74,2 kWh/m^2
Ausnutzungsgrad für Wärmegewinne	0,52

Konstruktion (U-Werte)

Fenster	
gesamt (U$_w$)	0,68 – 0,89 W/m^2 K
Verglasung (U$_g$)	0,5 – 0,6 W/m^2 K
Rahmen (U$_f$)	1,25 W/m^2 K
g-Wert	51 % – 52 %
Wände	
gegen Wintergarten	0,16 W/m^2 K
gegen Aussen (hinterlüftet)	0,12 W/m^2 K
Rollladenkasten	0,19 W/m^2 K
Pultdach (hinterlüftet)	0,11 W/m^2 K
Boden (EG gegen unbeheizt, EG gegen Erdreich)	0,10 W/m^2 K
Lift	
Liftschachtwand gegen aussen	0,14 W/m^2 K
Liftschachtdecke	0,12 W/m^2 K
Liftschacht gegen Erdreich	0,23 W/m^2 K
Lifttüre	2 W/m^2 K

Bedarfsdeckung

Pelletfeuerung	
Nutzungsgrad (JAZ)	85 %
Zugeführte Energie (ungewichtet)	19,7 kWh/m^2
Bedarfsdeckung Warmwasser	37 %
Bedarfsdeckung Heizung	100 %
Thermische Solarenergie	
Absorberfläche	6,8 m^2
Zugeführte Energie (ungewichtet)	8,6 kWh/m^2
Bedarfsdeckung Warmwasser	63 %

Gewichtete Energiekennzahl nach Minergie-P

Strombedarf Lüftung und Hilfsbetriebe (Gewichtung 2)	2,54 kWh/m^2	5,1 kWh/m^2
Pelletsfeuerung (Gewichtung 0,5)	19,7 kWh/m^2	9,8 kWh/m^2
Gewichtete Energiekennzahl		14,9 kWh/m^2
Grenzwert		30 kWh/m^2

gestaltung ablesen. Übergangslos geht das Schlafzimmer ins gross-
räumige Wohnbad über. «Am schönsten Platz des Hauses», so
Schwaller, «wollte ich die Badewanne haben». Die Wanne steht frei
im Raum, Eckfenster ermöglichen den Blick auf das Alpenpano-
rama. So schön, dass auch Schwallers Partner, Marcel Kaderli, die
Badewanne zur Lieblingsliege erkoren hat.
Was im ganzen Haus auffällt: Es fällt nichts auf! Nicht im Bad, nir-
gends im Haus sind die sonst omnipräsenten Handgriffe barriere-
freier Bauten. (Marion Schild)

Auf der Wetterseite (rechts)
wurden 26 mm hohe,
schlagregentaugliche
Schwellen verbaut. Ganz
ebenerdig ist die Schwel-
le der Hauptterassentür
(links). (J. Dousse)

Die Beleuchtung und
Beschattung der Räume
richtet sich nach Nutzungsszenarien. Auf Tastendruck
entsteht eine gemütliche
Badestimmung. (J. Dousse)

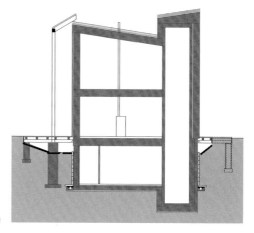

Schnitt durch das Gebäude

Obergeschoss

Erdgeschoss

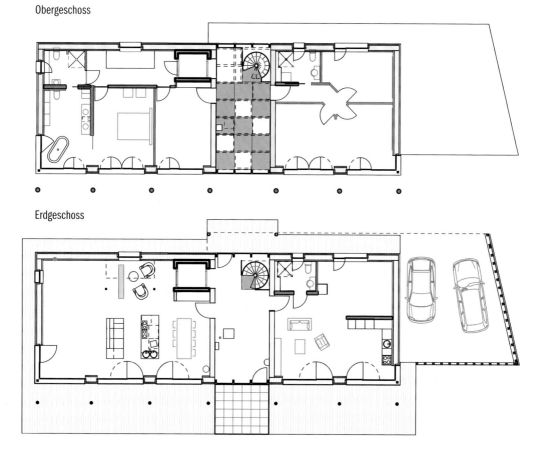

5.6 Urbanes Wohnen

In Fussdistanz die Standseilbahn auf den Gurten, sieben Bushalte-
stellen bis zum Hauptbahnhof: Das Dreifamilienhaus an der Geb-
hartstrasse im bernischen Liebefeld verspricht urbanes Wohnen.
Umgeben von Mehrfamilienhäusern aus den 50er Jahren und Jahr-
hundertwendevillen, gleicht der Minergie-P-Eco-Bau einem modernen Wohnaquarium. Die Lage zwischen Wohnhäusern und
Villen bestimmen den Grundriss des Gebäudes, er entspricht weitgehend einem Trapez. Das Dreifamilienhaus schmiegt sich in
die bescheidene Baunische zwischen Fussweg und Wohnblock.
Der Bauplatz setzt sich aus ehemaligen Garage-Verschlägen und
einem Teil der Grünfläche des benachbarten Mehrfamilienhauses
zusammen.
Bei der Planung der umliegenden Mehrfamilienhäuser stand die
serielle Platzierung identischer Wohnhäuser auf der Prioritäten-
liste weit über der absoluten Ausnutzung der Grundfläche. Gebaut
wurde auf der grünen Wiese. Das ehemalige Aussenquartier liegt
heute mitten im Innenstadtring, ein begehrter Bauplatz. Die abge-
rissenen Garagen sind durch eine kleine Tiefgarage unterhalb der
Grünfläche ersetzt worden.

Punktlandung Minergie-P-Eco

Nicht bloss urbanes Wohnen, sondern auch eine gesunde und ökologische Bauweise war der Bauherrschaft ein Anliegen. Mit den
Richtlinien eco-bau schien der entsprechende Normenkatalog gefunden. Während der Realisation des Baus wurde ein neuer Standard, Minergie-Eco, lanciert und gleich auf das Haus im Liebefeld
angewandt. Ein Upgrade erfuhr auch die Gebäudehülle. Geplant
war das Dreifamilienhaus als Minergie-Bau. Erste Berechnungen
der Energiebilanz ergaben, dass sich die Minergie-Anforderungen
leicht übertreffen lassen, der Minergie-P-Standard in erreichbarer
Distanz liegt. Mit der Gestalt von drei überdimensionierten und
verglasten Toblerone-Stücken ist der Formfaktor des Gebäudes
weit ab vom gebräuchlichen Minergie-Würfel. Eher bescheidene
408 m² Energiebezugsfläche (A_E) stehen den 739 m² der Gebäudehülle (A_{th}) gegenüber. Daraus ergibt sich der hohe Formfaktor
(Gebäudehüllziffer) von 1,8. Ein so grosser Anteil an Aussenflä-
chen macht die Erreichung des Minergie-P-Standards zu einer
Punktlandung.

Objekt
Dreifamilienhaus Gebhard-
strasse15, Liebefeld

Bauherrschaft
Stockwerkeigentümer-
gemeinschaft der Gebhard-
strasse 15, Liebefeld

Architektur
Halle 58 Architekten, Bern
Peter Schürch

Planung
Gartenmann Engineering
AG, Bern

Fenster
J. Stoller Fenster und Innenausbau, Oberbütschel

Fensterfronten trotz hohem Formfaktor

Mit den Fenstern als grösstem Posten der Transmissionswärmeverluste war die lukrativste Einsparmöglichkeit schnell gefunden. Der realisierte U-Wert liegt je nach Fenstertyp zwischen 0,65 W/m² K und 0,92 W/m² K. Die flächenmässig dominantesten Fenster weisen einen grossen Anteil an Festverglasungen und damit den tiefsten U-Wert auf. Indem die flächenbündig auf die Holzkonstruktion gebauten Fensterrahmen überdämmt wurden, fallen die Wärmebrücken minimal aus.

Die gegen Süden stehende Glasfront ermöglicht die passive Nutzung der einfallenden Sonnenstrahlen. Um die Räume vor Überhitzung zu schützen, wird die Wärmespeichermasse der Etagenböden mit einer Splittschüttung und einem Zementüberzug erhöht. Der Abstand von 18 cm zwischen der südlichen Verglasung und den inliegenden Betonpfeilern ist so gewählt, dass die Pfeiler als Wärmespeicher dienen. Zur Beschattung und als Sichtschutz sind den Fenstern Rolladen vorgelagert. Sie lassen sich vollständig verbergen. Pro Geschoss setzt sich die Fassadenabwicklung einzig aus Wandpartien (Holzrahmenelemente), der Verglasung und der Eingangstür zusammen. Das Gebäudekonzept mit den grossen auskragenden Balkon- und Laubenganganteilen beruht ganz auf Holzrahmenelementen.

Warme Holzrippen

Die Etagenböden wirken auf den ersten Blick wie Kühlrippen aus Beton, es handelt sich jedoch um eine Struktur aus Holz und Holzwerkstoffplatten. Das gilt auch für die Lauben auf der Längsseite des Gebäudes. Der an der Gebäudespitze platzierte Aussensitzplatz ist ganz vom restlichen Gebäude abgetrennt. Er beeinflusst die Gebäudehülle weder statisch noch energetisch. Nur bei der Einspannung der Betonpfeiler in Untergeschoss ist eine Wärmebrücke, die einzige nennenswerte, nicht zu vermeiden. Der vorgespannte Betonpfeiler bei der Küche ist aussen liegend (südöstlich) und dachseitig voll gedämmt.

Die abgerundete Holzverkleidung aus heimischen und unbehandelten Lärchenlatten nimmt die Formensprache der quartiertypischen Wohnhäuser (1950) mit den abgerundeten Balkonbrüstungen auf. (Christine Blaser)

Das Untergeschoss des Gebäudes ist eine massive Betonkonstruktion. Diese Betonelemente sind gleichsam der einzige Klecks im Reinheft des Eco-Baus. Da der Beton wasserdicht sein muss, wurde auf Recyclingbeton verzichtet. Zu Baubeginn war dieses Ausschlusskriterium für Minergie-Eco noch nicht bekannt. Ab dem Untergeschoss handelt es sich jedoch um einen Holzbau, dessen Fassadenbekleidung aus unbehandelten zementgebundenen Holzfaserplatten (Duripanel) besteht.

Während die Etageböden wie Betonrippen wirken, gibt die Verkleidung der nordöstlichen Gebäudeecke mit Holzpaneelen Aufschluss über das wirklich verwendete Baumaterial, die Holzrahmenkonstruktion. Rund zwanzig Jahre wird es dauern, bis die
Fichtenholzelemente die gewünschte graue Patina aufweisen. Entsprechend den Vorgaben von Minergie-Eco wurde ausschliesslich
Holz aus heimischen Wäldern verbaut. Da sich keine tragenden
Wände innerhalb der Gebäudehülle befinden, ist die Gestaltung
der drei 133 m² grossen Wohnflächen weitgehend frei. Der Versor-
gungskern ist an der fensterarmen Nordfassade platziert.

Heizen mit Holz

Die Versorgung mit Heizenergie – der Wärmeleistungsbedarf liegt
bei 7,3 kW – erfolgt mit einem modernen Holzpelletsofen. Heiz-
kessel und Speicher sind im Untergeschoss untergebracht, das
Rohstofflager, ein Kugeltank, ist im Erdreich verborgen. Sie speisen die Niedertemperatur-Bodenheizungen der drei Etagen. Die
Versorgung mit Warmwasser erfolgt zu 76 % mittels thermischer
Solarenergie. Auf dem extensiv begrünten Flachdach sind neben
der Dachterrasse Sonnenkollektoren mit einer Absorberfläche von
20 m² untergebracht. Zur Deckung der Bezugsspitzen der Wassererwärmung dient die Pelletheizung.

Bei der Auswahl der Elektrogeräte wurde konsequent auf Geräte
mit Klassierung A+ und A++ gesetzt. Probleme ergaben sich beim
gewünschten elektrischen Wäschetrockner. Da kein entsprechendes
Gerät auf dem Markt erhältlich war, hing der Haussegen schief.
Erst kurz vor dem Einzug ist ein entsprechendes Gerät (A) auf den
Markt gelangt.

Im unbeheizten Treppenhaus ist pro Geschoss ein separater Stau-
raum (Aussen-Reduit) vorgesehen. Was heute noch als willkom-
mene Abstellkammer dient, soll in Zukunft Platz für einen Aufzug
bieten. Nicht nur der Innenausbau, auch die Zugänglichkeit des
Gebäudes soll den jeweiligen Bewohnenden anpassbar sein.
(Marion Schild)

Gebäudedaten	
Zertifikat	BE-001-P-ECO
Baujahr	2006
Anzahl Wohnungen	3
Rauminhalt SIA 416	3348,7 m^3
Energiebezugsfläche A_{EO}	399 m^2
Energiebezugsfläche A_E (korrigiert)	407,9 m^2
Gebäudehüllfläche (unkorrigiert)	739 m^2
Gebäudehüllziffer	1,81
Anteil Fenster und Türen an der Gebäudehüllfläche	51,8 %

Heizwärmebedarf	
Grenzwert SIA 380/1 ($Q_{h,li}$)	67,2 kWh/m^2
Minergie-P-Anforderung an die Gebäudehülle (0,2 $Q_{h,li}$)	13,4 kWh/m^2
Objektwert mit	
Minergie-P-Standardluftwechsel ($Q_{h\text{-}MP}$)	13,3 kWh/m^2
effektiven Werten ($Q_{h,eff}$)	13,1 kWh/m^2
Thermisch relevanter Aussenluftvolumenstrom (V_{th})	0,26 m^3/m^{2}h

Energiebilanz	
Transmissionswärmeverlust (Q_T)	56,3 kWh/m^2
Lüftungswärmeverlust (Q_V)	8,3 kWh/m^2
Interne Wärmegewinne (Q_i) (Elektrizität und Personen)	18,9 kWh/m^2
Solare Wärmegewinne (Q_s)	101,8 kWh/m^2
Ausnutzungsgrad für Wärmegewinne (η_g)	0,43

Konstruktion (U-Werte)	
Fenster gesamt (U_w)	0,65/0,92 W/m^{2}K
Verglasung (U_g)	0,50 W/m^{2}K
Rahmen (U_f)	1,60 W/m^{2}K
g-Wert	51 %
Opake Aussenwand	0,10 W/m^{2}K
Dach	0,10 W/m^{2}K
Boden über UG	0,09 W/m^{2}K
Wärmebrücken (ψ)	
Wandanschluss an Kellerdecke	0,08 W/mK
Fensteranschlag	0,05 W/mK

Bedarfsdeckung	
Pelletfeuerung	
Nutzungsgrad (JAZ)	85 %
Zugeführte Energie	15,4 kWh/m^2
Bedarfsdeckung Heizung	100 %
Thermische Solarenergie	
Absorberfläche	18 m^2
Zugeführte Energie	15,5 kWh/m^2
Bedarfsdeckung Warmwasser	76 %
Elektro-Wassererwärmer	
Zugeführte Energie	5,4 kWh/m^2
Bedarfsdeckung Warmwasser	24 %

Gewichtete Energiekennzahl nach Minergie-P		
Strombedarf Lüftung	3,3 kWh/m^2 (Gewichtung 2)	6,6 kWh/m^2
Elektro-Wassererwärmer	5,4 kWh/m^2 (Gewichtung 2)	10,8 kWh/m^2
Pelletsfeuerung	15,4 kWh/m^2 (Gewichtung 0,5)	7,7 kWh/m^2
Summe		25,1 kWh/m^2
Grenzwert		30 kWh/m^2

Detailschnitt Fenster Süd

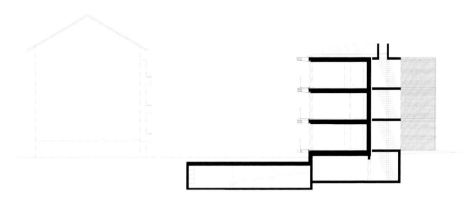

Schnitt durch das Gebäuude

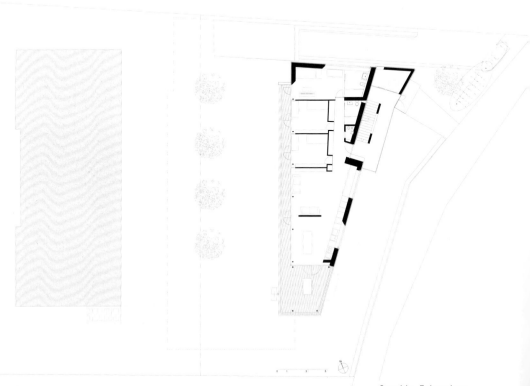

Grundriss Erdgeschoss

5.7 Der Massivbau speichert mit

Objekt
Einfamilienhaus Böhlen,
Gerzensee

Bauherrschaft
Reto Böhlen, Gerzensee

**Architektur, Energie-
konzept und
Gebäudetechnik**
Reto Böhlen, Inch GmbH,
Gerzensee

Konzept
Beat Imhof, dipl. Arch. FH
Schönmattweg 14
3600 Thun

Fenster
A. + E. Wenger AG,
Blumenstein

Das Einfamilienhaus
in Gerzensee
(Claudia Leuenberger)

Auffallend viele Minergie-P-Einfamilienhäuser stützen sich bei der Wärmeerzeugung auf ein kombiniertes System ab. Sehr häufig kommt dabei die Nutzung der Umgebungswärme zum Zug, ergänzt mit Sonnenkollektoren. Mit einem geringen haustechnischen Aufwand kontrastiert dazu das Energiekonzept für das Einfamilienhaus Böhlen in Gerzensee. Für den Hauptteil der Raumwärme sorgt im Erdgeschoss ein Holzofen aus Speckstein, der selber viel Wärme speichert. Als Pendant steht im Obergeschoss ein Speichersatellit, der über den Abzug mit dem Speicherofen verbunden ist. Innerhalb der einzelnen Wohngeschosse wird allerdings ein zusätzlicher passiver Speicherkörper benötigt, der für den Ausgleich der Temperaturgradienten sorgen kann. Diese Funktion übernehmen vorab die Aussenwände des dreistöckigen Wohnhauses, die neben der Zellulose-Dämmschicht aus Massivholzelementen bestehen. Die massiven Elemente werden aus gedübelten Brettstapeln gebildet und sind beinahe 9 cm dick. Bei der Wand- und Bodenkonstruktion wurde auch sonst viel Wert auf baubiologische Kriterien gelegt. Sämtliche Innenwände sind mit Lehm verputzt. Die Zwischenwände sind aus ungebrannten Lehmziegeln. Zudem bilden Lehmplatten zusammen mit Dübelholz den Aufbau des Bodens zwischen dem als Keller und Bastelraum genutzten Unterge-

Stapelholz als massives
Wandelement.
(Claudia Leuenberger)

schoss und dem bewohnten Erdgeschoss. Die Bauweise entspricht insofern einem klassischen Holzständerbau mit vorgefertigten Elementen.

Das leicht in den Hang hineingebaute Einfamilienhaus profitiert von seiner Ausrichtung gegen Süden. Die Vorderseite kann von der Sonne ungehindert bestrahlt werden. Der verglaste Anteil beträgt hier beinahe 30 %. Um Wärmebrücken zu vermeiden, wurde die grosszügige Sonnenveranda an die Aussenfassade angehängt. Im Sommer sorgt vorab der auf der Rückseite gelegene Wald für den Zustrom von kühler Luft (Freecooling). Von der Standortwahl begünstigt ist auch der Betriebsaufwand für die solarthermische Anlage. Die knapp 8 m² grossen Sonnenkollektoren sind am Hang unterhalb des überbauten Grundstücks angebracht, weshalb der

Prinzipschema Lüftung

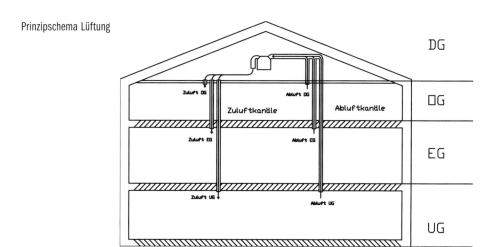

Prinzipschema Heizung

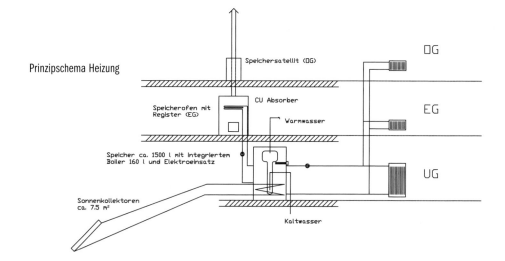

Gebäude	
Zertifikat	BE-011-P
Baujahr	2007
Kategorie	Wohnen
Rauminhalt (SIA 416)	690 m³
Energiebezugsfläche A_E (korrigiert)	317 m²
Gebäudehüllfläche	538 m²
Gebäudehüllziffer	1,7
Anteil Fenster und Türen an der Gebäude-hüllfläche	0,16
Heizwärmebedarf	
Grenzwert SIA 380/1 ($Q_{h,li}$)	67,0 kWh/m²
Minergie-P-Anforderung (0,2 $Q_{h,li}$)	13,4 kWh/m²
Objektwert mit	
Minergie-P-Standardluftwechsel ($Q_{h\text{-}HP}$)	12,9 kWh/m²
effektiven Werten ($Q_{h,\,eff}$)	10,9 kWh/m²
Thermisch relevanter Aussenluftvolumen-strom (V_{th})	0,17 m³/m²h
Energiebilanz	
Transmissionsverluste (Q_T)	38,9 kWh/m²
Lüftungswärmeverluste (Q_V)	8,1 kWh/m²
Interne Wärmegewinne (Q_i)	16,0 kWh/m²
Solare Wärmegewinne (Q_s)	39,7 kWh/m²
Ausnutzungsgrad für Wärmegewinne (η_g)	0,61
Konstruktion (U-Werte)	
Fenster gesamt (U_w)	0,74 W/m²K
Verglasung (U_g)	0,5 W/m²K
Rahmen (U_f)	1,25 W/m²K
g-Wert	0,51 W/m²K
Opake Aussenwand	0,13 W/m²K
Dach	0,10 W/m²K
Boden über UG	0,15 W/m²K
Bedarfsdeckung (Anteile %)	
Stückholzfeuerung	
Bedarfsdeckung Warmwasser	40 %
Bedarfsdeckung Heizung	70 %
Sonnenkollektoren	
Bedarfsdeckung Warmwasser	60 %
Bedarfsdeckung Heizung	30 %
Gewichtete Energiekennzahl nach Minergie-P	24,1 kWh/m²

Wasserkreislauf nur von der Schwerkraft angetrieben werden muss. Die Solaranlage trägt dabei die Hauptlast für den Warmwasserbedarf und deckt auch eine Grundlast (30 %) für das Heizen der Räume.

Ohne aktiven Antrieb funktioniert auch das Lüftungssystem. Das Kompaktgerät steht im Estrich, sodass die einströmende kühle Aussenluft von oben nach unten sinken kann. Demgegenüber steigt die erwärmte Abluft über die in die Wände integrierten Kanäle nach oben. Dieses Prinzip ist vorab für den Einsatz eines neuartigen so genannten Ökolüfters vorgesehen. Ein einzelnes Gerät, bestehend aus zwei langsam drehenden Ventilatoren, sorgt für Zu- und Abluft inklusive einer Wärmerückgewinnung. Der Verbrauch an elektrischer Energie ist sehr gering, ebenso wie der Einbau, da meistens auf Verteilkanäle verzichtet werden kann. Bauherr Reto Böhlen hat, um das Betriebsrisiko zu senken, allerdings ein konventionelles, aber technisch ausgereiftes Lüftungsgerät dem vor allem in deutschen Passivhäusern verwendeten Ökolüfter vorgezogen. (Paul Knüsel)

5.8 Der Schritt zu Minergie-P

Objekt
Siedlung Werdwies 2007
Bändlistrasse, Grünauring,
Zürich

Bauherrschaft
Stadt Zürich,
Liegenschaftenverwaltung
vertreten durch das Amt für
Hochbauten

Architektur
Adrian Streich, Zürich

Untersuchung Minergie-P
Ragonesi, Strobel &
Partner AG, Luzern
Adrian Streich, Zürich

Fenster
G. Baumgartner AG,
Hagendorn-Cham

Nur gut ein Drittel, entsprechend 700 Watt, entfallen in einer 2000-Watt-Gesellschaft auf das Wohnen. In diesem Anteil ist der Aufwand für Erstellung, Betrieb, Erneuerung und Rückbau des Wohngebäudes enthalten. Für Heizung und Lüftung, Kühlung und Wassererwärmung sind also nur knappe Chargen reserviert. Die gängige Antwort auf diese bauliche Herausforderung heisst Minergie-P.

Dabei ist eine Frage besonders naheliegend: Wie gross ist der Schritt von Minergie zu Minergie-P? Ist ein derartiger Schritt zumutbar? Für Bauherrschaften, für Baufachleute, für Bewohner? Und schliesslich für die Gesetzgeber, die dereinst verschärfte Bauvorschriften erlassen müssen. Antworten dazu liefert eine Untersuchung, die an einem dem Minergie-Standard entsprechenden Beispiel die konstruktiven, bauphysikalischen und finanziellen Folgen dieses P-Schrittes darstellt.

Kompakte Gebäudeform

Im Frühjahr 2007 sind sie zum Bezug bereit, die 152 Wohnungen der Siedlung Werdwies in Zürich-West. Die sieben achtgeschossigen und unterschiedlich tiefen Kuben reihen sich entlang der Bändlistrasse und dem Grünauring; sie bilden dadurch wechselseitig zum Quartier orientierte Aussenräume. Als Referenzgebäude dient das Haus B1, ein «Würfel» mit einer Kantenlänge von rund 25 m. Diese Form ermöglicht eine ausgezeichnete Gebäudehüllziffer von 0,72. Mit 18,7 kWh/m^2 beträgt der Heizwärmebedarf weniger als die Hälfte des Grenzwertes nach SIA 380/1. Damit liegt die Überbauung auch weit unter der Primäranforderung von Minergie.

Die Bauhülle im Fokus

Die Untersuchung «Massnahmen für den Minergie-P-Standard in der Siedlung Werdwies in Zürich» ist auf die Bauhülle fokussiert. Das heisst: Es geht um die Minimierung der Transmissionswärmeverluste und die Maximierung der solaren Energiegewinne durch Optimierung der Fenster. Alle anderen Faktoren des Energiebedarfes haben die Fachleute neutralisiert. Also keine Modifikationen an der Geometrie des Gebäudes, an der Verschattung (Vordächer, Balkone, seitliche Blenden und Horizont), keine Änderungen in der Haustechnik (Lüftung und Heizung). Deshalb basieren beide Varianten im Vergleich auf dem gleichen thermisch relevanten Aussenluftvolumenstrom von 0,27 m^3/m^{2}h.

Die Massnahmen

Alle Änderungen des Bauprojektes zur Erreichung von Minergie-P beschränken sich auf drei Massnahmen an der Bauhülle:

▎ Verbesserung des U-Wertes von opaken Aussenbauteilen

▎ Fenster mit 3-fach- statt 2-fach-Verglasungen, bei gleichzeitig möglichst hohem g-Wert (Gesamtenergiedurchlass).

▎ Optimierung von Bauteilanschlüssen zur Reduktion von Wärmebrücken

Kompensieren ist sinnvoll

Eine moderate Dämmung in Aussenwänden lässt sich mit verbesserten U-Werten in horizontalen Bauteilen kompensieren. In Flachdächern und Böden sollte nach Einschätzung der beteiligten Bauphysiker kompromisslos ein U-Wert von höchstens

Minergie-Würfel mit Potenzial: Das zum Referenzobjekt baugleiche Haus B2 in der Siedlung Werdwies.

0,1 W/m² K angestrebt werden. Dies braucht nicht das Ziel für ein opakes Aussenwandteil zu sein, denn dadurch sind einfachere konstruktive Lösungen – insbesondere Anschlussdetails am Fenster und am Dach – möglich. Abgesehen davon – schlanke Wände erleichtern die architektonische Gestaltung und verbessert die Tageslichtnutzung. All zu tiefe Fensterleibungen sind denkbar ungünstig. Kompromisse sind dagegen zu prüfen bei Flächen mit geringeren Temperaturdifferenzen, also bei Bauteilen gegen unbeheizt oder gegen Erdreich.

Wärmebrücken

Auf dem baulich-konstruktiven respektive wärmetechnisch-energetischen Niveau von Minergie-P-Bauten kann der Einfluss von Wärmebrücken enorm sein. Diese Verluste mit noch dickeren Dämmschichten in der Fläche zu kompensieren, ist in der Praxis kaum machbar. Die Stossrichtung heisst: Durch geeignete Massnahmen diese Wärmebrückenwirkung so reduzieren, dass die Aussenwände mit moderaten Dämmstärken auskommen. Ein nicht minder wichtiger Punkt sind die Fenster. Auf den – supponierten oder tatsächlichen – Einsatz eines passivhauszertifizierten Fensters kann füglich verzichtet werden. Mit einem guten und vor allem schmalen Rahmen in Kombination mit der bestmöglichen Verglasung ist ein Fenster P-kompatibel. Besonderes Augenmerk gilt dem Randverbund der Verglasung (Stahl statt Alu, Kunststoff statt Stahl). Ergänzend dazu ist auf einen möglichst wärmebrückenfreien Fenstereinbau zu achten. Um den Wärmebrückeneffekt der kraftschlüssig mit der Aussenwand verbundenen Balkonplatten zu reduzieren, schlagen die Verfasser der Studie eine völlig andere Aufhängung vor. Die Balkone kommen in der Minergie-P-Variante auf separate Stützen zu liegen.

Fazit: Die eigentliche Optimierungsarbeit ist durch einen sinnvollen Abgleich zwischen den vertikalen und horizontalen Aussenbauteilen einerseits und den Fenstern und Wärmebrücken bei den Anschlussdetails andererseits zu leisten.

Energiebilanz

Die verwertbaren Gewinne aus Solarstrahlung, Elektrizitätsnutzung und Personenabwärme sind mit rund 30 kWh/m² etwa gleich hoch wie die Transmissionsverluste. Der Lüftungswärmeverlust entspricht rein zahlenmässig dem Heizwärmebedarf. Vom gesamten Verlust von 37,8 kWh/m² entfallen 22,6 % auf die Lufterneuerung. In diesem Verhältnis kommt der Formfaktor (oder Gebäudehüllziffer) zum Ausdruck, denn die Transmissionsverluste sind von der Gebäudeoberfläche abhängig, die Lüftungswärmeverluste vom belüfteten Volumen und damit von der Energiebezugsfläche.

Kosten für das Upgrade

Mit 2,8 % der Gesamtkosten (10,5 Mio. Fr.) respektive 3,6 % der Kosten für das Gebäude (8,1 Mio. Fr., BKP2) schneiden die Grenzkosten zur Erreichung von Minergie-P im Neubau überraschend günstig ab. Der wichtigste Grund für dieses Resultat sind zweifelsohne die sehr guten Voraussetzungen:
▮ Sehr kompakte Bauform (niedrige Gebäudehüllziffer)
▮ Bereits sehr gute Wärmedämmung (Ausgangslage)
▮ Bereits installierte respektive geplante Wohnungslüftungsanlagen
▮ Nicht allzu grosse Wärmebrücken

P-Potenzial

Werdwies ist zweifelsohne für Minergie-P geeignet. Die notwendigen Änderungen sind minimal. Trotzdem zeichnet sich nach Einschätzung des Architekten eine Gefahr ab: Bei Bauaufgaben mit engem Budgetrahmen führen die verschärften energetischen Anforderungen tendenziell zu einer Normierung in Details von Konstruktionen. Das wirkt sich fallweise einschränkend auf die Vielfalt im architektonischen Ausdruck aus. Für künftige Projekte könnte es durchaus sinnvoll sein, die spezifische Eignung von Objekten für Minergie-P in der Vorstudienphase abzuklären. (Othmar Humm)

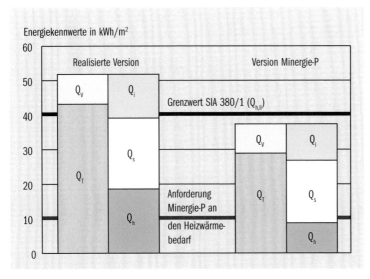

Energiebilanz nach dem Schema SIA 380/1 für die realisierte und für die optimierte Version nach Minergie-P. Durch die Massnahmen an der Hülle reduziert sich der Transmissionswärmeverlust um 32,6 %, was eine Halbierung des Heizwärmebedarfs Q_h bringt. Unverändert sind der Lüftungswärmeverlust und die internen Wärmegewinne. Von den Wärmegewinnen im Minergie-P-Haus sind allerdings deutlich weniger verwertbar, das heisst, der Ausnutzungsgrad für Wärmegewinne ist kleiner (0,55 statt 0,66).

Sieben Wohngeschosse, Erd- und Kellergeschoss im Haus B1, Längsschnitt. Seitlich des Gebäudes sind die Balkone sichtbar; sie erzwingen für das Upgrade auf Minergie-P eine konstruktive Änderung der Aufhängung der Balkonplatte.

Normalgeschoss im Haus B1, Grundriss.

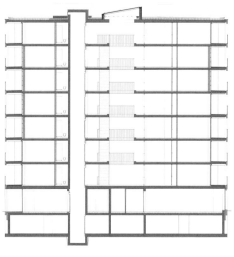

Gebäuddaten	
Energiebezugsfläche A_{E0}	4632,2 m²
Energiebezugsfläche A_E (korrigiert)	4664,1 m²
Gebäudehüllziffer	0,72
Gebäudehüllfläche (unkorrigiert)	3335,5 m²
Anteil Fenster und Türen an der Gebäudehüllfläche	31 %
Thermisch wirksamer Aussenluft-Volumenstrom (V_{th})	
mit Minergie-P-Werten (Standard)	0,27 m³/h m²
mit effektiven Werten	0,27 m³/h m²
Heizwärmebedarf	
Grenzwert SIA 380/1 ($Q_{h,li}$)	39,7 kWh/m²
Minergie-P-Anforderung (0,2 $Q_{h,li}$)	7,9 kWh/m²
Minergie-P mit Standardwerten	8,9 kWh/m²
Ausgeführte Version (Minergie)	
mit Fensterlüftung	25,0 kWh/m²
mit V_{th} 0,27 m³/h m²	18,7 kWh/m²
Transmissionsverluste (29,2 kWh/m²)	
gegen aussen	19,0 %
gegen Erdreich	2,1 %
gegen unbeheizt	10,4 %
Fenster und Türen	54,6 %
Wärmebrücken	13,9 %

Die Kosten der Massnahmen		
Fenster: 3-fach- statt 2-fach-Verglasung	128 000 Fr.	43,8 %
Aussenwärmedämmung in der Kompaktfassade 26 cm statt 18 cm	74 000 Fr.	25,3 %
Zusätzliche Betonstützen	42 000 Fr.	14,4 %
Dachdämmung, 300 mm EPS statt 220 Steinwolle	11 000 Fr.	3,8 %
Diverse Anpassungen	37 000 Fr.	12,7 %
Total	292 000 Fr.	100 %

Energiebilanz im Vergleich

	Minergie-P	Realisierte Variante
Transmissionswärmeverlust (Q_T)	29,2 kWh/m²	43,3 kWh/m²
Lüftungswärmeverlust (Q_V)	8,6 kWh/m²	8,6 kWh/m²
Interne Wärmegewinne (Q_i) (Elektrizität und Personen)	19,2 kWh/m²	19,2 kWh/m²
Solare Wärmegewinne (Q_s)	33,1 kWh/m²	31,1 kWh/m²
Ausnutzungsgrad für Wärmegewinne (η_g)	0,55	0,66
Heizwärmebedarf Rechenwert ($Q_{h\text{-}MP}$)	8,9 kWh/m²	18,7 kWh/m²
Grenzwert ($Q_{h,li}$)	39,7 kWh/m²	39,7 kWh/m²
Wärmeleistungsbedarf ($q_{h\text{-}MP}$)	7,4 W/m²	11,3 W/m²

Heizwärmebedarf des Gebäudes B1 in Abhängigkeit der Gebäudehüllziffer auf der Basis der SIA-Norm 380/1. Die ausgeführte Variante sowie die berechnete P-Version basieren auf einem thermisch relevanten Aussenluftvolumenstrom von 0, 27 m³/m² h. (Für Minergie-P entspricht dies dem Standardwert.)

Grenzwert SIA 380/1 für Haus B1

Ausgeführtes Haus B1 mit Fensterlüftung (25,0 kWh/m²)

Ausgeführte Version mit mechanischer Wohnungslüftung (18,7 kWh/m²)

Version Minergie-P mit Standardwerten (8,8 kWh/m²)

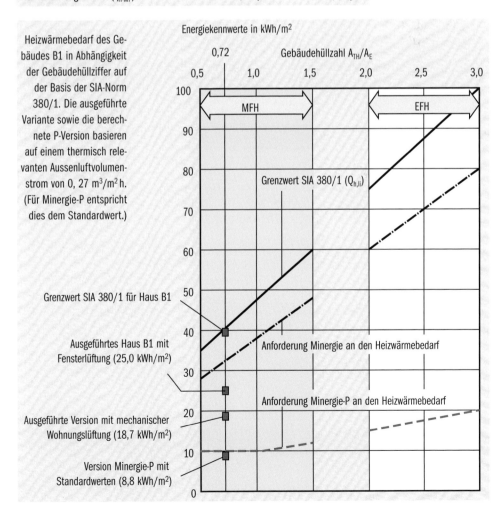

Die Massnahmen – Wärmedurchgangskoeffizient in W/m² K (U-Wert)		
Bauteil/Aufbau	**Wärmedurchgangskoeffizient**	
	Realisiert (Minergie)	Minergie-P
Fenster		
	Holz- oder Holz-Metall-Fenster mit 2-fach-Isolierverglasung $U_f = 1{,}30$ $U_g = 1{,}10$ $\Psi_g = 0{,}05$ $U_w = 1{,}29$ $g = 63\%$	Holzfenster mit 3-fach-Isolierverglasung und kleinem Rahmenanteil $U_f = 1{,}25$ $U_g = 0{,}50$ $\Psi_g = 0{,}05$ $U_w = 0{,}79$ $g = 55\%$
Aussenwände		
Sichtbetonelement	18 cm XPS-Platte, U = 0,177	
Komplettfassade	18 cm Steinwollplatte U = 0,186	26 cm Steinwollplatte U = 0,132
Hinterlüftete Fassaden-bekleidung	–	24 cm Steinwollplatte U = 0,162
Innenwände gegen nicht beheizte Räume		
	10 cm XPS-Platte U = 0,308	12 cm XPS-Platte U = 0,277
Flachdächer		
Über 7. Obergeschoss	22 cm Steinwollplatte, U = 0,164	30 cm EPS-Lambda-Platte, U = 0,100
Über Erdgeschoss	10 cm PUR-Alu-Platte, U = 0,223	
Böden		
Über Aussenluft mit Boden-heizung	12 cm Kompaktfassade, 3 cm Trittschall-dämmung, U = 0,224	25 cm Kompaktfassade, 4 cm EPS-Boden-platte, 2 cm Trittschalldämmung, U = 0,100
Über nicht beheizten Räu-men mit Bodenheizung	8 cm EPS-Bodenplatte, 2 cm Trittschall-dämmung, U = 0,330	15 cm EPS-Bodenplatte, 2 cm Trittschall-dämmung, U = 0,197
Boden über Erdreich (kleine Flächen)	12 cm XPS-Platte U = 0,191	Ohne Wärmedämmung gemäss EN ISO 13370, U = 0,506
Wärmebrücken: längenbezogener Wärmedurchgangskoeffizient Ψ (Psi) in W/m K, punktbezogener Wärmedurchgangskoeffizient X (Chi) in W/K		
Fensteranschlag	$\Psi = 0{,}10$	$\Psi = 0{,}07$ bis $0{,}09$
Balkon	mit Kragplattenanschluss $\Psi = 0{,}27$	von Betondecke thermisch optimal ge-trennt, $\Psi = 0{,}03$
Vordach	$\Psi = 0{,}21$	$\Psi = 0{,}04$
Dachrand	$\Psi = 0{,}10$	$\Psi = 0{,}04$
Sockel	$\Psi = 0{,}09$	$\Psi = 0{,}00$
Innenwände über UG	$\Psi = 0{,}72$	$\Psi = 0{,}36$
Sturznische	–	$\Psi = 0{,}10$
Geländerbefestigung	–	$X = 0{,}01$

5.9 Mit Mondholz und ungebranntem Lehm

Einem Holzwürfel ähnlich steht seit Sommer 2007 das erste Bürogebäude in der Schweiz, das mit dem Label Minergie-P-ECO ausgezeichnet wurde. Der effektive Heizwärmebedarf liegt bei unter 6 kWh/m². Doch auch der Ressourcenverbrauch für den Bau wurde konsequent gering gehalten. Die graue Energie, die im dreistöckigen Gebäude verborgen ist, beträgt eine Million Kilowattstunden. Zum Vergleich: Wäre das Gebäude nach den Minimalanforderungen gemäss SIA 380/1 erstellt worden, hätte sich das energetische Anfangssoll verdoppelt. Mit der Differenz wäre die Heizwärme für «Green Offices» über 100 Jahre lang abgedeckt.

Baubiologisch und sozial

Architekt und Bauherr Conrad Lutz hat die Ökobilanz eingehend und für jedes Bauteil berechnet. Sein Befund: Der konsequente Einsatz von natürlichen und unbehandelten Baustoffen ist das entscheidende Kriterium für das energieeffiziente Bauen. Mit konventionellen Baumaterialien wie Stahl und Beton – aber ohne Beizug von Holz und Lehm – wäre der Energieinput für den Bau des Minergie-P-Bürogebäudes ebenfalls deutlich höher ausgefallen. Daher war die Kombination des Minergie-P-Standards mit den baubiologischen Anforderungen für Architekt Lutz die «logische Schlussfolgerung».

Für den Labelzusatz «Eco» ist vorab der Nachweis zu erbringen, dass innen und aussen ausschliesslich ökologische Baumaterialien verwendet wurden, die weder die Natur noch den Menschen an seinem Arbeitsplatz nachhaltig schädigen. Dazu gehören ebenfalls das Vermeiden der so genannten Wohngifte sowie der Verzicht auf Farben mit Lösungsmitteln.

Ein Arbeitsplatz in den «Green Offices» garantiert aber nicht nur eine hohe baubiologische Qualität. Beabsichtigt ist auch eine «soziale Durchmischung», so Lutz, der rund ein Drittel der Nutzfläche mit seinem eigenen Büro belegt. Die Raumaufteilung ist nur mit Stellwänden möglich. Einzig das Treppenhaus, der Lift und das Sitzungszimmer sind fest abgetrennt. Die Nachfrage nach flexibler offener Raumstruktur, die den Austausch untereinander fördert, scheint vorhanden. Die gesamte Arbeitsfläche von 1300 m² ist belegt. Neben dem Architekturbüro Lutz haben sich sieben weitere Kleinbetriebe eingemietet. Die Miete liegt im bezahlbaren Rahmen, da die Baukosten 560 Franken pro m³ betragen. Gesamthaft (BKP 2) hat das Bürogebäude drei Millionen Franken gekostet.

Objekt
Bürogebäude Green Offices, Givisiez

Bauherrschaft, Architektur, Energieplanung
Architecture Conrad Lutz SA Green Offices 1762 Givisiez

Ingenieur
ING Holz Bois Rte de la Fonderie 7 1700 Fribourg

Holzbau
Vonlanthen AG Ried 9 3185 Schmitten

Althergebrachtes Wissen

Die ökologische Bauweise ist von der Tradition geprägt. Das Holz, das für die Böden und die vorfabrizierten Wandelemente verwendet wurde, stammt von Fichten, die unter Beachtung des Mondkalenders gefällt worden sind. So genanntes «Mondholz» verringert den Trocknungsbedarf. Eine wichtige Bedingung dafür ist: Innerhalb der Planung muss frühzeitig daran gedacht werden. Auch der Fassadenschutz entspricht einem natürlichen Behandlungsverfahren. Die vertikalen Lamellen wurden aus Weisstannenholz gesägt, welches dank Pilz, Sonne und Wasser auf natürliche Weise vorvergraut wird. Sämtliches Holz stammt aus den Wäldern von Freiburg und dem Jura.

Althergebracht ist ebenso das Wissen über den Lehmbau, der für den Innenausbau der «Green Offices» zum Einsatz kam. Die Wandelemente sind mit Lehm verputzt und die wenigen Zwischenwände wurden mit ungebrannten Lehmziegeln hochgezogen. Dass die Trittflächen ebenfalls mineralisch ausgestaltet sind, hat aber nicht nur mit baubiologischen Gründen zu tun: Wäre anstelle der rotbraun eingefärbten Zementunterlagsböden – wie im Vorprojekt vorgesehen – ein Gussasphalt verwendet worden, hätte dies die Bilanz der grauen Energie stark verschlechtert. Conrad Lutz hat auch hier detailliert gerechnet: Die graue Energie von Asphaltböden beträgt eine Million Kilowattstunden, womit der Energieinput für das gesamte Bürogebäude sogleich verdoppelt worden wäre. Konzessionen an die Materialökologie sind einzig für den Brandschutz gemacht worden. Das seitlich gelegene Treppenhaus ist brandsicher ausgestaltet und besteht aus Betonstufen sowie einem Geländer aus zementgebundenen Spanplatten.

Kompakte Form und schmale Fenster

Die kompakte Gestaltung der Gebäudehülle ist zwar von den Baurechtsmassen des Grundstücks vorbestimmt worden. Und auch die Mächtigkeit der Decke zwischen Keller und Erdgeschoss von 50 cm ist vorab aus statischen Gründen realisiert worden. Dennoch wirkt sich beides – zusammen mit den mit Zellulose gedämmten Fassadenelemente (40 cm) energetisch günstig aus. Zur Verbesserung der passiven Sonnenenergienutzung war ursprünglich eine vollflächig verglaste Südfassade geplant. Auf grosse Fensterflächen musste aber verzichtet werden, da die Büroräume im Sommer sonst überhitzt gewesen wären. Ein architektonischer Einfall bringt die erforderliche Optimierung. Alle vier Fassaden mit schmalen Holzfenstern durchsetzt, die sich vom Boden bis zur

Decke ziehen. Ihre unregelmässige Anordnung sorgt für genügend Licht. Demgegenüber reicht die bauliche Beschattung aus dank der rund 30 cm dicken Fensterleibung aus, um die Innentemperatur nur im Ausnahmefall über 26 °C ansteigen zu lassen. Für die Kühlung braucht es daher keine zusätzlichen Massnahmen, ausser der Zufuhr von Aussenluft über das Erdregister, was in der Wirkung ungefähr einer Nachtauskühlung entspricht.

Die Holzfenster erstrecken sich vom Boden bis zur Decke, sind dreifach verglast und besitzen einen U-Wert zwischen 0,9 und 1,0. Auch für die Beleuchtung ist wenig Zusatzaufwand erforderlich. Das Mobiliar ist in die offen gehaltenen Innenräume hineingestellt. Aufhellend wirkt vorab die Farbwahl. Die Wände sind senfgelb, Decken und Stützen sind weiss gestrichen. Einzig die Arbeitsplatzleuchten bringen künstliches Licht in die Grossraumbüros. Die Mieter sind verpflichtet, ausschliesslich Energiesparlampen zu benutzen.

Benutzer und Geräte als Wärmequellen

In einem optimierten System ist die passive Nutzung vielfältiger Energiequellen gefragt: Obwohl die Lampen wenig Strom verbrauchen und kaum Abwärme produzieren, helfen sie – zusammen mit den Benutzern und Bürogeräten – den Wärmebedarf zu decken. Rund ein Fünftel der erforderlichen Wärme stammt aus passiver Abwärmenutzung. Der Hauptanteil der Raumwärme wird jedoch

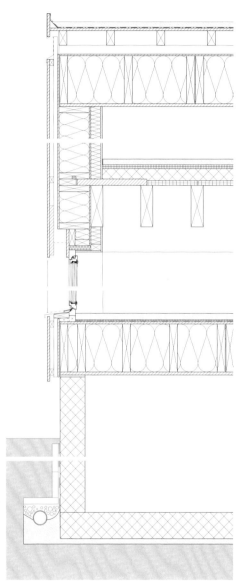

Gebäude	
Zertifikat	FR-001-P-ECO
Baujahr	2007
Kategorie	Verwaltung
Rauminhalt nach SIA 416	5291 m³
Energiebezugsfläche A_E (korrigiert)	1410,5 m²
Gebäudehüllfläche	1760,3 m²
Gebäudehüllziffer	1,23
Anteil Fenster und Türen an der Gebäudehüllfläche	0,17
Heizwärmebedarf	
Grenzwert SIA 380/1 ($Q_{h,li}$)	52 kWh/m²
Minergie-P-Anforderung (0,2 $Q_{h,li}$)	10,5 kWh/m²
Objektwert mit	
Minergie-P-Standardluftwechsel (Q_{h-HP})	10 kWh/m²
effektiven Werten ($Q_{h, eff}$)	5,8 kWh/m²
Thermisch relevanter Aussenluftvolumenstrom (V_{th})	0,1 m³/h m²
Energiebilanz	
Transmissionsverluste (Q_T)	31,7 kWh/m²
Lüftungswärmeverluste (Q_V)	10,0 kWh/m²
Interne Wärmegewinne (Q_i)	20,8 kWh/m²
Solare Wärmegewinne (Q_s)	35,8 kWh/m²
Ausnutzungsgrad für Wärmegewinne (η_g)	0,56
Konstruktion (U-Werte)	
Fenster gesamt (U_w)	0,95 – 1,0 W/m²K
Verglasung (U_g)	0,6 (Nord: 0,5) W/m²K
Rahmen (U_f)	1,4 W/m²K
g-Wert	0,5
Opake Aussenwand	0,11 W/m²K
Dach	0,11 W/m²K
Boden über UG	0,10 W/m²K
Bedarfsdeckung (Anteile %)	
Pelletsofen	
Bedarfsdeckung Warmwasser	60 %
Bedarfsdeckung Heizung	100 %
Sonnenkollektoren	
Bedarfsdeckung Warmwasser	40 %
Gewichtete Energiekennzahl nach Minergie-P	9,1 kWh/m²

mit einer Holzpellet-Feuerung abgedeckt. Demgegenüber wird das Warmwasser über eine sechs Quadratmeter grosse Sonnenkollektorfläche aufgeheizt. Beim Strom hat sich Architekt Lutz gegen eine Produktion vor Ort entschieden. Der Bedarf wird mit dem Bezug von Windstrom des regionalen Energieversorgers abgedeckt, da die Produktion in Windturbinen ökologischer ausfällt als «mit eigenen Solarzellen auf dem Dach», erklärt Lutz.

Die Idee von «Green Offices», möglichst viel für einen sparsamen Energieverbrauch sowie für ein ökologisches Versorgungskonzept beizutragen, funktioniert aber auch im «stillen Örtchen»: Auf jeder Etage steht ein Trocken-WC, das kein Wasser für die Spülung benötigt. Die Fäkalien werden stattdessen in einer geruchsfreien Gäranlage im Keller gesammelt und können als Dünger für den Garten unmittelbar weiter verwendet werden.

Denn auch das Wasser wird im grünen Bürogebäude von Givisiez knapp gehalten. Die Hände werden mit Regenwasser gewaschen, das eigens dafür auf dem Dach gesammelt wird. (Paul Knüsel)

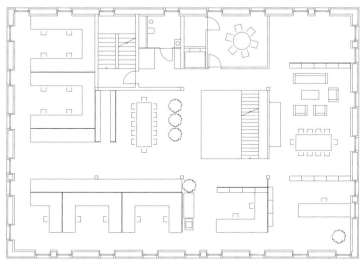

Grundriss 1. OG

5.10 Mehr als Minergie-P

Objekt
Siedlung Eulachhof,
Winterthur

**Projektentwicklung und
Totalunternehmer**
Allreal Generalunterneh-
mung, Zürich

Architektur
GlassX Architektur &
Projekte, Zürich

**Bauphsysik, Bauökologie
und Gebäudetechnik**
Amstein + Walthert, Zürich

Dezentrale Zuluftgeräte
BS2, Zürich

**Transparente Wärme-
dämmung**
GlassX

Fenster
Erne, Fenster und Fassa-
den Laufenburg

Die Realisatoren sprechen von einer «Null-Energie-Wohnüberbau-ung». Nach der Mechanik der SIA-Norm 380/1 ist der Eulach-hof mit seinen 136 Wohnungen eine «Niedrig-Energie-Siedlung», denn zur Einhaltung der Komfortbedingungen benötigen die fast 100 000 m³ umbauten Raums Fremdenergie. Dieser Bedarf ist ge-deckt durch Wärmepumpen, die über eine Photovoltaikanlage ver-sorgt werden, sowie durch Fernwärme aus der Kehrichtverbren-nungsanlage. (Der Abfall aus dem Eulachhof reicht aus, um diese Wärme in der KVA zu erzeugen.) Die Bezeichnung «null Energie» ist also eine Frage der Systemgrenze. Falls das Grundstück mit dem Fernwärmeanschluss diese Grenze bildet, dann ist es eine veritable Null-Energie-Siedlung. Möglich sind diese vorbildlichen Werte aber vor allem aufgrund der Bausubstanz: Der Eulachhof ist ein Minergie-P-Objekt.

Zwei gleiche Gebäudekomplexe

Die Siedlung besteht aus zwei fast gleichen Gebäudekomplexen in U-Form mit jeweils einem sechsgeschossigen Hauptbau und zwei zweigeschossigen Seitenflügeln. Ein durchgehender, von Fassade zu Fassade reichender Wohnraum ist das Merkmal aller Wohnungen mit 1,5 bis 5,5 Zimmern. Ein Teil der Wohnungszwischen-wände lässt sich falten. Das ermöglicht eine Individualisierung der Grundrisse. Im Eulachhof sind zudem zwei innovative Sys-teme eingebaut – erstmals in einer grossen Wohnsiedlung. Die Zu-luftführung erfolgt dezentral über die Aussenwände direkt in die Wohnräume. Und transparent gedämmte Aussenbauteile (TWD) erwärmen die angrenzenden Wohnräume.

Gebäudehülle

Hochgedämmte Hülle mit folgenden Spezifikationen:
▌ Fenster mit Holz-Metall-Rahmen und 3-fach-Verglasung, U-Werte: Rahmen 1,35 W/m²K, Verglasung 0,5 W/m²K, gesamt 0,7 bis 0,8 W/m²K, je nach Rahmenanteil, g-Wert 0,5, Randverbund mit Chrom-Nickel-Stahl 0,04 W/mK.
▌ Transparente Wärmedämmung (Herstellerbezeichnung GlassX): Mehrschichtiges System mit einem für die Heizwärmebedarfs-rechnung relevanten U-Wert von 0,6 bis 0,7 W/m²K (Verglasung 0,5 W/m²K) und einem g-Wert von 0,34 bis 0,4.
▌ Aussenwände südseitig: fast vollständig befenstert.
▌ Aussenwände nordseitig: Holzkonstruktion in Kastenbauweise

mit dazwischenliegenden Pfosten, 38 cm Zelluloseflocken, innen mit Gipskartonplatten beplankt, aussen hinterlüftet und verkleidet, U-Wert: 0,13 W/m²K, gesamte Bautiefe: 49 cm.

▪ Aussenwände stirnseitig (Ost und West): Holzkonstruktion in Kastenbauweise vor 15 cm Backsteinmauerwerk, 6 cm Mineralfasser und 32 cm Zelluloseflocken, innen verputzt, aussen mit Gipsfaserplatte beplankt, hinterlüftet und verkleidet, U-Wert: 0,11 W/m²K, gesamte Bautiefe: 64 cm.

▪ Dach: 36 cm EPS auf 26 cm Betondecke, U-Wert: 0,10 W/m²K, gesamte Bauhöhe mit Nutzschicht aus Kies oder Platten: 69 cm.

▪ Boden gegen unbeheizte Räume: Parkett über 8 cm Unterlagsboden, 2 cm Trittschalldämmung, 18 cm «Superdämmplatte» aus Phenolharzschaum (Lambda 0,022 W/m K), 30 cm Betondecke, U-Wert: 0,11 W/m²K, gesamte Bauhöhe: 60 cm.

Gebäudehülle: Sensitivitätsanalyse

«Knapp daneben» war das Resultat der ersten Berechnung des Heizwärmebedarf nach SIA 380/1 respektive Minergie-P. Mit 12,2 kWh/m² lag der Objektwert um 20% über der Minergie-P-Anforderung von 10 kWh/m². Wo holt der Planer die Kilowattstunden? Wenig bringen Aufdopplungen von bereits definierten Wärmedämmstärken, wie die Senstivitätsanalyse zeigt. Beispiel: Eine zusätzliche Wärmedämmung der Stirnfassaden um 10 cm auf insgesamt 47,5 cm Zelluloseflocken reduziert den Transmissionsverlust und damit den Heizwärmebedarf um lediglich 0,06 kWh/m² (jeweils pro m² Energiebezugsfläche). Die Liste möglicher Massnahmen zeigt: Modifikationen am Fenster schenken am meisten ein. Die Reduktion der Fensterfläche in der Nordfassade durch Einbau von opaken Brüstungen statt raumhohen Verglasungen wirkt sich mit 0,75 kWh/m² aus. Etwa gleichviel, nämlich 0,7 kWh/m², reduziert sich der Verbrauch bei Verkürzung der Balkone auf 2 m. Diese Massnahme fällt ausser Betracht, weil sie die Attraktivität der Wohnungen mindern würde.

Realisiert wurden schliesslich zwei Massnahmen am Fenster:

▪ Alle Fenster im Hauptgebäude aus Holz und Aluminium mit grösserem Glasanteil. Das vermindert die Transmissionsverluste und erhöht den Gewinn durch Solarstrahlung – in der Bilanz minus 1,7 kWh/m².

▪ Ein- statt zweiflügelige Fenster setzt am gleichen Hebel an: Reduktion des Rahmenanteils (minus 0,7 kWh/m²).

In der Summe ergibt sich eine Einsparung von 2,4 kWh/m² und ein Heizwärmebedarf von 9,84 kWh/m² – genug für Minergie-P.

Transparente Wärmedämmung

In den beiden Südfassaden der Hauptgebäude sind insgesamt 910 m² transparente Wärmedämmung verbaut, weitere 320 m² in den Ost- und Westfassaden der Seitenflügel. Der solare Eintrag hat aufgrund des Einfallswinkels und der Strahlung einen sehr dynamischen Verlauf. (Bei einem hohen Sonnenstand reflektiert die äussere Prismastruktur den Grossteil der Solarstrahlung.) Die Elemente beinhalten Latentspeicher, sogenanntes Phase Change Material, PCM, das eine verzögerte Abgabe des Solargewinnes an den Raum ermöglicht. Zur Berechnung des Heizwärmebedarfes werden die TWD-Elemente wie Fenster bearbeitet und über die Heizperiode gemittelte U- und g-Werte verwendet. Aus gestalterischen und fertigungstechnischen Gründen sind die Rahmen der Fenster und der TWD-PCM-Paneele gleich konzipiert. Da es sich aber bei der TWD um fixe Verglasungen handelt, ist der Rahmenanteil geringer und der Gesamt-U-Wert besser.

Gebäudetechnik

Gebäude sind in ihrer Konzeption so zu optimieren, dass der Energiebedarf minimal ist, fordert das Aktionsprogramm Energie-Schweiz, und dieser Restbedarf ist mit erneuerbaren Energien zu decken. Just nach diesem vorbildlichen Ansatz ist der Eulachhof konzipiert. Denn die Siedlung braucht sehr wenig Wärme, die erst noch zu 100 % aus erneuerbaren Quellen stammen.
Die beiden gleichen Siedlungsteile sind über eigene Technikzentralen versorgt. In jeder Zentrale arbeiten je zwei Wärmepumpen. Das eine Aggregat nutzt die zentral gefasste Abluft und alimentiert die Bodenheizungen und die Lüftungsgeräte in den Wohnungen mit Heizwärme. Die andere Wärmepumpe greift mit ihrer Primärseite tief in den Abwassertank und verwertet dessen Abwärme zur Wassererwärmung für Küche und Bad. Die Planer veranschlagen Jahresarbeitszahlen für die Abluftwärmepumpe von 5,4 und für die Abwasserwärmepumpe von 3,8. Erwartet werden im Mittel eine Mischtemperatur im Abwasser von 26 °C.

Wärme aus der KVA

Der Strom für die insgesamt vier Wärmepumpen kommt, über das ganze Jahr gerechnet, vom Dach. Selbstverständlich erfolgt eine Pufferung über das öffentliche Elektrizitätsnetz. Der Ertrag der Photovoltaikanlage von 168 000 kWh deckt nicht nur den WP-Bedarf sondern liefert auch noch den Allgemeinstrom für Treppenhaus, Tiefgarage, Lift und haustechnische Hilfsbetriebe.

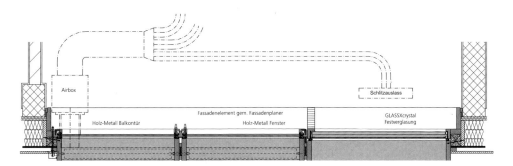

Horizontalschnitt im Fensterbereich mit Zuluft-Fassadengerät.

Gebäudedaten

Zertifikat	ZH-001-P-ECO
	ZH-002-P-ECO
Baujahr	2007
Anzahl Wohnungen	136
Energiebezugsfläche A_{E0}	20 130 m²
Energiebezugsfläche A_E (korrigiert)	20 400 m²
Gebäudehüllziffer	0,87
Gebäudehüllfläche (unkorrigiert)	20 028 m²
Anteil Fenster und Türen	
an der Gebäudehüllfläche	23,2 %
an der Energiebezugsfläche	22,7 %
Thermisch wirksamer Aussenluft-Volumenstrom (V_{th})	
Minergie-P-Wert (Standard)	0,27 m³/h m²
mit effektiven Werten *	1,30 m³/h m²

Energie

Transmissionswärmeverlust (Q_T)	32,8 kWh/m²
Lüftungswärmeverlust (Q_V)	8,5 kWh/m²
Interne Wärmegewinne (Q_i)	19,1 kWh/m²
Solare Wärmegewinne (Q_s)	38,4 kWh/m²
Ausnutzungsgrad für Wärmegewinne (η_g)	0,56

Heizwärmebedarf

Grenzwert SIA 380/1 ($Q_{h,li}$)	44,2 kWh/m²
Minergie-P-Anforderung (0,2 $Q_{h,li}$)	8,9 kWh/m²
Objektwert mit	
Minergie-P-Standardwerten (Q_{h-MP})	9,3 kWh/m²
effektiven Werten*	32,8 kWh/m²
Wärmeleistungsbedarf (q_{h-MP})	10,8 W/m²

* In den Angaben zum thermisch relevanten Aussenluftvolumenstrom und zum Heizwärmebedarf mit effektiven Werten kommt die getrennte Zu- und Abluftführung (dezentrale Zuluft und zentral gefasste Abluft über Wärmepumpe) zum Ausdruck.

Transmissionsverluste

Bauteil	Transmissionsverlust	Anteil
Dach	2,8 kWh/m²	8,6 %
Aussenwände	7,9 kWh/m²	24,2 %
Böden	2,1 kWh/m²	6,4 %
Fenster	16,6 kWh/m²	50,5 %
Wärmebrücken	3,4 kWh/m²	10, 3 %
Summe	**32,8 kWh/m²**	**100 %**

Energiebilanz (gewichtete Werte)

Wärmebedarf

für Warmwasser	20,6 kWh/m²
für Heizung	32,8 kWh/m²

Wärmeerzeugung

Anteil Fernwärme 20 %/6,6 kWh/m²	3,9 kWh/m²
Anteil Elektrizität	
Wassererwärmung	10,8 kWh/m²
Raumwärmeerzeugung (80 %)	9,7 kWh/m²
Lufterneuerung	10,2 kWh/m²
Hilfsbetriebe	2,2 kWh/m²
Ertrag Photovoltaikanlage	17,3 kWh/m²
Bilanzierter Elektrizitätsbedarf	15,6 kWh/m²
Gewichtete Energiekennzahl	19,5 kWh/m²
Anforderung Minergie-P	30,0 kWh/m²

Der Eulachhof entspricht Minergie-P und Minergie-Eco, dem neuen Label für gesunde und ökologische Bauweisen.

Vier Fünftel des Wärmebedarfes decken die Wärmepumpen, die übrigen rund 20 % kommen von der Kehrichtverbrennungsanlage (KVA) über einen Fernwärmeanschluss ins Haus. Diese rund 51 000 kWh Wärme erzeugt die KVA mit dem Abfall aus dem Eulachhof – 180 kg pro Person und Jahr. Diese Lösung führt in der Konsequenz zu einem energiepolitischen Exkurs. Es stellt sich nämlich die Frage, wieweit die Ausscheidung von Fernwärmegebieten (mit Anschlusszwang) mit Konzepten zur konsequenten Wärmerückgewinnung und Abwärmenutzung konkurrenzieren.

Dezentrale Zuluftführung

Jede Wohnung ist mit zwei dezentralen Zuluftgeräten ausgerüstet; die 40 cm mal 40 cm grossen und 11 cm hohen Blechkästen sind in Aussparungen in den Betondecken der Hauptwohnräume installiert. Von den Zuluftgeräten führen Rohre in die benachbarten Schlafzimmer. Angetrieben durch vier parallel arbeitende Ventilatoren von je 5 Watt elektrischer Leistung strömt Aussenluft durch einen Filter und einen hydraulisch mit Heizenergie versorgten Wärmetauscher in den Wohnraum. Der Nennluftvolumenstrom beträgt 100 m^3, die Anschlussleistung 20 W mit 24 Volt DC. Die Herstellerfirma gibt die Heizleistung mit 940 W an. Die

Vorlauftemperaturen sind mit 28 °C naturgemäss moderat. Das
Gerät würde sich auch zur Kühlung der Zuluft eignen; vorgesehen
ist dies nicht im Eulachhof allerdings nicht. Ohne Schalldämpfer
ist das Gerät in Wohnräumen nicht einsetzbar. Tatsächlich sind die
Geräte im Eulachhof entsprechend ausgerüstet. Messungen dazu
sind aber noch nicht verfügbar. Die SIA-Norm 181 «Schallschutz
im Hochbau» fordert 28 dB (A), für erhöhte Anforderungen sogar
25 dB (A).

Die dezentralen Zuluftgeräte ersparen der Bauherrschaft die teure
vertikale Zuluftführung durch die Stockwerke. Teuer – aus Gründen des Installationsaufwandes und des Platzbedarfes. Die Kosten
für die hydraulische und elektrische Versorgung der fast 300 Käs-
ten relativiert dieses Argument allerdings. Nachteilig ist auch der
Aspekt der Wartung: Der Filterwechsel und die Reinigung lässt
sich nur von der Wohnung aus erledigen. Und noch ein wichtiger Punkt im Kontext von Minergie-P: Die rund 300 Aussenluft-
durchlässe bilden Wärmebrücken. (Othmar Humm)

Eulachhof: das Wichtigste
▌ 136 Wohnungen (Energiebezugsfläche A_E: 20 400 m²)
▌ Gebäudehüllziffer 0,87
▌ Gemischte Bauweise (Holz und Backsteine)
▌ Aussenbauteile (U-Werte in W/m²K): Dach 0,1; Wand 0,11 und 0,13; Boden 0,07
▌ 3-fach-Verglasung in den Fenstern (Gesamt-U-Werte um 0,8 W/m²K)
▌ Dezentrale Zuluftführung über zwei Zuluftgeräte je Wohnung
▌ Zentrale Fassung der Abluft über Steigschächte
▌ Abluftwärmepumpe zur Heizwärmeerzeugung
▌ Abwasserwärmepumpe zur Wassererwärmung
▌ Bedarfsdeckung durch Solarzellenanlage und Fernwärme

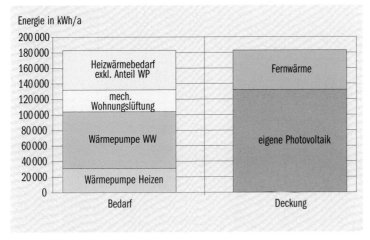

Wärmebedarf und dessen
Deckung im Eulachhof. Der
Anteil der Wassererwär-
mung ist, wie in Minergie-P-
Objekten üblich, erheblich.

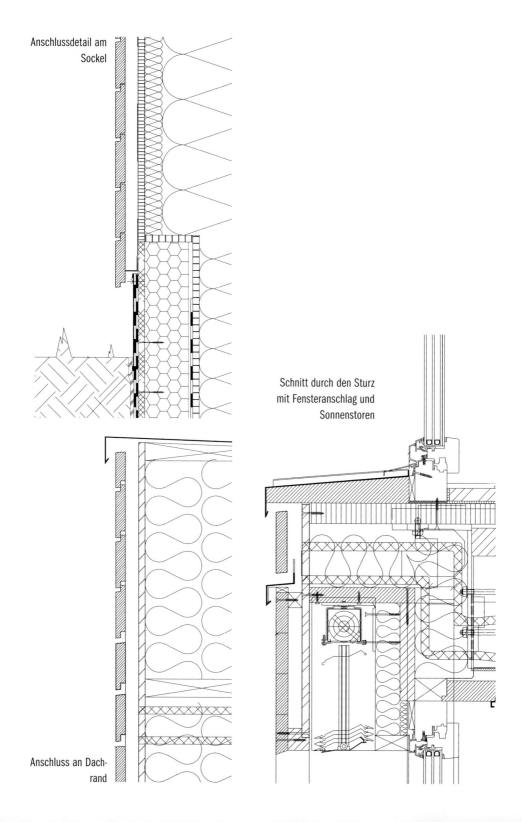

Anschlussdetail am
Sockel

Schnitt durch den Sturz
mit Fensteranschlag und
Sonnenstoren

Anschluss an Dach-
rand

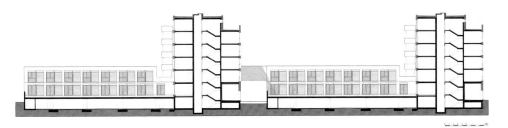

Schnitt

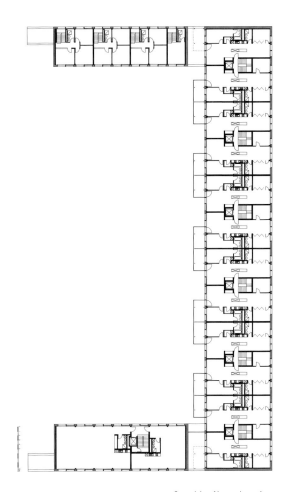

Grundriss Normalgeschoss

5.11 Schlicht und konsequent

Objekt
Bürohaus Marché
Restaurants Schweiz AG,
Kemptthal

Bauherrschaft
Marché Restaurants
Schweiz AG, Kemptthal

Architekt
Beat Kämpfen, Büro für
Architektur, Zürich

Energieingenieur
Naef Energietechnik, Zürich

Fenster
1a hunkeler AG, Ebikon

Spezialglas
GlassX AG, Zürich

Der neue Hauptsitz von Marché International liegt direkt neben der Autobahnraststätte Kemptthal, damit die rund 45 Mitarbeiter der Verwaltung stets Bezug zum Alltag eines ihrer Restaurants haben. Der Neubau sollte nachhaltig und ökologisch gebaut sein – so lag eine Zertifizierung nach Minergie-P-Eco nahe. Die Verwendung des Baustoffes Holz war eine weitere Vorgabe. Sie wurde konsequent umgesetzt: Der schlichte, längliche Baukörper mit drei Geschossen ist ein reiner Holzelementbau. Die 45 cm starken Aussenwände bestehen aus einer tragenden Schicht von nur 3,5 cm starken Blockholzplatten und 34 cm Wärmedämmung. Die hinterlüftete Fassade ist mit Douglasienholz verkleidet. Ein kubischer Annexbau mit Eingangsbereich, Treppenhaus, Cafeteria und Ruheräumen hebt sich durch schwarze Holzwerkstoffplatten vom Haupttrakt ab. Lediglich zwei völlig vom Holzbau abgetrennte Treppenhäuser sind aus Schallschutz- und Kostengründen aus Recyclingbeton hergestellt. Im Innern des Gebäudes dienen zwei Reihen von je acht Säulen der Statik. Sie sind über die gesamte Raumlänge im Abstand von 4 m angeordnet. Die eine Reihe vor der Fensterfront, die andere in der Mitte des Raumes. Das unterstützt die Vorgabe einer einfachen Grundstruktur, die sich einer veränderten Nutzung anpassen kann. Auf jedem Geschoss befindet sich ein offenes, flexibel möblierbares Grossraumbüro – lediglich die Sitzungszimmer sind mit leichten Holzwänden abgetrennt.

Eine kluge Kombination von High- und Low-tech-Komponenten sowie der grosse Vorfertigungsgrad hielt die Kosten niedrig. Ebenfalls bemerkenswert ist die kurze Planungs- und Bauzeit: Sie betrug lediglich ein Jahr.

Durchdachtes passiv-solares Konzept

Das Gebäude ist nach Süden ausgerichtet, seine gänzlich verglaste Südfassade nutzt die Sonneneinstrahlung optimal. Rund 50 % der Verglasung besteht aus thermisch speicherfähigem Spezialglas. Prismen im äussersten Zwischenraum der opaken, 4-fach verglasten Elemente lassen die tiefstehende Wintersonne mit Einfallswinkeln unter 40° in den Raum, reflektiert aber die hoch stehende Sommersonne und schützt so das Gebäude vor Überhitzung. Die Wärmespeicherung übernimmt eine mit Salzhydrat gefüllte Schicht. Die Sonne macht das Material flüssig, wenn es wieder abkühlt und fest wird, gibt es die gespeicherte Energie als Strahlungswärme ab. Im Winter tragen so Temperaturen zwischen 26 °C und 28 °C auf

Oben: Das dreistöckige Bürogebäude in Kempt-thal ist – abgesehen von zwei Treppenhäusern aus Recyclingbeton ein reiner Holzbau. (Willy Kracher)

Unten: Effizientes Gebäude, effiziente Beleuchtung – in sorgfältiger Gestaltung. (Willy Kracher)

Ein Spezialglas speichert die einfallende Sonnenenergie und gibt sie zeitverzögert ab. Zudem schützt die Prismenschicht vor Überhitzung.
(Willy Kracher)

der Innenseite der Verglasungen zu einem behaglichen Raumklima bei. Ausserdem erzeugt das Spezialglas blendfreies Licht – sehr von Vorteil an Bildschirmarbeitsplätzen. Als Speichermasse für die eingefangene Solarwärme dient der Boden: Eine 2 cm dicke, schwarz eingefärbte Holz-Beton-Platte auf 8 cm Unterlagsboden. Ein Vordach, 1,2 m tiefe, durchlaufende Balkone sowie Stoffstoren beschatten die Südfassade.

Die Haut des um 12° geneigten Pultdaches besteht vollständig aus Photovoltaik-Dünnschichtzellen. Die 485 m² grosse, netzgekoppelte Anlage mit einer installierten Spitzenleistung von 44,6 kW erzeugt pro Jahr gegen 40 000 kWh Strom. Knapp die Hälfte davon wird für die haustechnischen Installationen gebraucht, der Rest reicht gemäss den Berechnungen der Planer für die Deckung des gesamten übrigen Strombedarfes: Somit ist das Gebäude ein Null-Energie-Haus.

Haustechnik

Das durchdachte passiv-solare Konzept macht den äusserst tiefen Heizwärmebedarf nach Minergie-P von 5,3 kWh/m² – genau die Hälfte der Minergie-P-Anforderung – möglich. Gedeckt wird der Bedarf durch eine von zwei 180 m langen Erdwärmesonden gespeiste Wärmepumpe. Eine Bodenheizung verteilt die Wärme. Die kontrollierte Lüftung mit Wärmerückgewinnung ermöglicht trotz der hohen Lärmbelastung durch Autobahn und Flughafen ruhiges Arbeiten. Ein 25 m langes Erdregister unter dem Gebäude wärmt oder kühlt die Zuluft vor. Eine bedarfsabhängige Steuerung für die gesamte Haustechnik misst laufend Temperatur, Feuchte und CO_2-Gehalt der Raumluft sowie den Lichteinfall in die Büros. Die Haustechnikzentrale liegt über dem Treppenhaus im Dachgeschoss, weil auf eine Unterkellerung verzichtet wurde. Die horizontalen Kanäle für Lüftung, für Elektro- und EDV-Kabel befinden sich alle im Dachgeschoss. Da das Gebäude flexibel nutzbar sein soll und der Boden als thermischer Speicher und Masse für Schallschutz dient, erfolgt die gesamte vertikale Verteilung entlang der Stützen. Auf der einen Seite der Stützen befinden sich die Lüftungskanäle, auf der anderen die Elektroschächte. Ummantelt wird das ganze von einer Holzverschalung. In der fensterseitigen Stützenreihe und in der nordseitigen Wand befinden sich die Zuluftauslässe, die Abluft wird bei den Stützen in der Raummitte gesammelt.

Die gesamte vertikale Verteilung erfolgt entlang der Stützen. Auf der einen Seite der Stützen befinden sich die Lüftungskanäle, auf der anderen die Elektroschächte. Ummantelt wird das ganze von einer Holzverschalung.

Gebäude	
Zertifikat	ZH-003-P-ECO
Baujahr	2007
Kategorie	Verwaltung
Anzahl Arbeitsplätze	45
Kubatur (SIA 416)	5757 m^3
Energiebezugsfläche A_E (korrigiert)	1516 m^2
Gebäudehüllfläche	1954,3 m^2
Gebäudehüllziffer	1,29
Anteil Fenster und Türen an der Gebäudehüllfläche	21 %
Baukosten BKP2	565 Fr./m^3
Heizwärmebedarf	
Grenzwert SIA 380/1 ($Q_{h,li}$)	53,1 kWh/m^2
Minergie-P-Anforderung (0,2 $Q_{h,li}$)	10,6 kWh/m^2
Objektwert mit Minergie-P-Standardluftwechsel ($Q_{h\text{-}MP}$)	7,8 kWh/m^2
effektiven Werten	5,3 kWh/m^2
Thermisch relevanter Aussenluftvolumenstrom (V_{th})	0,16 m^3/m^{2}h
Energiebilanz	
Transmissionsverluste (Q_T)	37,8 kWh/m^2
Lüftungswärmeverluste (Q_V)	9,4 kWh/m^2
Interne Wärmegewinne (Q_i)	21,4 kWh/m^2
Solare Wärmegewinne (Q_s)	53,0 kWh/m^2
Ausnutzungsgrad für Wärmegewinne (η_g)	0,53
Konstruktion (U-Werte)	
Fenster/GlassX gesamt (U_w)	0,73 W/m^{2}K
Verglasung (U_g)	0,5 W/m^{2}K
g-Wert	0,37
Fenster (nord) gesamt (U_w)	0,75 W/m^{2}K
Verglasung (U_g)	0,51 W/m^{2}K
g-Wert	0,54
Opake Aussenwand	0,10 W/m^{2}K
Dach	0,08 W/m^{2}K
Boden auf Fundament	0,10 W/m^{2}K
Bedarfsdeckung (Anteile %)	
WP mit Strom aus PV	100 %
Gewichtete Energiekennzahl nach Minergie-P	16,7 kWh/m^2

Oben: Eine 12 m^2 grosse, begrünte Wand auf jedem Geschoss sorgt für die Befeuchtung der Räume. Unten: Rot gestrichener Recyclingbeton setzt einen Farbakzent im Treppenhaus.

Raumakustik

Die Wände aus unbehandelten Blockholzplatten passen gut zu den schlichten, extra für diesen Bau entworfenen Büromöbeln aus industriell gefertigten Buchenholzplatten. Da in diesem Gebäude die Raumakustik von zentraler Bedeutung ist, sind in die Rückseiten der Möbel Absorbermatten integriert und an den Wänden und Decken befinden sich Absorberpaneele, die auch tiefe Töne absorbieren. Die 24 cm hohen Holzkastenelemente der Geschossdecken sind mit einer 5 cm dicken Splittschicht beschwert, um den Schallschutz zu verbessern. Eine 12 m² grosse, begrünte Wand auf jedem Geschoss sorgt für die Befeuchtung der Räume.

Gute Ökobilanz

Das Gebäude erfüllt die strengen Qualitätskriterien von Minergie-P-Eco. Verwendet wurden ausschliesslich einheimische Nadelhölzer ohne chemischen Holzschutz, Fundamente und Treppenhäuser sind aus Recyclingbeton erstellt und die Wärmedämmung ist zu 80 % aus Altglas hergestellt. Sämtliche verwendete Rohstoffe kommen reichlich vor und sind bei einem Rückbau wieder trenn- und rezyklierbar. Gemäss einer Life-Cycle-Analysis nach der Eco-Indicator-Methode benötigt dieses Gebäude insgesamt nur etwa ein Drittel der Energie eines konventionellen Gebäudes. Dabei ist der ganze Stofffluss von der Produktion der Baumaterialien, der Erstellung des Gebäudes, dem Energieverbrauch über eine angenommene Lebensdauer von 50 Jahren und dem Rückbau berücksichtigt. Die Erstellung und der Betrieb dieses Gebäudes reduzieren die für die Umwelt negativen Auswirkungen im Vergleich zu üblichen Bauweisen um rund 60 %. (Christine Sidler)

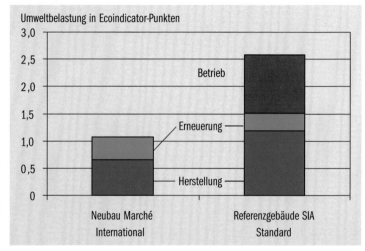

Reduktion der Umweltbelastung nach Ecoindicator 99 (Berechnungen von Alex Primas, Basler & Hofmann, Ingenieure, Zürich)

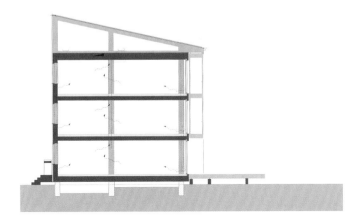

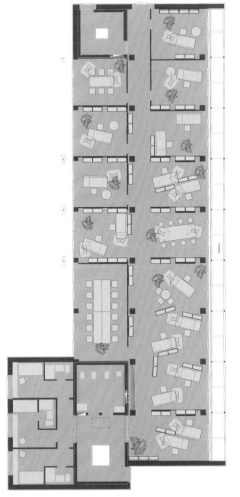

Schnitt und Grundriss des
Gebäudes

5.12 Feintuning an der Gebäudehüllziffer

Objekt
Wohnüberbauung
Goldbach, Küsnacht

Bauherrschaft
Thomas Baggenstos
Herrliberg

Architektur
Ess & Partner
Architekten AG, Watt

Bauphysik
Ragonesi, Strobel &
Partner AG
Luzern

Bauphysik Meier AG
Dällikon

Fenster
1a Hunkeler, Ebikon

Auf einem Grundstück mit schönem Ausblick auf den Zürichsee entstehen zwei Mehrfamilienhäuser mit je vier 4,5-Zimmer-Wohnungen und einer 5,5-Zimmer-Attika-Wohnung. Sie sollen voraussichtlich im Frühjahr 2009 fertiggestellt sein. Die Bauherrschaft wünscht sich ein Minergie-P-Haus, was allerdings nicht problemlos zu erfüllen ist. An dieser Lage bestimmt der See die Ausrichtung der grossen Fensterflächen, der aber ungünstigerweise im Westen liegt. Erschwerend hinzu kommt, dass die für Solargewinne wichtigen Süd- bzw. Westseiten durch die grossen Balkone verschattet sind. Zudem steht das südlicher gelegene Haus seinem Pendant in der Sonne. Um beiden Wohnungen auf einem Stockwerk Ausblick auf den See zu gewähren, entstehen eine Nord- und eine Südwohnung. Kleine Variationen in den Fassaden optimieren die Verluste der Gebäudehülle: Die Nordwohnung hat ein Fenster weniger, eines ist etwas weniger hoch.

Die verputze Kompaktfassade ist mit 2-mal 12 cm Hochleistungswärmedämmung versehen; sie hat einen U-Wert von 0,092 $W/m^2 K$. Die «geringe» Dämmstärke ist dank dem verwendeten Dämmstoff – eine Verbundplatte aus EPS mit einem Kern aus Phenolharz – möglich. Das Phenolharz ist sehr feinporig und hat einen guten Lambda-Wert von 0,021 $W/m K$. Ein effizientes System ist wichtig, wenn der Boden, wie hier an bester Lage am Zürichsee, teuer ist. Auch der Minergie-P-Standard bringt Vorteile: Die Gemeinde gewährt einen Ausnutzungsbonus. Die zusätzliche Dämmstärke, die es braucht, um statt Minergie Minergie-P zu erreichen, wird von der ausnutzungsrelevanten Baumasse abgezogen.

Die Rahmen der 3-fach verglasten Fenster mit einem U_w-Wert von etwa 0,7 $W/m^2 K$ sind komplett überdämmt. Ihre schlanken Flügelrahmen sind von aussen nicht sichtbar, da sie hinter den Fensterrahmen liegen. Für einmal gehen hier architektonische Ansprüche mit thermischen Vorteilen Hand in Hand.

Der Sockelbereich der Gebäude mit einer 24 cm starken Perimeterdämmung aus extrudiertem Polystyrol-Hartschaumstoff (XPS) hat einen U-Wert von 0,139 $W/m^2 K$. Das Dach ist mit 30 cm Polyurethan-Hartschaum (PUR) gedämmt, die Terrassen mit 18 cm. Die wichtigste Massnahme für das Erreichen von Minergie-P ist in diesem Fall allerdings das Dämmen des Untergeschosses. Bliebe es unbeheizt, wäre der strenge Grenzwert nicht einzuhalten. Aus dem Integrieren des Untergeschosses in den Dämmperimeter resultiert ein besserer Formfaktor und eine Reduktion der spezifischen Ver-

An bester Lage: Die Über-
bauung Goldbach in Küs-
nacht mit freiem Blick auf
den Zürichsee.

luste von Dach und Boden pro m² Energiebezugsfläche. Zudem
konnten die Wärmeverluste aufgrund des Liftschachtes und des
Treppenhauses, die in das unbeheizte Untergeschoss führen, reduziert werden. Statt eines unbeheizten Kellers sind nun hochwertig
nutzbare Bastelräume entstanden.

Eine Wärmepumpe mit sechs Erdsonden (total 900 m) beheizt das
Gebäude im Winter, im Sommer ist eine moderate Kühlung möglich. Die Verteilung erfolgt über die Bodenheizung. Das Warmwasser erzeugt in den sonnenreichen Jahreszeiten eine 40 m² grosse
thermische Kollektoranlage auf dem Vordach der Tiefgarage. Eine
kontrollierte Wohnungslüftung in jeder Wohnung versorgt diese
mit Aussenluft. Diese wird im Winter über den eingebauten Wärmetauscher durch die Abluft vorgewärmt. (Christine Sidler)

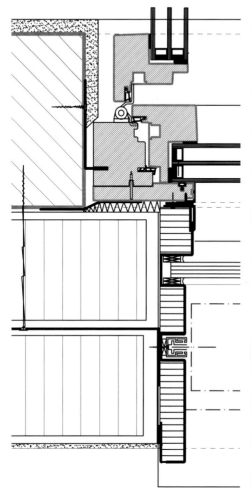

Horizontalschnitt durch
die seitliche Leibung des
Fensters.

Gebäudedaten	
Zertifikat	in Planung
Baujahr	2007
Anzahl Wohnungen	10
Rauminhalt (SIA 416) beide Gebäude exkl. Tiefgarage	10 700 m^3
Energiebezugsfläche A$_{E0}$	1288,2 m^2
Energiebezugsfläche A$_E$ (korrigiert)	1392,6 m^2
Gebäudehüllfläche (unkorrigiert)	1507,2 m^2
Gebäudehüllziffer	1,17
Anteil Fenster und Türen an der Gebäudehüllfläche	15 %
Heizwärmebedarf	
Grenzwert SIA 380/1 (Q$_{h,li}$)	51,5 kWh/m^2
Minergie-P-Anforderung (0,2 Q$_{h,li}$)	10,3 kWh/m^2
Objektwert mit	
Minergie-P-Standardwerten (Q$_{h-HP}$)	9,4 kWh/m^2
effektiven Werten (Q$_{h, eff}$)	9,4 kWh/m^2
Thermisch relevanter Aussenluftvolumenstrom (V$_{th}$)	0,27 m^3/m^2 h
Konstruktion (U-Werte)	
Fenster (Grösse = 3,5 m^2)	
gesamt (U$_w$)	0,71 W/m^2 K
Verglasung (U$_g$)	0,5 W/m^2 K
Rahmen (U$_f$)	1,23 W/m^2 K
g-Wert	0,5
Opake Aussenwand	0,09 W/m^2 K
Dach	0,08 W/m^2 K
Boden über UG	0,17 W/m^2 K

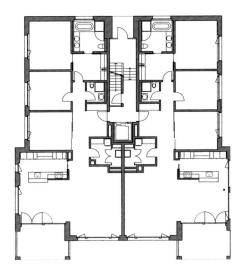 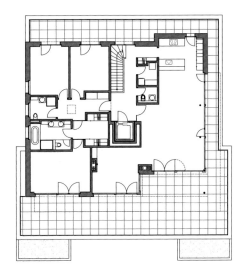

Grundriss Obergeschoss mit zwei 4,5-Zimmer-Wohnungen   Grundriss Attikageschoss mit einer 5,5-Zimmerwohnung

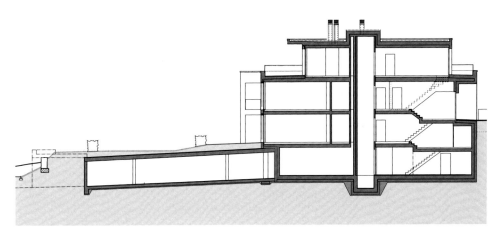

Schnitt durch das Gebäude
und die Tiefgarage

A Anhang

A.1 Weiterführende Informationen

Minergie Agentur Bau
St. Jakobs-Strasse 84
4132 Muttenz
Tel. 061 467 45 10
Fax 061 467 45 43
agentur@minergie.ch

Zertifizierungsstelle Minergie-P
Technikumstrasse 21
6048 Horw
Tel. 041 349 32 76
Fax 041 349 39 34
minergie-p@minergie.ch

Geschäftsstelle Minergie
Steinerstrasse 37
3006 Bern
Telefon 031 350 40 60
Fax 031 350 40 51
info@minergie.ch

A.2 Autoren

▌Marco Ragonesi, dipl. Architekt HTA, Bauphysiker mit eigenem Büro in Luzern, nebenamtlicher Dozent an der Hochschule Luzern – Technik und Architektur und an den Minergie-P-Kursen, Luzern
▌Urs-Peter Menti, dipl. Ingenieur ETH, wissenschaftlicher Mitarbeiter der Hochschule Luzern – Technik und Architektur, Leiter der Zertifizierungsstelle Minergie-P
▌Adrian Tschui, dipl. Ingenieur FH, Energieplaner, Stansstad
▌Othmar Humm, dipl. Ingenieur FH, Fachjournalist Technik und Energie, Zürich

A.3 Stichwortverzeichnis

Foliensatz Minergie-P

Die wichtigsten Punkte

- Günstiges Oberflächen-Volumen-Verhältnis, kompakte Form
- Gutbesonnter Standort
- Geringe Verschattung durch Nachbargebäude und durch Balkone
- Maximale Gewinne aus Solarstrahlung (grosse Fenster nach Süden) und optimierte Nutzung der Gewinne (speicherwirksame Gebäudemasse)
- Guter Sonnenschutz (sommerlicher Wärmeschutz)
- Horizontale Flächen: U-Wert um 0,1 W/m²K
- Vertikale Flächen: U-Wert um 0,15 W/m²K
- Fenster-U-Wert unter 1,0 W/m²K, besser um 0,8 W/m²K (3-fach-Verglasung)
- Minimierte Wärmebrücken
- Luftdichte Gebäudehülle
- Lüftungsanlage mit Wärmerückgewinnung
- Deckung des Energiebedarfs durch erneuerbare Energien (mindestens teilweise)

faktor

Der Foliensatz

60 Folien im Power-Point-Format für
Präsentation und Schulung.
150 Franken, 100 Euro.

Für Schulung und Kundenaquisition

■ Faktor Verlag AG ■ Postfach ■ 8050 Zürich ■ Tel. 044 316 10 60 ■ Fax 044 316 10 61 ■ info@faktor.ch ■ www.faktor.ch

Angebote des Faktor Verlags

Einzelhefte

Bücher

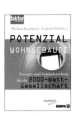

▮ Wohnungslüftung   ▮ Potenzial   ▮ Minergie-P   ▮ Faktor Skript
                        Wohngebäude   Komfortlüftung

▮ Faktor Verlag AG ▮ Postfach ▮ 8050 Zürich ▮ Tel. 044 316 10 60 ▮ Fax 044 316 10 61 ▮ info@faktor.ch ▮ www.faktor.ch

Weiterbildung am Institut Energie am Bau
CAS MINERGIE®– Energieeffizienz am Bau

Der berufsbegleitende Zertifikatskurs CAS MINERGIE® der FHNW Muttenz vermittelt
Planungsfachleuten aus der Baubranche aktuelles Praxiswissen zum energieeffizienten Bauen
und die Möglichkeit sich zum geplanten MINERGIE®-Experten zu qualifizieren.

MAS EN Bau
Dank einer Kooperation mit vier anderen Fachhochschulen kann dieses Certificate of
Advanced Studies CAS (10 ECTS-Punkte) mit weiteren Modulen oder einer bereits absolvierten
Weiterbildung zum eidgenössisch anerkannten Abschluss Master of Advanced Studies
in nachhaltigem Bauen führen.

MAS-Brückenangebot
Absolvent/innen eines Nachdiplomstudiums Energie können mit dem CAS MINERGIE® einen
Mastertitel MAS FHNW in nachaltigem Bauen erwerben.

DAS FHNW Energieexpert/in Bau
Der erfolgreiche Abschluss unserer drei CAS: CAS Erneuerbare Energien, CAS Management
Skills Bau + Energie, CAS MINERGIE® – Energieeffizienz am Bau berechtigt zum Titel Diploma
of Advanced Studies FHNW Energieexpert/in Bau.

Kontakt
Stine Lehmann, Institut Energie am Bau, St. Jakobs-Strasse 84, CH-4132 Muttenz
T +41 61 467 45 45, F +41 61 467 45 43, iebau.habg@fhnw.ch

Information, Termine und Anmeldung
www.fhnw.ch/habg/weiterbildung

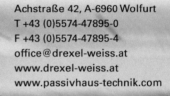

EFFIZIENTES ATMUNGSSYSTEM FÜR IHR ZUHAUSE.

Frische Atemluft im Haus und dabei erst noch Energie sparen – das Hoval HomeVent® machts möglich. Und zwar weit effizienter als mit konventionellen Wohnungslüftungen. Denn das Hoval HomeVent® regelt dank der modernen Verfahrenstechnik die Zuluft und die Raumfeuchte. Ein hochwertiger Feinfilter gewährt ein staub- und pollenfreies Raumklima, und das alles zur Steigerung des persönlichen Wohlbefindens. Lust auf Morgenluft? Weitere Infos bei: Hoval Herzog AG, Postfach, 8706 Feldmeilen, Tel. 044 925 61 11, Fax 044 923 11 39, info@hoval.ch, www.hoval.ch.

NILAN | COMFORT GERÄTE UND VP18-10P

Comfort 250

«Mit der Erfahrung von 525'000 produzierten Lüftungsgeräten brauchen wir unser Innenleben nicht zu verstecken»

– air management for your comfort

Komfort aus dem Wandschrank

Die Nilan Comfort Geräte sind kompakte und hocheffiziente Komfortlüftungsgeräte für die kontrollierte Be- und Entlüftung. Die Kompaktgeräte mit pulverbeschichtetem Aluzink-Gehäuse und automatischer Sommer Bypass-Klappe werden über die hauseigene Nilan CTS 600 Steuerung (Fernbedienung) überwacht und gesteuert. Die Geräte weisen, dank stufenloser EC-Gleichstromventilatoren neuster Technologie, äusserst niedrige Betriebskosten auf (Comfort 250, 20W Leistungsaufnahme bei 100Pa ex. Gegendruck und 100m³/h, laut HTA Messungen).

Die Geräte wurden beide an der HTA Luzern im Prüfstand für Lüftungs-Kompaktgeräte geprüft.

Beispiele von Optionen: Links/Rechts Ausführung, Elektro- oder Wassernachheizregister, Pollenfilter usw.

Comfort 300

Technischen Daten:

Luft-Volumenstrom: 50 bis 325 m³/h bei 100Pa ex. Gegendruck	Wartungsfreundlich durch demontierbare Frontabdeckung
Wirkungsgrad des Wärmetauschers über 90%	0,9 mm Aluzink-Gehäuse, weiss pulverbeschichtet
20W Totale Leistungsaufnahme bei 100Pa ex Gegendruck / 100m³/h	Inkl. Wandmontagebeschlag
Automatische Sommer Bypass-Klappe	Die Nilan Geräte – Comfort Serie – sind erhältlich bis 1'400 m³/h
Stufenloses EC-Gebläse – über Fernbedienung einstellbar	

Klima und Warmwasser aus dem Wandschrank

Das Nilan VP18-10P ist ein hocheffizientes und schlankes (600x600 mm) Kompaktlüftungsgerät (Luft/Wasser – Luft/Luft) für die kontrollierte Be-und Entlüftung, kostengünstige Warmwasseraufbereitung (eingebauter BWW-Speicher), Heizung und Passive Kühlung durch WRG. Das Gerät wird mit der hauseigenen Nilan CTS 600 Steuerung (Fernbedienung) überwacht. Die Geräte weisen, dank EC-Gleichstromventilatoren neuster Technologie, äusserst niedrige Betriebskosten auf.

Beispiele für den Einsatz: Passiv-, Minergie- und Minergie P – Häuser.

Das VP 18-10 P wurde an der HTA Luzern im Prüfstand für Lüftungs-Kompaktgeräte geprüft.

Beispiele von Optionen: Aktive Kühlung (1kW durch reversiblen Kältekreis) und Anschluss für Sonnenkollektoren.

Technischen Daten:

Luft-Volumenstrom: 100 – 300m³/h
Wirkungsgrad des Wärmetauschers über 90%
Wärmepumpe COP über 3,8
Eingebaute Filter G3
Automatische Sommer Bypass-Klappe
Anschlussstutzen seitlich oder nach oben
Stufenloses EC-Gebläse – über Fernbedienung einstellbar
Optionale aktive Kühlung durch reversiblen Kältekreis
Wartungsfreundlich durch demontierbare Frontabdeckung

STS 179

Nilan CTS 600 Steuerung (auch Weiss erhältlich)

Nilan Profil

Nilan-Lüftungsgeräte werden seit mehr als 30 Jahren in Dänemark entwickelt und produziert und weltweit vertrieben. In der Schweiz sind mehrere tausenden Geräte seit Jahren erfolgreich im Einsatz. Nilan produziert passive (Wärmetauscher) und aktive (Wärmepumpen) Lüftungsgeräte von 100 bis 50'000m³/h, und hat 56 hocheffiziente definierte Gerätekonfigurationen zur Auswahl.

Nilan AG Schützenstrasse 33 CH-8902 Urdorf Tel.: +41 44/736 50 00 Fax: +41 44/736 50 09 www.nilan.ch

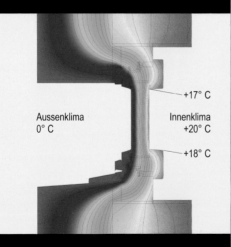

VISION³⁰⁰⁰
Innovation Fenster.

Fenster sind Gesichter.

MINERGIE® MODUL
FFF
SZFF
Fenster
Fenêtre

VISION-3000® prägt den einzigartigen Charakter Ihres Gebäudes.

VISION-3000® – das Fenstersystem der neusten Generation verbindet Design mit Funktionalität, maximalen Glasanteil mit hervorragenden Dämmwerten. Die Produktlinie umfasst das Holz-Metall-Fenster als zertifiziertes **Minergie-Modul** sowie die aktuelle Neuentwicklung: die glasleistenlose VISION-3000® Hebe-Schiebe-Tür, grosszügig konzipiert, auch für Übergrössen.

Die Innovationsgruppe VISION-3000®:

Acht führende Schweizer Fenster- und Fassadenhersteller setzen seit Jahren einen unvergleichlichen Qualitätsstandard.

Mehr Infos auf www.vision-3000.ch

wenger fenster

Sie bleiben Ihren Prinzipien treu. Und Sie wollen nicht weniger als das Maximum an Individualität und Unabhängigkeit.

Unsere neuste Kreation setzt Massstäbe im Fensterbau und darf als Fenster der Zukunft bezeichnet werden: Aussen nur Glas, kein Profil, kein Unterhalt, wegweisend im Sicherheitsbereich. Es ist das Resultat einer intensiven Zusammenarbeit von hoch spezialisierten Unternehmen. „Pollux" eröffnet neue Horizonte und definiert den Begriff Fenster neu.

Der Rahmen wird aus einheimisch ökologischem Rohstoff hergestellt und ist auch aus FSC-Holz lieferbar. (Label für vorbildliche Waldbewirtschaftung)

 Passiv Haus **MINERGIE MODUL**

Passivhaus Fenster Pollux

wenger fenster

A. + E. Wenger AG
Fensterbau
3752 Wimmis
3638 Blumenstein
Tel. 033 359 82 82
Fax. 033 359 82 83
info@wenger-fenster.ch
www.wenger-fenster.ch

FSC